琴韵屐痕

学思践悟在科大

朱灿平 著

中国科学技术大学出版社

内 容 简 介

本书以作者在中国科学技术大学学习、工作历程为背景,以其三十余年的高等教育教学和管理经历为经纬,从宏观与微观两个维度记录其知行和感怀,内容涉及高等教育办学理念探索、高等教育管理创新和高校校园文化建设等,形式包括诗歌、散文、评论等。

图书在版编目(CIP)数据

琴韵屐痕:学思践悟在科大/朱灿平著. —合肥:中国科学技术大学出版社,2020.7

ISBN 978-7-312-05011-4

Ⅰ.琴… Ⅱ.朱… Ⅲ.高等学校—教学工作—中国—文集 Ⅳ.G642.0-53

中国版本图书馆 CIP 数据核字(2020)第 115456 号

QIN YUN JI HEN: XUE SI JIAN WU ZAI KEDA

出版	中国科学技术大学出版社
	安徽省合肥市金寨路 96 号,230026
	http://press.ustc.edu.cn
	https://zgkxjsdxcbs.tmall.com
印刷	安徽国文彩印有限公司
发行	中国科学技术大学出版社
经销	全国新华书店
开本	710 mm×1000 mm 1/16
印张	22.75
字数	396 千
版次	2020 年 7 月第 1 版
印次	2020 年 7 月第 1 次印刷
定价	80.00 元

科学崇尚理性　人文讲究风骨

——《琴韵屐痕:学思践悟在科大》序

郭传杰

窗外的柳枝开始泛绿,玉兰花的苞蕾逐见长大,因防抗新冠病毒大疫,宅在中关村家里近两月,心境开始从焦灼、不安、疲惫中解脱出来,进入了对春天可望而暂不能即的渴求状态。正在这时,灿平从合肥打来电话,要我为他的新书——《琴韵屐痕:学思践悟在科大》作序。

打开他发来的电子版文稿,我迫不及待、一篇不落地阅读起来。书中刻画之人,有的也是与我有过交集的同事、挚友;书中记叙之事,有的也是我曾参与过的大事小情;书中描绘的校园风物,也多是我曾驻步凝神过的湖亭草木。感谢作者,随着他的神思妙笔,久困家中的我,思绪一下子飞到了阳春时节的科大校园:老校门边,那棵遒劲缠绕的紫藤该是串串紫花烂漫、清香扑鼻了吧? 天使路上,在今年这个特殊的春季,行人还似往年熙熙攘攘? ……

《琴韵屐痕》共分岁月写意、时光微雕、校园剪影、师友素描、学思漫录和科普试笔六辑,包括诗歌、散文、评论等不同文体,多数已在《中国科大报》《中国教育报》《中国高等教育》《教育与现代化》等报刊上发表过,少数为首次发表的新作。作者1979年入中国科学技术大学物理系学习,先后获理学学士、理学硕士学位,毕业后在中国科大等高校从事高等教育的教学和管理工作达三十余年。本书收录的篇章,主要是记录他在中国科大工作期间的研学、思考、实践和感悟的知行感怀之作,字句文思之间,无不浸润着他对科大的拳拳之心、殷殷之情。

中国科大是闻名遐迩的新型理工大学,作者是典型的攻习激光物理和光纤通信的理工男。但是,如果你不认识作者,当你读完本书之后,定会对作者的专业身份产生疑问:"他是理工男吗?"其实,不仅你可能会产生这样的错觉,早在1990年科大校医院的李大夫就有类似的经历,不信,你可以看看第一辑中的《感冒》那篇。一鉴亭旁的初荷令他魂牵梦绕,小院里的一棵普通泡桐让他感悟到奉献者的情怀。给自己的斗室书房以"琴韵斋"命名,并自撰"半联"励志;描绘九月校庆时节的校园神韵,以"三秋桂子,一池荷花"这样的词句点睛。这样的爱好与功底,的确不是一般的理工男所能具有的。当然,具有深厚文学素养的理工男虽非常见,但绝非没有,就在本书中已有刻画,与作者亦师亦友的范洪义、孙立广先生,都是横跨科学与人文的方家。其实,面对自然图景的科学与处理精神世界的文学,在本质上是通联的,最高境界就是极致的创造性。2008年,钱学森先生在给科大五十周年的贺信中说:为了实现"努力造就世界一流科学家和科技领军人才的重任","我想,过去科大所走的'理工结合'的道路是正确的。今后还要进一步发展,走理工文相结合的道路,在理工科大学做到科学与艺术的结合"。

科学崇尚理性,人文讲究风骨,这些特质在作者的文字作品及日常生活中都有充分体现。我与作者共事五年有余,发现他在工作中有个特点:如在某事上与我或与别人有不同看法,他既不苟且了之,也不疾言厉色,而一定是对自己的观点从源头溯起、条分缕析,有理有据、娓娓道来。这种实事求是的科学理性精神,在本书的文字中也随处可见。不仅如此,作者的刚正坚韧、正直坦诚、不卑不亢品格,在工作和生活中,时时显露,令人感佩。本书第一辑第一篇,是作者三十多年前发表于《中国科大报》上的《芙蓉出水会有时》,其中说自己"天性爱荷,并用夏荷做了自己的笔名"。为什么呢?因为"爱莲之出淤泥而不染,濯清涟而不妖,中通外直,不蔓不枝,香远益清,亭亭净植,可远观而不可亵玩"。任何人,事业不会总是坦途,人生不会总是阳光和鲜花。因此,他在《琴声·修竹·境界》中写道:"不要对生活的点滴不如意,就一味喋喋不休地抱怨。一帆风顺、万事如意的美好愿望只是贺年卡上的常用语,现实总是与烦恼、不满、忧愁甚至坎坷结伴同行。"做事认真、讲理性,为人诚正、重风骨,作者是这么说的,也是这样做的。

六辑作品中,部分是与作者工作相关的时评或论文。世人之中,有人把工作当成任务做,完成任务就万事大吉,执行而已;有人不然,在他们眼中,工作既是工作,又是课题,在完成任务的过程中,还要探究其内在规律,还要追寻其更佳境界。本书作者属于多思善研的后一类人。他在做事情的时候,不停止思考;做完事情后,还要反思总结;做主责主业,心无旁骛,务必好上求好;业余分外之事,也不吝心智,努力精益求精。做校园文化工作时,从石山池水、雕塑碑刻等校园风物中,感到的是学校的风雨沧桑、时代的飞扬灵动,牵涉着大学的风格、活力及发展态势。做贫困学生的补助工作时,巧妙设计"隐形资助"机制,既保障了公平与效率,又体现了学生资助工作应有的人文关怀。自谦试笔科普,从黄永玉先生解读其巨型画作《中国＝MC^2》时的瑕疵着手,对爱因斯坦的质能公式做了准确、通俗、幽默的科学传播,体现了科学人的求真精神。作者的时评,以校园内外教育战线上的弊端为对象,笔锋时而辛辣、时而诙谐,针砭时弊,入木三分。书中的论文,虽多是以过去在科大的学生管理、思政工作、文化建设为题材,由于篇篇是理论、思考加实践的产物,因此,对高教界在管理岗位上的广大同仁来讲,相信读后定有补益。

读罢《琴韵屐痕:学思践悟在科大》,闭目遐思,琴韵斋主笔耕的心路印迹清晰地再现于我的脑海,颇多感悟与启迪。灿平电话中邀我作序,我答"写个读后感吧"。现在,友之所托,总算交卷。至于合格与否,放在何处,就由灿平去定夺了。

2020 年 3 月 20 日 于北京中关村

(郭传杰,研究员,博士生导师,国际欧亚科学院院士,曾任中国科学院党组副书记,中国科学技术大学党委书记、校务委员会主席,第十、十一届全国政协委员,第一、二届国家教育咨询会委员,第六届中国管理科学学会理事长,国家现代化研究中心理事长。)

目　　录

科学崇尚理性　人文讲究风骨
——《琴韵屐痕：学思践悟在科大》序 / i

岁月写意 / 001

芙蓉出水会有时 / 002

围墙断想 / 004

樱花，樱花 / 006

琴声・修竹・境界 / 007

绿荫 / 009

校园秋韵 / 010

飞机楼与老白杨树 / 011

水的崇拜 / 013

琴韵斋半联 / 014

海边的沙滩——写给《中国科大报》出刊三百期 / 016

心不老，一切都将年轻——《中国科大报》出刊500期随感 / 018

江南岁月情悠悠——漫忆教师生涯片断 / 019

又见杜鹃花 / 021

躬逢"第三次唐仲英奖学金交流会"盛况感怀 / 024

在改革开放的春风里成长 / 028

微游记三则 / 031

是种子，就会发芽 / 033

篮球场上的那位矮个子 / 035

旖旎如幻　激越似涛——重读郭沫若《女神》随笔 / 037

读董桥 / 040

感冒 / 041

共和国　我为您歌唱 / 043

校庆拜谒郭老铜像感怀 / 046

赠友二首 / 048

西藏纪行 / 050

秋浦河纪趣 / 051

平静地步入一九九〇 / 054

感佩宿州 / 055

泗县墩集镇调研感怀 / 056

季节印象 / 059

梦之湖 / 061

河西走廊二题 / 062

黔东黔西二题 / 063

时光微雕 / 065

论校风 / 066

论考风考纪 / 067

论体育竞赛精神 / 069

饭馆广告·奖学金·希望工程 / 071

通透与清澈 / 073

"文质彬彬"一解 / 074

信用贫困最可怕 / 075

百年机遇　千年挑战——听杨福家院士讲"知识经济与人才培养" / 076

为有源头活水来——全校性专业调整与教学改革琐议 / 078

校庆的正道与歧途 / 080

国运兴衰　系于教育 / 082

祖国荣辱兴衰　我们担当重任 / 085

穷则变，变则通 / 087

临门一脚是整改 / 091

关于"踩点"的联想 / 092

从灵峰山庄谈起 / 094

"谢顶现象"谁负责？ / 096

学子纪念林，栽种下的是什么？ / 097

俊朗——刍议"郭橐驼"之一点忽略 / 098

安全责任重于泰山 / 100

教师的操守 / 102

青年学子崇德向善的三级台阶 / 103

拼的智慧 / 105

高校管理＝"菩萨心肠"＋"金刚手段" / 106

要让提案提了不白提 / 107

"权力寻租"听端详 / 108

纸上的诚信靠得住？ / 109

"状元现象"可以休矣 / 111

别字硌牙 / 113

义利·气质·流行色 / 115

保护环境就是保护我们人类自身 / 117

我们不能把孙志刚当作自己 / 119

偶然的幸运能给我们带来什么？ / 122

校园剪影 / **125**

一封致敬信 / 126

"华光"，中华民族精神之光——万兆瓦可调谐钕玻璃新型激光装置研制成功纪实 / 128

好风凭借力　送我上青云——中国科学技术大学"211工程"一期建设巡礼 / 136

百二秦关　长风破浪——中国科学技术大学"211工程"二期建设巡礼 / 142

科大邮票诞生记 / 151

新校史馆建设亲历片忆 / 153

芳草社的历史与荣誉 / 157

"隐形资助"那些事儿 / 162

"求是奖"三年回眸 / 173

两封公开信　"防非"一线牵 / 176

回望1997年的中国科大共青团工作 / 182

中国科大2004年夏季学生工作一瞥 / 195

聂帅题词祝贺中国大学生首届足球赛在中国科大举行 / 198

科大人的一次"理性追星" / 200

无眠的三天两夜——西昌卫星发射基地参观纪行 / 202

"我们要培养世界一流水平的博士" / 204

9系建系十四周年科技成果荟萃 / 205

唱支山歌给党听——"庆七一联欢晚会"侧记 / 207

学生工作应向"学生发展"的方向漂移 / 209

我们赞同思科"网络与教育双核心动力"理念 / 211

网络信息安全：在博弈中提升 / 212

生于忧患,死于轻慢 / 214

做光大中华文化的薪火相传者 / 216

师友素描 / 219

师长风范　温润如玉 / 220

记忆中那些令人感佩的科大前辈 / 224

忆王明方同志一件事 / 226

先生之风　山高水长 / 228

唐仲英先生耄耋之年的朝阳事业 / 232

文理交融的探索者——记我国首批博士学位获得者范洪义教授 / 235

心韵赋翰墨　诗情寄丹青——"张方书画展"观后访张方先生 / 240

杨振宁看家乡戏 / 242

小记孙立广教授——写于《南极100天》的扉页 / 243

学思漫录 / 245

熏陶·濡染·浸润 / 246

校园文化建设管窥 / 251

校园创新文化与高校学生工作 / 258

全员育人　全方位育人　全过程育人 / 266

积淀与酿化 / 275

青年人才素质面面观 / 279

高举爱国旗帜　弘扬科学精神——关于当代青年秉承五四
　光荣传统的两点思考 / 284

新政策　新机制　新活力 / 287

以人为本：美国高校学生服务与学生发展的精髓 / 293

高校网络思政工作缘起 / 303

"情理法"兼容于网络育人 / 315

五个意识筑造"争夺工程" / 319

构建网络世界清朗空间 / 325

科普试笔 / 331

杨振宁谈科学研究 / 332

C_{60}：令科学家着迷的"足球" / 333

漫谈火灾与火灾科学 / 335

仿真，大有可为 / 337

大显身手的毫米波技术 / 339

用途广泛的同步辐射加速器 / 341

黄永玉先生解释 C 的小瑕疵 / 343

五百年一遇罕见日全食即将呈现 / 345

一度有多高 / 348

后记 / 351

岁月写意

"行有余力,则以学文",因为过早地"误读"了孔老夫子的这句话,让自己做了理工男。

20世纪七八十年代的中国大学校园内,各种文学艺术类学生社团,连同蛤蟆镜、喇叭裤、长头发和收录机一起汹涌而来,理工科大学校园也不例外。以文艺形式抒发80年代新一辈的豪迈甚至自命不凡成为一部分理工男女"吃着碗里的,看着锅里的"不容置辩的理由。

20岁上下的自己,想摆脱这个"引力场"几乎不可能,只有乖乖地被牵引着,虽然,有时内心充满了矛盾,甚至有负疚感。

这里的篇什,都是那时起的头。因为蒙学阶段的语文教科书,什么"三百千",什么《龙文鞭影》,什么《笠翁对韵》,统统被移开,连拼音也排除在外了,所以,这里的所谓诗,没有音韵、平仄、对偶等格律上的讲求,只是一些长短句而已;这里的所谓文,亦无章法可言,绝大部分属于"论理未圆处,辄以抒情代之"。

芙蓉出水会有时

> 对美好和圣洁的期望总不会落空的,不过首先需要你自己不能失去信心!谨以此文献给那些与我一样爱荷的青年朋友。
>
> ——题记

夏日傍晚散步,最叫我流连忘返的不是音乐喷泉的飞珠溅玉,不是假山竹林的通幽曲径,也不是柔软草坪的绿芳茵茵。

与"一鉴亭"对称的荷塘最勾我的心魂,一片荷叶仿佛一块磁铁。

大性爱荷,并用夏荷做了自己的名字。

"予独爱莲之出淤泥而不染,濯清涟而不妖,中通外直,不蔓不枝,香远益清,亭亭净植,可远观而不可亵玩焉。"大概荷之高洁与曼妙,周敦颐先生都尽数做了登峰造极的描绘。

从立夏起,天天晚餐后的功课就是到心萦梦绕的荷塘散步。一天是黑黝黝的水面,下一天还是黑黝黝的水面,总不见"小荷才露尖尖角"。小满又过,芒种将临,水面还是寂静如初。记得往年的这个时候,荷塘早是葱郁一片了。

我彷徨踯躅在荷塘四周,愁眉百结。

一天,一位在打捞塘面浮漂物的老校工走近我,关切地问:"娃,俺连天来瞧你憋闷,啥事想不顺?可是哪个女娃娃惹的?"

我摇摇头,又点点头,指着荷塘:"为什么至今没出荷叶?"

老校工没出声地笑了一下,对我说:"旧年没忙上通水道,这个水是死水,发浑发黑,底下的藕芽子咋还不沤烂哪?"

面对着老人的两鬓寒霜和一额沟坎,我不能不相信他的话具有权威性。

几日前,作了一回南京之行。游玄武湖,荷叶已盖密了湖面;游莫愁湖,湖面同样叫荷叶盖密了。

我为眼前的景致陶醉,可念及校园的荷塘仍然"犹抱琵琶半遮面",立刻又陡生了透心的苍凉。苍凉之余却还不甘心承认我们的荷塘从此就不再盛满荷叶的绿意盎然。

是否今年江南的夏季到得早些,南京的荷叶就抢先作了出水芙蓉?这是我仅能找出对自己的一点慰藉。

昨天返回合肥,匆匆直奔离车站最近的包河公园,我只想证实合肥的荷叶都没出水,可那一大片耀眼的绿色王国使我遭受了惨痛的否定,就像迈克尔逊当年证实以太存在一样。

我沮丧地回到了校园,几乎失去再到荷塘散步的勇气。

今日晚餐后,雨后的夕阳无限美好。对荷的强烈的爱恋驱使我抱最后一丝希冀——再看一次荷塘。

我是低着头默默地怯怯地踱到荷塘边的。一抬头的刹那,终于我一眼发现了黑黝黝的水面中央漂浮着几个蝶状叶片!赶紧把眼镜擦了又擦,将眼睛揉了又揉,仔仔细细地注视了几分钟,千真万确,那些蝶状叶片正是鲜嫩的新荷!

此时此刻,衔山的夕阳,将其温柔的余晖投射在细细的水珠上,愈发映衬得这些新荷的娇弱与妩媚。

待狂跳的心渐渐平息,我认真地想:不愧为"花之君子者",即使死水污水,也不能遏制你的生命力,我景仰你爱恋你从此又多添了一层新意。你的姗姗来迟着实令我好一段牵肠挂肚,但我何忍责怪你?你在水底做了多么大的奋斗和拼搏,现在已不需很丰富的想象力就能推断明白了。

今夜我一定睡得安逸,因为校园中最终没有失去我的所爱!

(原载《中国科大报》1990 年 6 月 30 日总第 257 期)

围 墙 断 想

"中国没有一所大学没有围墙!"一位著名学者这样说。有围墙的岂止于大学?君不见工厂有围墙,机关有围墙,医院有围墙,商店也有围墙——三尺柜台隔开你我他,谁能说这不是围墙的一种推广?

中南海的四周有围墙,农家小院的四周也有围墙。

九百六十万平方公里的版图上,存在人烟的地方必有围墙,没有围墙的地方肯定荒凉。

巨龙是中华民族的象征,长城是什么?秦始皇抵御外族入侵的一堵又高又大坚固厚实的围墙!

围墙,挡住了尘俗的喧嚣,保持了一隅的宁静,但也阻滞了清风的流动,气息的更新。

围墙,掩人耳目,防偷防盗的好屏障,但哪会有不透风的墙?

你想垄断春光,独享芬芳,却偏偏一枝红杏出墙来,墙内开花墙外香。

你想独居小楼成一统,管它春夏与秋冬,却难免城墙失火,池鱼遭殃。

围墙,与中华民族一样古老悠长,它把历史都刻在基石的风侵雨蚀上,绘在砖块的青苔绿藓上。

紫禁城依然宫墙森森,但早已不见了天子、皇后、嫔妃与太上皇的威风凛凛。

外滩公园依然是高墙大门,但早已不见了洋鬼子的盛气凌人及其"华人与狗不得入内"的踪影。

古长城犹在,但它已不是今日中华保证和平安宁的铜墙铁壁。

圆明园不存,但它仍遗留着往昔中华蒙受奇耻大辱的断墙残垣。

围墙,无论其高低,无论其厚薄,统具一个明显的特点:环绕的封闭性!

因此,有时它像一串典雅壮丽的珍珠项链,有时它似一副冰凉坚硬的沉重锁链。

国人重考据。除"四大发明"得到举世公认外,考据家还接二连三有了如下的考证:我们的先人发现太阳黑子最早,我们的先人发现 UFO 最早,我们的先人发现近亲结婚不利后代最早,等等。

深信:我们的考据家一定能在不远的将来用雄辩的事实考据出中国有围墙最早。

预言:一旦这一考据成立,"围墙意识与中国文化结构"这一意义重大的课题必将获得突破性飞跃!

(原载《中国科大报》1989 年 11 月 30 日总第 249 期)

樱花,樱花

一身的灿霞,一身的醇醪。

灿霞是你美艳的容颜,而你的娇瓣玉蕊则酿成了这醇醪。灿霞朵朵映射心扉,直教人真纯空灵;至于醇醪,滴滴香浓,未饮先醉,飘飘乎陶陶然,径入遐思的境界……

樱花,你这令人感性沉醉、智性腾逸的樱花!

你知道富士山吗?那里的人们视你若神灵。华夏的沃土照样育你根深叶茂、花团锦簇。然而,赏你者众,赞你者寡。因了你绽放在最春和景明的时节,不含一丝羞怯,全方位铺展华姿秀色,你的裙裾之下便云集几多寻春寻美的欣赏家;又因了你虽不似昙花之一现,却也不及文人雅士优哉游哉地吟诗成篇赋词成阕,便落英缤纷、香销玉殒,如何不将你与"人生苦短、良辰难在"糅在一处慨叹?于是乎,欲赞你者只得留下一腔的无可奈何,忍踏你的片片残红消隐开去……

在樱花之国,人们广植你于庭院、道旁、公园、街市。他们除却爱你"着粉则太白,施朱则太赤"的丽质天成,除却羡你"回眸一笑百媚生,六宫粉黛无颜色"的倾国倾城,是否还想让你春华易逝的例证镌作一座鲜活的无字的警醒碑文,用以昭示整个国家的国民:春光一刻千金难求啊,别让它悄悄白流,努力学习勤勉工作啊,莫等韶华凋零再悲愁!

樱花,你这撩人情思亢奋、催人步履加速的樱花!

(原载《中国科大报》1990年5月15日总第255期)

琴声·修竹·境界

有这样一则故事：一天，大文豪苏东坡与金山寺佛印和尚逗斗机锋。东坡谓佛印："我看你像一堆粪。"佛印听后并无愠色，反而说道："我看你似一尊佛。"东坡欣欣然。

从禅理来说，佛印境界高出东坡境界。因为禅理讲究"所见即所思"，这则故事从而表明佛印"清"的境界，作为对照，东坡境界的"浊"就显而易见了。

故事说的毕竟是过去的事，也许是虚无缥缈的穿凿附会，信与不信无关宏旨。但不可否认，人们对待生活的态度确实存在着一个境界高下的问题。

孔子对弟子颜回安贫乐道的超然态度表示激赏，他近乎一咏三叹地评价说："贤哉，回也！一箪食，一瓢饮，在陋巷，人不堪其忧，回也不改其乐。贤哉，回也！"我们今天想做到颜回的潜心与淡定是很难的，其实也不一定有那个必要。但有一点我们确须借鉴，那就是不要对生活的点滴不如意一味喋喋不休地抱怨。不抱怨，或准确一点说，不过分抱怨，应该是我们对生活所应具备的最起码的境界。

例如，乘公共汽车的时候，我们能否不抱怨车太脏或太挤。因为我们国家还不够富裕，不能使所有的公交车既豪华又宽敞；国民的整体素质还须不断提高，要保证每一位乘客都能做到不随地吐痰、不乱扔瓜皮果壳，还是一件比较困难的事。我们自己要做的就是不做那些有悖社会公德的事。

再如，我们肩负着重托和希望来到高等学府，能否不要一进校门就抱怨学校这也不顺眼、那也不如意。因为我们是来求学的学子，不是下榻星级宾馆的观光客，要关注就关注这所学校的校风和学风如何，这才是至关重要的，假如校风和学风是优良的，那就应该为自己的选择感到庆幸。

生活（或可上升到人生）中，一帆风顺、万事如意的美好愿望只是贺年卡上的常用语，现实总是与烦恼、不满、忧愁甚至坎坷结伴同行，在这个意义上理解"人生就是奋斗"这句格言就能顺理成章了。砺志煅品与提升境界其实更需要的是逆境而非顺境，正所谓"不经风雨，不见彩虹"。下面谈一件身边事,姑且算作我对生活的一点悟"道",亦可算作对上述认识的一个佐证吧。

我所居住的宿舍楼的周边环境有"三臭"。何为"三臭"? 一曰熏臭:来自一墙之隔的一座公共厕所;二曰腐臭:来自十米开外的一座垃圾山;三曰恶臭:来自暴雨时下水道的倒灌。身处这种环境,冬季犹可忍受,夏季日子着实不好过。我们入住这栋新楼正值春夏之交,乔迁之喜难掩忧虑之色,居民们进进出出,都不自觉地捂鼻匆行。

面对这样的现实环境,仅靠抱怨是不起效果的。不抱怨并非是"久闻不知其臭",而是真正要解决"三臭"问题确实存在着暂时难以逾越的困难。善于在恶劣的环境中发现美的东西也许是最好的解脱。幸好我有所发现。

住在楼上的一家,有一位读初中的女儿,她学习成绩优秀,课余拜师学钢琴。她练琴很勤,而且相当定时,基本选在不影响他人学习和休息的时间。因此,每当小姑娘弹琴时,我都是她的忠实听众。她大部分弹的是练习曲,有时也弹些短小的名曲。听得出来,她弹得很富于激情,想象得出来,她弹时很投入。她的悠扬琴声给我带来愉悦和轻松,她的激情和投入同时给人以启迪,不让外部坏境的好坏左右自己的情绪。

最近一段时间,小姑娘的琴声少了,大概正在复习迎考吧。每当伏案过久,有了倦意之时,我的目光更多地投向窗外摇曳的新竹。这些亭亭修竹是员工们去年冬天植下的,春天里换了嫩叶,有的居然还繁衍了细小的竹笋,呈现出极强的适应能力和盎然的生机。由它们,我想起了"食无肉则瘦,居无竹则俗"的真切;由它们,我想起了"衙斋卧听萧萧竹,疑是民间疾苦声。些小吾曹州县吏,一枝一叶总关情"的琅琅诗句:一字字无不凸现出板桥先生们作为为民请命、刚正不阿的父母官的忧思愁绪和风骨节操! 由它们,还可以想得更多更远……思绪飞扬,穿越时空,难道你还真的为眼前的一点不适意而戚戚然、而喋喋不休地去抱怨吗?

也许,楼上琴声、窗外修竹,于我都是不期然的相遇。但有一点却是必然的,那就是只要让心灵的摄像机常开不关,一定会随时随地都能捕捉到美好的镜头的。

感谢楼上的琴声,感谢窗外的修竹!

(原载《中国科大报》1999年10月10日总第413期)

绿　　荫

　　刚住进这小四合院时，并没在意一株从石墙缝隙里钻出的纤弱的嫩苗。也只不过才两年的工夫，它竟长成一棵挺拔俊秀的大树，根深深扎进石缝里，主干高过房檐，支撑着如华盖一般的枝丫，骄阳下，从容悠闲地投洒了一片绿荫。

　　置身这绿荫的凉爽之中，我最大的好奇心就是希望能解出它生命力的全部未知数。

　　它是一棵泡桐，是极普通的一种树。说它普通，是因为它不娇贵，埋下一截根，次年春天就发芽成苗，不论土地肥沃或贫瘠，只管直直地往上长，三五年就成材，其木质轻软光洁，是做家具的上乘材料，制作乐器、模型也是这种木材最佳。所以，人们都喜欢栽种泡桐树。在我们家乡，还有另一个原因使人们更喜欢它。庐江矾矿生产驰名中外的高质量明矾，但工厂排放的废水废渣则使土壤变得极为板结，不利于植物成活，另外，一排排高大的烟囱排放出来的大量煤烟使大多数的树种不能生存，勉强活下来的，也是面黄肌瘦，唯有泡桐在这种恶劣的环境中仍充满生机。一位林学院的专家告诉说，泡桐圆圆的大叶外表有一层黏膜，发挥呼吸过滤器的功能，毒素进不了肌体。

　　黄山松生长在峭壁险峰，经受风霜冰雪，生命力之强盛为世人惊叹。泡桐只生长在我们的庭院房舍周围，却有着另一种也值得称赞的生命力，而且，总是为人们撑开一把硕大的绿色太阳伞，默默地奉献着一片清凉的绿荫。

（原载《中国科大报》1990年9月25日总第259期）

校园秋韵

嫣然一笑是你仲春的倩影,热情奔放是你盛夏的芳心,典雅娴静是你金秋的神韵,严谨深沉是你寒冬的灵魂。

你,就是我们心中的科大校园,美丽多姿,楚楚动人,朝气蓬勃,异彩纷呈……

科大,踏着秋风的步履,喜迎三十二岁的诞辰;然而,这片校园,刚值二十岁的芳华妙龄。

无论是三十二年前诞生于北京,还是二十年前"嫁"到肥城,你都是选择秋光秋景作为吉日良辰,你深知你秋的神韵魅力无限,更加迷人!

三秋桂子,一池荷花,是你秋的神韵。

枫红菊黄,松风竹影,是你秋的神韵。

…………

晨曦熹微,秋露晶莹。运动场长跑者抖擞竞奔;草坪间舞剑人舒展造型——给你的秋韵平添活力几分。

夜色温柔,秋虫低鸣。教学楼莘莘学子书海泛舟,实验室华发教授科峰攀登——是你的秋韵赋予其更深含义!

秋天是收获的金色季节,累累硕果,收获在加速器储存环大厅,收获在"华光"的脉冲一瞬,收获在超导临界温度的上升,收获在计算机的荧光屏……

秋韵中也包含着播种的阳春,瞧,90年代第一批新生满怀凌云豪情,跨入科大校门,他们谁不是一棵棵希望的幼苗亭亭?植根于这片肥沃的园地,将得到充足的阳光和养分,他们一定能栋梁早成!

岁岁庆校庆,年年秋韵新。然而,今年的秋韵格外浓烈醉人,那是"亚运圣火"传到科大,将校园照彻通明。这"团结、友谊、进步"的象征深深嵌入科大人的心灵,激发科大人强烈的爱国热情,科大人在未来的岁月永将历史火炬高擎!

(《中国科大报》1990 年 10 月 15 日总第 262 期,《科大在我心中》征文一等奖)

飞机楼与老白杨树

1979年9月10日，第一次踏入中国科学技术大学的校门。这座校门就是今天东校区的老北门，连同与之融为一体的沧桑紫藤，已成学校的著名风物之一。入校之初，即与所有五百余名1979级新生一道，入住位于附中北侧、当时为教师新建的规格最高的三居室套房。不到半年，即1979年冬，我们全部搬至118楼，后又搬到对面的117楼，直到1984年夏毕业。红砖墙面、红瓦坡顶的117楼和118楼，高三层，南北主体，东西转角，组成了一个口字形对称院落，院落的正门朝东，院落西侧是一堵围墙，围墙下放置着一架退役的战斗机，因此，当有人要到住处来访时，我们的回答一般都非常统一：飞机楼。在学校，飞机楼是人人皆知、独一无二的地方。

朱灿平本科毕业前在中国科大老北门(1984年5月)

飞机楼院落的中间与四周,伫立着高大的白杨树,它们应该与飞机楼同龄,都老了。步入老境的白杨树,躯干出现了空洞。1982年冬季的一天,校园绿化管理部门将枯老的白杨树伐倒,原址代以新苗。晚饭后,在蒙蒙细雨中,透过从宿舍窗户射出的柔柔灯光,我看到倒伏在地上的老白杨,感觉有一些壮烈,同时又有一些凄凉。20岁的人,是喜欢将眼前的事物进行情感升华的。那个晚上,我在图书馆自习室,放弃了原定的功课计划,写下了一段文字,像是为某位突然逝去的尊敬的长者撰写一则墓志铭,题为《老白杨树的童话》,全文如下:

凛冽的寒风中,挺拔的老白杨树伸出苍劲的枝丫抵御着严寒。他顽强地将生命延长,为的是欢迎春天的到来,再看那身旁的小草萌发、长大,为大地披一身绿装。

为着那来年的萌芽,老白杨树脱下了自己的冬衣,像爱护儿孙一样,轻轻地给他们盖上;为着那来年的萌芽,老白杨树努力积攒养料和水分,将根尽力伸向更深更远的地方……

"或许要建造育苗的温室吧?"老白杨树在寒风中向园艺师点头、问话,为了新苗葱绿,他说,他甘愿用躯干做栋梁。老白杨树没有哀怨,没有叹息,只有欣慰,只有希望,他只希望新苗茁壮,他只希望在生命的最后时刻投身于熊熊炉膛,让自己的生命发出最后的热和光!

老白杨树消失20年后,飞机楼也消失了,代之而起的是两栋新学生宿舍。

世界上到底有什么东西永远不会消失?或许是情感,或许是记忆,但最有可能的则是情感的记忆。

(原载《中国科大报》2008年10月15日总第617期)

水 的 崇 拜

七月炎天，大地在毒热的太阳烘烤下发着40摄氏度的高烧。沟渠断流，豆角蔓焦黄；塘坝干涸，红薯叶枯败；河床见底，晚稻苗蔫萎。

大地在太阳淫威收敛的夜晚才缓缓苏醒过来，对着迢迢银河低微地呻吟：水……水……

这就是今夏我的家乡巢湖地区所遭受的大旱。据电台报道，有20万人出现饮用水供给困难，我便是这20万人中的一员。

人们在龟裂的塘底掘井，井越掘越深，水越来越宝贵。淘米水再涮碗，洗脸水留待冲脚，洗澡水饮家禽家畜。

洗衣服则"征途漫漫"。距我家向南三华里有一方清潭，那是周围百姓们确信唯一不会干涸的"圣水"，人们爱护它如同爱护自己的眼睛，不准孩子们下去戏水，不准任何人引用灌溉。无论是骄阳正午，还是夜半三更，捶衣之声在这里总不绝于耳。

在乡间，男子汉洗衣服会被口头《笑话大观》收录并传播久远的，而我敢冒乡下之大不韪，乐于此道不倦，百分之百是出于对这清潭的向往及对潭水的崇拜。

净澈的潭水倒映着无云的天空，茂盛的藻类布置了游鱼嬉戏的迷宫，还有菱花的点缀，绿荷的渲染，那份从几近窒息中呼吸一口新鲜而又滋润的空气之快意，不啻为一次生命的洗礼！这潭水，深蕴着希望和魅力。

及至今日，每拧开自来水龙头，流泉哗哗总令我忆起那无雨的夏季和澄碧的潭水。对于水——人类的生命之液，我愈加珍惜，愈加崇拜！

（原载《中国科大报》1990年12月15日总第265期）

琴韵斋半联

一间清雅的书房,是读书人沉溺春秋美梦的温床,是思想者安妥骚动灵魂的摇椅。

书房之于读书人,恰与母亲的怀抱之于婴儿,静谧的港湾之于水手。

古往今来,读书人及其书房的趣闻轶事,我们可以从故宫的皇家南书房,说到诗圣的"杜甫草堂",可以从中南海的"菊香书屋",说到"谈笑有鸿儒,往来无白丁"的刘禹锡"陋室",俯拾皆是,不胜枚举。

从求学到工作的近32年间,在科大更换住处七八次,从集体宿舍到筒子楼到小套到中套再到大套,总是梦想有一间独立的书房,1998年春夏得到了实现,虽为斗室,也不妨附庸风雅地命名为琴韵斋,并自撰了一段励志文字,看着像是一副对联的上联,姑妄称之为"琴韵斋半联"吧。抄录如下:

琴韵四壁三壁书,且留一扇南窗,迎朝霞,送夕阳,邀明月,承清风,听春雨夏雷,赏秋菊冬梅;待更阑人静,一帘隔开夜幕,灯下展卷,与古圣今贤默谈神交,高山仰止,景行行止,虽不能至,心向往之。

琴韵斋半联

2010年春夏乔迁到科花东苑,书房面积得到了进一步改善,增添了一排书橱,而书房名称一任其旧。乔迁前后,正好在素有书画之乡的宿州挂职,恭求了两位当地书法家的墨宝,一位行草题写了"琴韵斋"匾额,一位正楷题写了"琴韵斋半联"。

(2010年10月)

琴韵斋匾额

海边的沙滩

——写给《中国科大报》出刊三百期

海边的沙滩上印下一行足迹,它是蹒跚学步者深一脚浅一脚踩出来的。

科大建校的时候,世界上还不存在我。在她迎来 21 岁生日之际,我从一方偏僻的乡村跨入校门。当时我仰着脑袋看科大的一切,包括在食堂门口出售的一分钱一份的《科大校刊》,探索科大的深邃就从这扇窗口开始,我读其中的每一篇、每一句、每个字。

记得 1982 年春季,我试着向编辑部投了一篇稿件,抒情散文《春晨》,约四五百字。之后的某一天,班上的同学都纷纷要我请客,理由是"大作"发表了,当看到《春晨》被印成了一块豆腐干大小的铅字时,内心怦怦跳了好长一阵子,背地里不知多少次读之再读,最后感觉仿佛是在欣赏别人的作品。这张校刊一直珍藏在身边,随我到江南,又随我返科大,已十余年矣。

那时的稿费较低,大概是 2 元左右,为了保存那张稿酬通知单,我放弃了领取那属于我首次心血凝成的稿酬。此后,我对校刊更投入了一往情深,每期必读自不用说,写稿投稿也勤了。但失望随之而来,到 1984 年毕业,仅有另外的两篇(一首诗、一篇童话)变作了两块"豆腐干"。

在离开科大校园的四年时间里,我时时想再读到校刊,哪怕是一张过时的也好,但山水的阻隔终使心愿落空。1988 年重返科大,从编辑部老师手中借到 1985 年以来的合订本,一气读完,科大校园别后的四个年轮里的春花秋月、阴晴圆缺、风声雨声读书声,如浮眼前,似荡耳畔。一个酒瘾十足者痛饮醇浆玉液后的逍遥酣畅就是彼时彼刻的惬意与快慰。

1989 年春,我应聘担任校报特约记者。怀揣一方墨绿色的记者证,犹如拥抱着仲夏夜悠远飘忽的梦幻。时刻紧绷着大脑中"新闻"神经的琴弦,寻找"热点"弹奏强音,一副职业"老记"的架势。可别小瞧这一腔热忱,一年之中竟发了万字以上,其中长篇纪实报道《"华光",中华民族精神之光》两版八千字,算是创了一回纪录,反应也令我陶陶然。下一年的续聘我担任了记者团团长,功过如何,我不太关注,但有一点,我自觉与校报已是休戚相关、荣辱与共了。记得有一期出版后,读者反应"沉闷了点",编辑部的老师自然主动担待责任,但当时我的心里也默默地难过,随后就有意识地写一些"大江东去"类的文章,以期抛砖引玉,《樱花,樱花》《芙蓉出水会有时》《校园秋韵》等就是脱胎于这种背景。

几年来,我在"海边的沙滩"蹒跚学步,各种"步伐"都想练习,写报道、通讯是基本功,写诗歌、小说、散文是锤炼提高,写随感、杂文、评论是现实应用。几十篇各种体裁的剪报贴满了一册笔记本,正是我蹒跚学步的足迹。

如果说我在这片"海边的沙滩"上学步有点长进,那么完全要感谢编辑部几位老师的热心扶持与无私引导,他们默默地"为人做嫁衣",他们在为科大的宣传事业奉献着青春与力量。

一大批青年学子从校刊得到了锤炼,增长了才干,丰满了翎羽,甚至有的同学在担任记者之后,就昂首阔步地跨入了像新华社这样一流的新闻机构的门槛。还记得这海边的沙滩么?还记得在这里学步时所领略到的大海之蔚蓝、天空之辽远么?但愿我们共同拥有她——《科大校刊》——《中国科大》——《中国科大报》,过去!现在!未来!直到永远!

(原载《中国科大报》1993年4月5日总第300期)

心不老，一切都将年轻

——《中国科大报》出刊500期随感

作为学校艰苦创业和事业发展的记录和见证，《中国科大报》自中国科学技术大学诞生之初起，就与学校一路风雨同行，今天，恰值学校46周年校庆之际，迎来了她出刊500期和新一轮改版的日子。

作为一名关注和陪伴她走过25年的忠实读者，我真诚地祝福《中国科大报》"日日新、又日新"，始终以构筑科大人精神家园为己任，为目标！

翻开历时近半个世纪的500期校刊，我们其实不难发现，几代校刊人都在致力于实现这样的目标：及时传导学校的主流价值观，忠实纪录学校的每一项进步和成就，全面反映丰富多彩的校园生活，充分表达师生员工的所思所感……

但是，时代的进步和学校的发展则给校刊提出的要求越来越高，特别是处于信息媒体如此发达的今天。

首先是定位问题。《中国科大报》作为学校党政机关报的地位是不能动摇的，这是校刊实现构筑"科大人精神家园"这一理想最为关键的一环。

其次是贴近学校"创新立校"的宗旨。众所周知，改革是创新的手段和途径，思想观念的"与时俱进"是创新的前提，有鉴于此，校刊的舆论导向作用在引领全校师生员工的思想观念方面应该是大有用武之地的。

第三，舆论监督作用不可缺失。舆论监督应是任何媒体的题中之义，但也是媒体最为犯难之事。"多载花、少载刺"并非弘扬主旋律的同义语，充满阳光的校园其实同时存在着阴影的角落，揭示阴影的目的是为了更好地凸现阳光，更有效地消除阴影。

"知与行"是我国传统哲学著名命题之一，愈来愈多的人认同"知易行难"，这一点对办好所有科大人共同拥有的《中国科大报》同样适用。

心不老，一切都将年轻。值此500期以新面孔面世的今天，我谨将祝福与祈望一并呈献！

（原载《中国科大报》2004年9月15日总第500期）

江南岁月情悠悠

——漫忆教师生涯片断

在童年的五彩缤纷的梦幻中,我有一个美丽的愿望,长大了,当一名潇洒的教师。

愿望终于实现——1984年夏,我从中国科大物理系毕业,直奔著名的江南古城镇江,胸前郑重佩上一枚鲜红的校徽:江苏工学院。我被安排在基础课部物理教研室任教。

江工远离市区十多公里,自然偏僻冷清。特别是面对着荒凉凌乱的校园,不由得我微微皱起眉头。但江工人是热情的,很快弥补了我的茫然若失。

朱灿平在江苏工学院

(1984年10月)

最难忘的是第一个学期。按照惯例,第一学年的见习期只能代实验课,但教研室主任汪先生对来自中国科大的我特别青睐,让我做了他的助教。老先生教龄大于我的年龄,教学经验丰富,课讲得脉络清晰,逻辑严谨。我仔细记他讲课的笔记,从中学到了许多从前不曾学过的教学方法。我认为，主讲与辅导属于一个人的两条腿，都要得力。因此，我把整个身心都扑在课程的辅导上，除跟堂听课外，还要认真仔细批改每一本作业，从不敢有半点马虎，布置作业是助教的分内事，每次我都尽量给学生"加餐"，无形中自己批改的担子也重了许多。还要每周上一次习题课，至少两个晚上跟班到自习教室答疑，教室不熄灯基本上不回宿舍。

其实，刚走出科大校门直接走进江工校门的我，几乎是把科大老师从严从难要求我们的那一套照搬到了这里。

这学期的期终全校统考，我们班平均成绩第一。在选拔参加全省高校物理竞赛的十人中，我们班选上了六位同学。后来校方评论：老先生和小先生唱了一台精彩的"二人转"。有了这样的一个良好开端，我心里自然是甜丝丝的。

除却甜，也有苦闷的事，学院条件差，四个青年教师挤一间斗室；校址偏僻，文化娱乐自然也就贫乏得很；青年教师多，进修深造机会少，等等。

每遇苦闷之时，就去看长江。出学院后门约二百米，就是长江的南岸。那里是令人胸怀激荡，心旷神怡的最佳去处。特别是春天的长江，洪波奔涌，千帆竞流，使我联想到"此生也有涯而知也无涯"的道理，更加激发起珍惜青春年华，进取人生的愿望。因此，在后来的岁月里，除了出色地搞好教学工作外，还抓住点滴时间提高自身水平和修养。计算机是未来任何工作不可缺的工具，便迷上了键盘和荧屏，几年下来，从编程到操作可与此专业的内行一论高低。作为一项"副业"，还参与了该校国内最新专业"管理信息系统（MIS）"的创建，并编写了一本 MIS 教材。因此，发自内心地认为"教师就是燃烧自己去照亮别人"的说法失之偏颇。

"子在川上曰，逝者如斯夫"，长江的奔腾不息，带去了我青春年华中的四个春秋。酸甜苦辣自知，内心无怨无悔。

（原载《中国科大报》1991年1月20日总第267期）

又见杜鹃花

几日前，翻检故纸堆，从中发现了自己作于18年前即1986年春天的一首诗，题曰《又见杜鹃花》。现全文抄录如下，以纪念那段难忘的岁月。

又是春葳蕤　又见杜鹃花

　　从前　她们是漫山遍野地灿烂
　　那是燎原的簇簇火炬
　　点燃了山峦田野的仲春季节
　　点燃了一个农家少年的赤子之心

曾记否　少年行进在崎岖的求学路上
　　感佩布谷鸟声声啼血的同时
　　多少次神往的目光向你投注
　　多少次希望的梦幻因你意念

可今天的你　却只一株
　　虽未曾见过如此伸张的冠　如此硕大的朵　如此艳丽的瓣
　　但你仅一株独立　寂静　单调　无助与你相伴
　　还有你我相看两不厌

昨天在记忆里定格　美好在梦魇中冰封
　　如今怎么就难现那样无羁的春天　那样泛滥的花海
　　春天似乎在墙外绕圈打转
　　冲出去的门始终遍寻无着
　　这是何种似无却有的束缚
　　能被消弭去的会是哪一刻

又是春葳蕤　又见杜鹃花
花本无语　人倍感喟
　　唯有少年的世界才是最真实的世界
　　唯有少年的花朵才是最娇媚的花朵

这首诗作于1986年3月19日下午,写在一份节目单上,从不事雕琢这一点看来,应是当时情绪涌动,有感而发,随手写下的。说"有感",其实是伤感为主。

透过短章,却勾起了我对往事清晰的回忆。其时,是我从中国科大物理系毕业后分配到江苏工学院(现江苏大学)工作的第三个年头,虽然很专注于教师职业,但发展趋势对年轻人提出了不能安于现状的更高要求,考研当然是最为直接稳当的目标,却又迷茫于实现的路在何方?唯有在落日余晖中面对着"不尽长江东逝水"问询再三,没有指点迷津的回答,只有江涛无休无止的拍岸。

其实1984年初我参加了一次考研。那时考研还没有形成热潮,恢复高考后的"新三届"本科一毕业就开始工作是很顺理成章的事情。考研的人较少,被录取的人数就更少,因为能招收研究生的导师微乎其微,整个中国科大物理系只有正教授一名,副教授也不多。我原没有打算考研,因此也就没有作针对性的系统复习,抱着试试看的态度应考,成绩自然不够理想。及至落榜,心里却是像打翻了五味瓶,毕业前的那段时间,是人生中遇到最为沮丧的一段日子。在成绩发榜的那天,同专业的同窗好友声波榜上有名,他约请我去三孝口的"又一村酒家"喝了一顿酒,我向他真诚道贺,他则千方百计地劝慰我,我对他说:"我会回来的!"

为了这句誓言,我在1988年重返母校之前的四年时间里,一直心沉如铅,负重前行。一方面要完成繁重的教学任务:课堂教学之外,还有一周数次的实验课教学(前面诗中提及的那一株壮硕杜鹃,就是"麦克尔逊干涉仪"实验室中的一个盆景)。另一方面要复习待考。教学任务均完成得很好,得到了教研室领导、同行以及学生们的一致赞赏和好评。考研课程的复习也是卓有成效的,标准从难从严,如,专业课需要考一门"光学",我就选择了难度最大的北京大学《光学》作为复习主要参考书。但是,江工的规定却是难以逾越的一大障碍,我所在的基础课部每年只允许两名青年教师参加考试,按资历深浅依次排队,我一盘算,轮到我,也许是十年以后的事情了,到那时,岂不是"黄花菜"都凉透了?

"有心人,天不负"。到了1986年冬季,我们一起搭档担任物理教学的黄先生(他主讲,我助教)受命组建管理信息系统(MIS)教研室(隶属新建的信息工程系),要在全校范围挑选两三名基础扎实、勤于钻研的青年教师一起创建,我很顺利地被选中。

"筚路蓝缕,以启山林",创业的道路充满着艰辛,尽管我们几位年轻人在黄先生的带领下,团结一心,奋发努力,但一步三难,实际成效远没有预想的那么好、那么快。后来,随着黄先生去校赴港,该教研室更是举步维艰了。1987年秋季,我向系主任查先生提出"考研"的请求,查先生自然是一个大摆头,我也自然是不肯善罢甘休,遂即立下"军令状":只考一次,考不上,死心塌地在"江工"干一辈子!查先生也不算刻板,勉勉强强地同意了我的请求。

1988年的第二次考研,可谓厚积薄发,中国科大"光纤技术与应用"专业的五门课程总分考了384分,属于那时考研的高分了,在"江工"是独树一帜的,据我导师刘先生讲,在当时中国科大的考生中也是分数最高的学生之一。因此,1988年初秋,我再一次意气风发地跨入了中国科大的校门。

朱灿平在学习(1998年6月)

回首往事,不免唏嘘。谁能看清未来的人生道路呢,更不用说能够把握好每一步的航向了,即使是走过的道路,也不是人人都能够看得清清楚楚的。人生如同一场比赛,结果只有等到终场哨声吹响之后才会揭晓,预先就知道结果的比赛,要么不存在,要么存在也索然无味。一切魅力也许就存在于未知之中、追求之中、过程之中。

(2003年5月)

躬逢"第三次唐仲英奖学金交流会"盛况感怀

题记:"第三次唐仲英奖学金交流会"于2004年10月1~4日在美丽的杭州著名的浙大隆重召开。作为刚加盟"唐氏大家庭"的新成员,中国科学技术大学委派我们学生处的尹红老师、王胜平老师和笔者参会,躬逢有15所高校以及吴江侨办的400余名师生代表相聚的盛况,不由感慨系之,遂以拙笔替代镜头,撷取其中的部分精彩场面摄入脑海和心田。

其一 爱 潮

天凉好个秋,国庆聚杭州[1]。
钱塘佳盛日[2],挚爱涌潮流[3]。

[1] 2004年10月1日,国庆55周年,"第三次唐仲英奖学金交流会"报到之日。

[2] 自杭州萧山机场至浙江大学,途经钱江四桥,两边人行道上人们摩肩接踵,观潮也。司机介绍说,今天恰为农历八月十八,观潮最佳之日。

[3] "唐仲英奖学金交流会"主要面向高校中学业优秀、家境贫寒、乐于参与社会公益活动的大学生。至今有15所高校和吴江籍的数千名大学生获得奖助(每生每年4000元人民币,如成绩和操行保持优秀,可于本科四年连续获得奖助,每校每年从新生中评选20名),体现了唐仲英先生以及唐氏基金会对青年一代的无限关爱和美好期待。

其二 欢 聚

十里荷塘清,三秋桂子芳[1]。
唐氏大家庭[2],喜逢紫金港[3]。

[1] 宋人柳永有《望海潮》词曰:"东南形胜,三吴都会,钱塘自古繁华。烟柳画桥,风帘翠幕,参差十万人家。云树绕堤沙。怒涛卷霜雪,天堑无涯。

市列珠玑,户盈罗绮,竞豪奢。重湖叠巘清嘉。有三秋桂子,十里荷花。羌管弄晴,菱歌泛夜,嬉嬉钓叟莲娃。千骑拥高牙。乘醉听箫鼓,吟赏烟霞。异日图将好景,归去凤池夸。"据传,"此词流播,金主(完颜)亮闻歌,欣然有慕于'三秋桂子,十里荷花',遂起投鞭渡江之志……"因此,"提兵百万西湖上,立马吴山第一峰",金戈铁马一路自北向南杀将过来,意欲将"山外青山楼外楼,西湖歌舞几时休"的杭州变作自己的宫殿和后花园。后人则借用"三秋桂子,十里荷花"来描述杭州夏秋季节的曼妙之境,笔者这里则拾人牙慧也。

[2] 2004年5月上旬,中国科学技术大学程艺副校长率团访问位于吴江的唐氏基金会中国办事处,并与基金会签订了"唐仲英奖学金"设立协议。在办事处会议室,快人快语高效干练的徐小春主任指着四壁由各受助高校制作的展板介绍说:"这里还有一席之地,是专门留给贵校中国科大的。"自此,"唐氏大家庭"就又增添了一名新成员。

[3] 紫金港,浙江大学紫金港新校区的简称,占地三千五百多亩,位于杭州市西北角,亦位于浙江大学原有的玉泉、西溪、湖滨、华家池和之江五个老校区的西北面。

其三　宗　旨

服务全社会,奉献大爱心。
推己更及人,薪火永相传[1]。

[1] 唐氏基金会的宗旨一开始是"服务社会,奉献爱心",后来做了增补,形成了目前的"服务社会,奉献爱心,推己及人,薪火相传"的十六字宗旨。今每句增添一字,凑成无韵五言一首,以表达对该宗旨的赞同与感佩!

其四　开幕·交流

轩昂临水厅[1],秋阳暖融融[2]。
学子肺腑言[3],赤堪一品红[4]。

[1] 2004年10月2日上午,"第三次唐仲英奖学金交流会"开幕式以及各高校受助学生代表的交流发言在临水报告厅举行,该厅三面环水,故名。该厅有高大宽阔的沿水回廊,倚栏近观,绿荷、水草、游鱼生机毕现,放眼远眺,校园景色一览无遗。

[2] 是日早晨,晴空万里,朝阳冉冉,投射身上,暖意融融,一扫昨日大风降温,阴霾欲雨的沉郁。

〔3〕大会交流发言中,各校受到奖助的学子代表们声情并茂,充分表达了对唐仲英先生以及唐氏基金会的感激!莘莘学子,拳拳之心,爱与被爱在这里激荡并延伸。

〔4〕一品红,花卉名品也。笔者第一次见识则在两年前的中秋节,一位朋友馈送两盆,一红一黄,鲜艳欲滴,可惜不解花事,很快就使其凋萎。今日在情景交融的临水报告厅再次观赏,由衷激发了对来自全国各地"穷且益坚,不坠青云之志"的学子们美好祝愿和期待!

其五 讨 论

济济苏堤春[1],争先惜光阴。
殷勤献良策,爱心并育人[2]。

〔1〕"苏堤春晓"是杭州著名景致之一。此次交流会的主办者则将杭州的许多景致借来命名讨论小组名,可谓匠心独运,不同的是,景致一般为四字,小组命名则减去其中一字,变为三字,原意不仅未被曲解,反而平添了几多韵致,如"宝石霞""吴山风""断桥雪""三潭月""雷峰雨""虎跑泉""曲院荷""九溪烟""竹径云""满陇桂""龙井韵""平湖秋"等,笔者所参加的讨论组为"苏堤春",该组有来自15所高校和吴江侨办的30余位教师代表,唐仲英先生、徐小春主任、孙幼帆副主任亦亲临小组听取和参与讨论。

〔2〕唐氏基金会及其奖学金是爱心的弘扬。讨论认为,仅有爱心只是完成了1/3,另外的两个1/3应包含唤醒和激发接受爱心的人对他人的爱心,并通过自己的努力影响身边人和全社会也能够献出自己的爱心,前1/3的工作是基金会设立奖学金之后就完成了,然而后两个1/3的工作需要通过育人来完成,"爱心"与"育人"是踊跃讨论的关键词。

其六 联 欢

鸭子赶上架,大拙亦大雅[1]。
你说三句半,我将太极打[2]。

〔1〕在"唐仲英奖学金"设立的15所大陆著名高校中,以理工科或综合性大学为主体,尚无艺术类院校,受奖助的学生代表虽然全面发展,但与专业文艺素质还有一定差距。不过,在10月2日晚举行的联欢活动中,他们带着真挚的感情,极其认真地表演了一个又一个质朴而又精彩的原创节目,有的凝重,有的欢快,有的诙谐,不时引来阵阵掌声与喝彩,唐先生也与所有与会代表一起自始至终、饶有兴味地观看了同学们自编自演的节目。

［2］整场联欢晚会共有18个节目，除歌舞、演唱、诗朗诵、短剧等常见形式外，北京师范大学和南京中医药大学还别出心裁地演出了"三句半"和"太极拳"，一庄一谐，相映成趣。

其七　讲　　座

思辨芍素深，率性唐伟真[1]。

人生与成功，演绎殊还同[2]。

［1］会议期间，会议主办方还为与会的学生代表举办了一场讲座，讲座嘉宾有两位，一位是浙江省委宣传部常务副部长童芍素女士，另一位是贝尔斯登公司副董事长唐伟先生。

［2］他们针对人生、奋斗与成功这样至大至宽的讲题，结合自身的经历与体悟，从理论与实践的角度进行阐释演绎，芍素女士抽丝剥茧、环环相扣，唐伟先生激情饱蘸、直抒胸臆。虽表达风格迥异，但殊途同归，给青年学子教诲甚多，给身为老师的我们亦有良多的启迪。

其八　校园游览·启真湖

启真湖畔坡，晨昏影婆娑[1]。

静水照云闲，苇丛栖鹤多[2]。

［1］临水报告厅所临之水即为启真湖，该湖水域约占二百余亩，呈南北长型走向，将紫金港新校区分隔为东西两大主体。环湖四周，林树朗润、芳草茵茵，每逢朝阳初升或晚霞满天，浙大的莘莘学子，则在这风景优美的环境里，或读书、或思考、或交谈、或休憩，当然，也有人戏称这里为"情人坡"。

［2］紧邻启真湖南端，还有一片原生态"湿地"，野生的丛丛芦苇，在微风中摇曳着修长的身姿，似乎在向四面八方的客人颔首致意。我们的到来，打破了这里云光天影的宁静，栖息在苇丛中的白鹤奋起高飞，一飞冲天。面对此情此景，笔者对身边几位同学笑言：你们就是苇丛中的白鹤，有国家社会的厚望期待，有学校老师的悉心培养，有唐先生这样的关爱义举，还有自己的宏图大志，不久的将来，你们一定会奋起高飞，一飞冲天的！

（2004年10月，原载"唐氏基金会"官网）

在改革开放的春风里成长

祖国是母亲。母亲怀抱的宽厚温暖,浸润着我38载的人生岁月。尤其是改革开放的和煦春风,吹拂着我成长成才。作为儿女,在祖国母亲即将迎来五十华诞之际,回眸自身的成长历程,感念母亲无微不至的关爱,希望以此来表达对祖国母亲最真诚的祝福!

中小学时代,和许许多多农家子弟一样,我是不敢像城市孩子那样驰骋自己的想象力、自豪而又自信地说,我要当一名科学家,我要当一名工程师,等等。因为,我深知,从贫穷落后的乡村坎坷小道通向高级人才之路,其间的可能性该有多大。

1977年,在改革开放总设计师邓小平同志的大力倡导下,国家恢复了高考制度。当时正念高中的我在得知这一消息后,真是激动得夜不能寐,因为农家子弟终于又有上大学的平等机会了。更重要的是,全社会"尊重知识、尊重人才"开始蔚然成风,国家的富强、民族的振兴从此出现了灿烂的前景。1979年金秋,我以应届生的身份和全地区理科高考第二名的成绩,顺利跨入为千千万万有志青年所仰慕的中国科学技术大学的庄严校门。

朱灿平中国科大本科证件照
(1982年12月)

我为自己圆了大学梦感到庆幸,但并没有得意忘形,相反,只觉得肩上的担子沉甸甸的。整整一代人被耽误所造成的人才断档,与国家正在兴起的现代化建设事业对人才的渴盼,形成了巨大的矛盾漩涡。我们肩负着"为中华崛起而读书"的重任。对我而言,压力也许更加一层,我是我们那个偏僻村庄祖祖辈辈以来有幸跨入大学校门的第一人,我永远难忘父老乡亲聚集村头送我上学时的叮嘱和重托。大学五年,犹如一块干燥的海绵,尽力吸取知识的甘泉,如一只上紧发条的闹钟,不停顿地前行。

朱灿平中国科大本科毕业照
(1984年6月)

改革开放春风化雨、润物无声,不断鞭策着我们青年一代向更高的目标奋进。我在本科毕业担任四年大学专任教师之后,再一次考入中国科学技术大学攻读研究生,1991年获得理学硕士学位,并光荣地加入了中国共产党。

这次毕业,我面临着一次择业的考验:学校希望我留校从事管理工作。这就意味着我将放弃自己心爱的专业。作为一名共产党员,我清楚地认识到,党和国家事业的需要就是我唯一正确的选择。八年多来,无论是过去担任秘书、团委书记,还是现在担任宣传部长,我都无怨无悔,兢兢业业,干一行,爱一行,专一行。我的工作得到了充分肯定,几年来,我先后获得了"全国优秀团干部"、中国科学院"十大杰出青年""优秀教育管理干部""管理突出贡献一级津贴"等荣誉和奖励,1998年6月在共青团第十四次全国代表大会上,又当选为团中央委员。

朱灿平参加团十四大开幕式
(1998年6月)

有一首歌曲这样唱道:"我和我的祖国,一刻也不能分割……"是啊,由一名农家子弟成长为一名高级工程师、大学党委宣传部长的历程,使我深深感受到,我成长道路上的每一个足迹都是与党的教育引导、祖国改革开放的大好环境、大好气候密不可分的。个人只是一颗水滴,只有融入到党和祖国事业的大海中,才会永不干涸。

(1999年9月,合肥人民广播电台"我和我的祖国"征文优秀奖)

微游记三则

其一　台东太鲁阁

上午游览太鲁阁的利雾溪，山洪的3千多米落差只在30公里长的溪道中汇入海洋，强劲的冲击力使得溪床一再下沉，在燕子口我们对所看到的壁立千仞以及一圈圈的漩涡洞，简直叹为观止！惊叹之外，则是完全被造化的奇绝和自然的伟力深深折服！

下午车行在苏花公路上回台北。军旅生涯几十载而今年逾花甲的导游程先生一边给我们讲述不久前发生在这条险峻道路上的惨剧，一边开玩笑说，行进的车辆碰上泥石流的概率大概是千万分之一，我们其中谁若遭遇且又能幸免，明天一定要代表大家去买彩票啊！车外左侧是花莲东部的崇山峻岭，右边就是水天相连的太平洋，连绵21公里的清水断崖景区，无愧于山光水色交相生辉景致的典型代表。

人，在这山水之间显得十分渺小，可能还不及我们所看到的蝼蚁那般。既然如此，给自己放个长假，让名利之心稍息稍息吧，或许这样最为睿智！

其二　泰　　山

自水云天直接上山。远看松枝上敷有薄薄的一层雪。从天外村乘巴士到中天门，一路上目光所及，山林已是银装素裹了。乘缆车至南天门。天街是沟通人间与仙境的一座桥梁，漫长而又曲折。

泰山的主宰居然是一位老奶奶，如同贾府里的贾母，她就是巍峨碧霞祠正殿供奉的碧霞元君。在五岳独尊摩崖石刻下市侩一般地留影，不为别的，只为心悦诚服。从孔子庙远眺碧霞祠，厚厚的春雪给所有的房顶盖上洁白的毡毯，既柔软又静谧。

站在泰山之巅的玉皇顶，极目四野，四野茫茫！只有肆虐的寒风呼啸耳际。遥想江南历来春早，此时该是奏响桃红柳绿菜花黄的序曲了吧？

踏着冰雪覆盖的石阶，自南天门下山。一位81岁老翁正奋力攀登，一位妇女五体投地一阶一叩。芸芸众生何所求？我大吼一声，四峰回应，仿佛49年的心中块垒顷刻间消弭殆尽。

快哉，雪后泰山游！

其三　纽　　约

纽约是一座汇聚包容之城，其汇聚能力可包罗万象。曼哈顿的华尔街，不动声色中就会刮起世界金融风暴。第五大道的顶级奢侈品，足以让穷且虚荣的人顷刻轻生。长岛的富人豪宅，杜甫们再放大一千万倍想象力，也不可想象是怎样大庇天下寒士俱欢颜的。号称纽约之肺的中央公园里，老的少的穷的富的白的黑的丑的美的相互依存，似乎多谁不多，少谁不少，真是怪并矛盾着。

自由女神永远站在大西洋的入口处，高擎火炬照耀着过往帆影和海客，不知累不累？

（2011年2～6月）

是种子,就会发芽

年轻的中国科学技术大学即将走过45个春夏秋冬。

与其说科技大学是"衔玉而生,生来富贵",毋宁说科技大学是"忧患中生,沧桑里长"。下迁办学,三度创业,逆境中牙关咬紧,顺势时快马加鞭,几番风雨涤汗泥,七彩飞虹映笑靥。

也许,这就是科技大学45个年轮的印记与写照;也许,这就是科技大学以其青春之躯跻身著名大学行列的一种宏观解读。

学校的发展,诚然与自身的奋发努力是密不可分的,但是,仅此一点是绝对不够的。

老一辈的呵护扶持,社会各界的倾心襄助,年轻学子的瞩目拥戴,海内外校友的反哺深情……无一不是学校发展的强劲动力!

数年前,正当国内商潮滚滚,大学生们纷纷在跳蚤市场上练摊而被视为时尚的时候,率先在我校设立奖学金的一家著名企业总裁说过这样的话:现在中华之大,只有在合肥的中国科学技术大学才能安得下一张平静的书桌。

这位企业家的话也许带有个人情感的偏好。但毋庸置疑,科技大学在保持自己校风纯朴、学风严谨方面所作的努力,是敢于同任何一所著名学府比肩的。还有,"我创新,故我在"一直是科大人立校兴校的精神信条,并且薪火相传,不断弘扬光大,正是这一点,赋予了这所学校"精品"的内涵和可持续发展的活力。

有人说,衡量一所学校的优劣,只要看一看设立在这所学校里的奖学金有多少就行了。

从一般意义上来说,这句话所表达的观点应该没有多少人能够将其驳倒。尽管如此,今天,我们还不能为这句话的正确性而感到欣欣然,更不能得意忘形。

我们要走的路还很长很长……

此时此刻,在校庆45周年欢庆的鼓乐即将响起来的时候,我们最想表达的是:有这么多著名基金会或著名人士青睐科大,科大幸甚！科大学子幸甚！

我们还想表达的是:这么多著名基金会或著名人士不仅慧眼卓识,无私奖掖后学,而且还播撒了颗颗"双赢"的种子。

我们坚信:是种子,就会发芽！

是为序。

(2003年7月,《中国科学技术大学奖学金纪念册》序言)

篮球场上的那位矮个子

我和女儿同看一场高水平的篮球比赛。开始之前,主持人一一介绍运动员,双方球员鱼贯出场向观众挥手致意,他们站在场地中间,个个都像是一座小铁塔,只有一位例外,个头只能与其他伙伴"比肩",他的出场获得了比其他队员更多的掌声。女儿对此感到不解,一脸的茫然。我说,等球赛开始后你就明白了。果然,这名矮个子球员在后卫的位置上活跃异常:翻飞运球、穿梭过人、组织进攻、见机助攻、外围远投、拦截防守……他所在的红方很快就取得了主动,在第二节后已将比分遥遥领先,而且,红方所有队员士气旺盛,配合默契,锐气不可阻挡,眼看红方取得胜利只是时间问题了。女儿只是盯住那名矮个子队员,此时已是赞不绝口。

我对女儿说,篮球是巨人的运动,但是篮球场上并不拒绝矮个子。能够出现在篮球场上的矮个子,绝不是等闲之辈,必有绝活。所以当矮个子出场时,观众报以更加热烈的掌声,道理就在这里。

作为一般的道理,外在有劣势的人,必然有内在的优势去弥补。盲人的听觉和触觉一般都较常人灵敏,《假如给我三天光明》的作者海伦·凯勒是一个例外,但她的毅力是超乎寻常的。从这一点上看,上帝是公平的:其貌不扬的媳妇比较贤惠,才貌品行俱佳的妻子只有十万分之一。在这个意义上讲,有一个顺口溜并不是笑话,也不是丑化,更不是诋毁,而是这个道理的一种诠释。这个顺口溜是:KD女孩一回头,吓死一条牛;KD女孩再回头,吓倒一栋楼;KD女孩三回头,吓得长江水倒流;KD女孩四回头,吓得彗星撞地球。最近又听到另外一句顺口溜,是KD男孩子的叹息:我很帅,但我很无奈;她很丑,但她很抢手。

用这个优劣互补的理论还可以解释一个官场现象。这个现象就是有些无才无德无能之辈,为什么能够左右逢源、甚至平步青云。说这些人无才,是指没有定国安邦之才,并不是没有歪才;说这些人无德,是指没有正人君子之德,并不是没有缺德之德;说这些人无能,是指没有造福办事之能,并不是没有溜须拍马、贪贿行贿之能。

正反两方面的经验都告诉我们:千万不要小看了"篮球场上的那名矮个子"。

(2002年10月)

旖旎如幻　激越似涛
——重读郭沫若《女神》随笔

《女神》是郭沫若的第一部诗集，初版于 1921 年 8 月，共收入作者 1918 年初夏（26 岁）至 1921 年 4 月（29 岁）三年间的诗作 56 首。其时郭沫若正求学日本，在学医的同时，广泛阅读了泰戈尔、歌德、海涅、雪莱、惠特曼等人的作品，受过泛神论思想的影响，在十月革命和"五四"运动推动下，他积极投身于新文化运动，《女神》开了一代诗风，郭沫若从而成为我国新诗歌运动的奠基者。

当我在郭沫若创作《女神》第一首诗的那个年龄初次捧读《女神》的时候，眼前呈现的是一片旖旎的幻景——诗人热情奔放、想落天外、色彩绚丽、浪漫飘逸的笔触带我步入遐思翩跹的意境；在《女神》作者一百周年诞辰的今天，再读《女神》，感触更多一层——耳畔回荡起青年郭沫若胸扉之间翻卷的波涛，波涛咆哮之中则充溢着诗人对祖国前途新生的渴望，昂扬着诗人反帝反封建的呐喊，波涛之上燃烧着火，波涛之下奔涌着情！

《女神》哟！
你去，去寻那与我振动数相同的人；
你去，去寻那与我燃烧点相等的人。
你去，去在我可爱的青年的兄弟姐妹胸中，
把他们的心弦拨动，把他们的智光点燃吧！

这是诗人为《女神》写下的序诗，其高昂的战斗精神和激越思绪、其美好的愿望和对拥有共同理想的青年一辈的呼唤之情溢于言表、一览无遗。今天读来，犹感青年诗人当时的心跳。

在郭沫若诸多诗集中，《女神》是其代表作，而作于 1920 年初的《凤凰涅槃》堪称是《女神》的眼睛。整个《女神》以火山爆发般的激烈感情和浪漫主义手法，充分反映了反帝反封建的"五四"时代精神，其中《凤凰涅槃》则借凤凰"集香木自焚，复从死灰中更生"的神话故事，象征着旧世界旧中国的毁灭

和新世界新中国的诞生。你听,凤在愤歌:

啊啊!
生在这样个阴秽的世界当中,
便是把金刚石的宝刀也会生锈!
宇宙呀,宇宙,
我要努力地把你诅咒:
你脓血污秽着的屠场呀!
你悲哀充塞着的囚牢呀!
你群鬼叫号着的坟墓呀!
你群魔跳梁着的地狱呀!
到底为什么存在?

诗人通过"凤歌",强烈地诅咒旧中国的"冷酷如铁""黑暗如漆""腥秽如血",预告着它的"死期已到了",尽管还有那岩鹰窃获"空界霸王"的庆幸、孔雀顾盼"光翎上威光"的痴迷、鸱枭觊觎"鼠肉馨香"的垂涎,尽管还有那安逸于"驯良安康"之家鸽、沉醉于"雄辩主张"之鹦鹉、逍遥于"高蹈派徜徉"之白鹤……但这一切在诗人的笔下都成为苟且偷生的可怜虫,都受到了无情讥讽,而烈火中更生的凤凰则表达了诗人的思想与向往,请听《凤凰和鸣》的淋漓酣畅:

我们更生了,
我们更生了。
一切的一,更生了。
一的一切,更生了。
我们便是他,他们便是我,
我中也有你,你中也有我。
我便是你。
你便是我。
火便是凰。
凤便是火。
翱翔!翱翔!
欢唱!欢唱!
我们新鲜,我们净朗。

我们华美,我们芬芳。
…………
我们热诚,我们挚爱。
我们欢乐,我们和谐。
…………
我们生动,我们自由。
我们雄浑,我们悠久。
…………
我们欢唱,我们翱翔。
我们翱翔,我们欢唱。
…………

纵览《女神》,诸如《炉中煤》《日出》《立在地球边上放号》《地球,我的母亲》等篇章,无一不放射出旖旎的光彩,无一不蕴藉着激越的波涛。我们不得不说,《女神》是永恒不朽的诗篇!作为诗人的郭沫若,也将与他的诗篇一样永恒不朽!

(原载《中国科大报》1992年12月15日总第296期)

读 董 桥

◆ 标题考究。

总体追求小巧精致,醒目抢眼:有时新潮,有时典雅,有时粗放,有时细腻。无论是计上心来的,还是信手拈来的,都如同淑女秀发间的丝带,只有闲散的妆点,并无拘谨的约束。

◆ 内容蕴藉。

不论社政,抑或小品,其中都带娓娓道来的温润,董桥的叙述风格堪称情调王,有着"红泥小火炉"般的诗情画意:沉静与热烈水乳交融。引文甚繁,不觉累赘,中西参见,璧合珠联,通篇读来,杂树生花,草长莺飞,气象万千也。

◆ 遣词婉约,结句流韵。

词语是文章大厦的每一块砖石。无疑,董桥是选材的良匠,经他挑出并砌妥的一块块砖石似乎都被赋予了灵性:中国传统的性灵和西方贵族的优雅。

◆ 结尾:王顾左右而言他。

有的意境延伸,有的节外生枝。往往显得不经意,其实是苦心经营。在人是性格,在文是风格。

喜爱董桥的一万条理由可以归结为一条:人是文人,文是美文。

(2003 年 7 月)

感　　冒

"哪儿不好？"大夫问。

"稍有不慎，偶感风寒。"我答。

"你是人文学系的研究生吧？"又问。

"不是，物理中心的。"如实回答。

"奇怪，文绉绉的，倒像是学人文的。"

"……"我笑笑。

这是第一次就诊于这位大夫的对话，从处方的医师签名知道这位中年女医生叫李清照，与写下深闺绝唱"莫道不消魂，帘卷西风，人比黄花瘦"的宋代著名女词人易安居士同名同姓。

几周后又感冒去医院。

"哪儿不舒服？"又遇到李清照大夫。

"运动后着凉，感冒了。"我不敢再说"稍有不慎，偶感风寒"的话，怕因文绉绉会引起不必要的误会。

"姓名？单位？"

"夏荷，物理中心。"

"哦，我想起了，对，是夏荷，但你好像是人文学系的研究生，不是物理中心的。"

"我确实是物理中心的。"

"不对，我相信我的记忆力，你肯定是人文学系的，干嘛非要跟物理中心的套近乎？！"

"……"我苦笑，鼻塞使我不愿多说。

时隔一个多月，昨天又感冒。在去医院的路上，我想假若还遇到那位李医生，那我干脆说是人文学系的，反正这也无关紧要，免得多费口舌。

"哪儿难受？"果真是李大夫。

"冷冷热热、昏昏沉沉、颤颤巍巍窸窸。"不知是哪根神经错乱，竟顺口对着医生李清照的问诊模仿起词人李清照《声声慢》开篇的那流传千古的七字叠句"寻寻觅觅、冷冷清清、凄凄惨惨戚戚"。也许一刹那的意念是想装得更具人文学系研究生所当有的儒雅温文。

"姓名？单位？"照例一问。

"夏荷，人文学系。"我迫不及待地回答。

李清照大夫慢慢地把目光从茶色镜片后投射在我脸上，仔仔细细打量了足足二十秒钟，惊讶之中略带愠怒，说"怎么，夏荷，你不是物理中心的吗？好像你告诉过几次，我的记忆力还不差。是物理中心的就是物理中心的，硬说是人文学系的又有什么好处，青年人要诚实！"

我直翻白眼，强忍不住，打了个非常洪亮的喷嚏。

（原载《中国科大报》1990 年 4 月 10 日总第 253 期）

共和国 我为您歌唱

绚丽的秋阳
　　明净地投洒大地的怀抱
初生的弦月
　　朗润地缀饰着苍穹的眼帘
秋阳与弦月正在
　　合力操纵着乾坤的节奏
　　期待着一个壮丽的日子的——到来

温馨的丹桂与每一位
　　仲秋的使者低语
　　希冀着传送出这个金色季节的花信风
婉约的娇菊抑制着
　　新嫁娘的喜悦含而不露
　　渴望着在一个辉煌的日子加冕
　　——花魁的皇冠

听哪
　　无论是东海渔村的螺号
　　还是南疆椰寨的洞箫
　　无论是西陲草原的冬不拉
　　还是北国林莽的松涛
为了在一个普天同庆的日子
　　齐奏一曲高亢激越的交响乐章
都在校准同一阶音调

啊　这是一个什么样的日子

天地如此为之肃穆
万物如此为之景仰
高山如此为之礼赞
大川如此为之歌唱

哦　这个日子
　　你知道　我知道
　　中国人知道　全世界知道
就在四十三年前的这一天
一位伟人矗立于天安门城楼
　　用他那湖南音调的凝重深厚
　　庄严地向世界向人类宣告
中华人民共和国成立了
中国人民从此站起来了
从彼时彼刻起　在每一个年轮里
　　这一天就成了
千千万万炎黄子孙镌刻心扉的
　　一张红色日历
　　一盏大海航标
　　一面鲜艳旗帜
　　一座历史丰碑

岁月流逝四十三个春秋
　　这一天又向我们姗姗走来
然而　一同走来的却是——
　　不同的土地　不同的山川
　　不同的空气　不同的日月
是的　不同　绝对不同

今天走来的
　　是甩掉满目疮痍任人宰割之后的
　　——扬眉吐气
　　是国家的富强　民族的昌盛

今天走来的
　　　　是挺直腰杆当家作主掌握自己命运的
　　　　——豪迈人民
　　　　是面向任何挑衅与侵吞　霸权与欺凌
　　敢说"不"的
　　　　——叱咤风云
今天走来的
　　　　是乡村幢幢小洋楼
　　　　是都市闪耀的霓虹灯
　　　　是奥运金牌十六枚
　　　　是穿云破雾扶摇向天的澳星
祖国的统一也将向我们走来
小康的目标距我们愈来愈近
我们深信——
　　　　共和国的明天花更艳水更碧山更青
　　　　中华民族更自强更自信更自尊
因为——
　　　　改革大潮浪涌浪
　　　　东方风来满眼春

共和国　我们四十三岁的母亲
　　　　在十月的第一天
我们庆祝您的光辉诞辰
亿万儿女同祝福
愿您——
　　　　容颜不老　永葆青春

（原载《中国科大报》1992 年 10 月 25 日总第 254 期）

校庆拜谒郭老铜像感怀

目光是那样地慈祥
　　　注视着我们成长
姿态是那样地超然
　　　树立了为人榜样
老校长　一年一度秋风劲
　　　我们献您一瓣心香
伫立您的面前
　　　我们崇敬　我们景仰
我们把过去细怀　将未来畅想

三十三年的创业与发展
　　　几度风雨　几度沧桑

中国科大东校区的郭沫若铜像，
1988年9月20日校庆30周年敬立

如今　您亲手奠定的科大基石
　　已是一块丰碑矗立——
　　　卓然学林　享誉八方
喜看三十三届学子逾万千
　　　多少英才　多少栋梁
报效祖国孺子牛
　　身处他乡增国光
若问心愿有几许
　　只一桩——
　　　为人类为科学献出全部热和光
三十三个春秋
您始终伴着我们迎来朝日送走夕阳
　　　是短暂还是漫长
试问春雨　试问秋霜

今天虽然您默默无语
　　我们却仍然感受您的鞭策和期望
红专并进理实交融
这优良的校风
　　早已融进我们的血液刻进我们的心房
她将永远永远在科大继承发扬

目光是那样的慈祥
　　注视着我们成长
姿态是那样的超然
　　树立了为人榜样
待明日春兰吐翠秋菊芬芳
　　我们再来告慰您——敬爱的老校长

（原载《中国科大报》1991年10月15日总第278期）

赠 友 二 首

在中国科大,因或多或少的工作交集,有幸结识谢毅老师和杜江峰老师,多年来,情谊渐笃。欣闻他们脱颖而出,喜获我国科技工作者的最高荣誉,不禁感慨系之,均第一时间命笔致贺,并请同事蒯文铮先生将拙作书为条幅,于2015年年底和2016年5月中旬,在二位先后应邀莅临巢湖学院作学术报告时,分别作为纪念品相赠。

癸巳冬月恭贺谢毅老师当选中科院院士

众山必有一山高,
崎岖登攀领风骚。
顺其自然真本色,
淡定简约更妖娆!

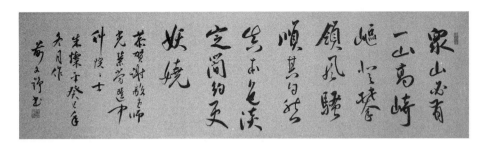

赠谢毅院士(2013年12月)

乙未冬月恭贺杜江峰老师当选中科院院士

莫道共振少漩涡，

量子人生博弈多。

蟾宫折桂能几许？

龙渊探骊又一波！

赠江峰院士(2015年12月)

西藏纪行

西域圣地拉萨城,
乙酉仲秋偕君行。
布宫巍巍十三世,
大昭阵阵传梵音。
唐古山口千秋雪,
纳木湖天万里云。
锦官折柳相惜别,
何日涌报九院情。

(2005 年 10 月 1 日)

秋浦河纪趣

研 讨 会

梅牛精神形而上,
秀才蜗谈在客房。
过午饥肠虽辘辘,
莫道文化不当粮。

朱灿平与同事们在秋浦河(2007年7月)

夕 照 戏 水

秋浦悠然溢轻盈,
翠岭夹岸映画屏。
衔山夕阳恋赤足,
吻面清风涤浮尘。

孙显元教授

年逾古稀一牵翁，
探究渊源立头功[1]。
蓬莱仙洞逍遥乐，
秋浦中流初试锋。
履平险要百丈崖，
归坐思饮冰雪花[2]。
脱口仨字好快活，
胜却万言不由衷！

[1]"渊源"为《梅花与牛》的首章，由孙显元教授担纲撰写，获评曰：要像孙老师那样思考。

[2]自百丈崖下山后，归坐凉亭，孙老师说特别想喝冰啤酒。雪花，流行的一种啤酒品牌，此处代指啤酒也。

晚　　餐（之一）

昔时晚雪饮新酒[1]，
今日炎暑围火炉。
杯盏古朴含醉意，
鸡丝香辣藏噱头[2]。

[1]诗圣杜甫有五言绝句《问刘十九》："绿蚁新醅酒，红泥小火炉。晚来天欲雪，能饮一杯无？"

[2]山地放养土鸡与秋浦河生长的螺蛳组合烹制，以香辣佐味，简称香辣鸡丝，前所未闻未见未尝。

晚　　餐（之二）

锅仔排列龙门阵，
扣弦欢饮十四人[1]。
推窗抬望东山月，
皎皎满轮泻水银[2]。

[1]漂流归来，已是薄暮时分，活动组织者家平部长及其同事匠心独运，将晚餐安排在渔村设置于秋浦河的水上船餐厅，不禁令人想起大文豪苏东

坡先生《赤壁赋》中描绘的情景。菜肴均为店家包办,最为惹眼的是六只火锅一字排开,形成了强大的饕餮阵势。

[2] 是日恰为丁亥年六月十六,十五的月亮十六圆。

蓬 莱 洞

蓬莱仙洞上中下,
鬼斧神工赖造化。
若问奇绝曼妙处,
最是天针与罗纱[1]。

[1] 天针,蓬莱仙洞上层溶洞中的景点之一,形似天花板的洞顶,垂下不计其数的针状钟乳石,故名。罗纱,亦为蓬莱仙洞上层溶洞中的景点之一,垂挂的钟乳石与立地的石笋连为一体,其造型既非钟乳状亦非石笋状,而酷似帘幔与婚纱,故名。令人扼腕的是,这两处景点的钟乳石和石笋,都有明显的人为破坏痕迹,呈现在眼前的是"天针断,罗纱残"的遗憾。

漂 流

登艇伊始即竞流,
水仗酣战分敌友。
同舟共济心相映,
和平中立最难求!

百 丈 崖

秀山丽水百丈崖,
褐岩白练凭空挂。
浮桥牵手师生情,
排渡湿身姊妹花。
对坐听溪悟禅意,
小憩笑谈吃西瓜。
谁说上下难易事,
歌声一路唱到家。

(2007年8月)

平静地步入一九九〇

历史长河又卷起一朵浪花
岁月大书又翻过一张彩页
情怀也无
感慨也无
只有小小意愿一个
在阳春犁铧所及的大地沃野
虔诚地播下一颗颗带汗种子
希冀也无
幻想也无
多梦年华来去匆匆
待到金秋老人健步走近
抛给一个微笑欣欣足矣

(原载《中国科大报》1991年1月15日总第251期)

感 佩 宿 州

乙丑庚寅交替之际,戏仿白居易《赋得原上草送别》,掬浪花数朵于浩瀚海洋,以感佩和彰显宿州悠久文化历史和丰饶特色物产。

符离原上石,
一砚一乾坤。
麻鸡烧不尽,
香稻刈又生。
闵贤立孝道,
沱汴绕新城。
风情大五柳,
俊雅扶疏亭!

(2010年1月)

泗县墩集镇调研感怀

庚寅立夏日[1],
墩集调研忙。
明方前脚走[2],
后脚我跟上[3]。
先踏单沟里,
再登严岗上[4]。
今见小方子,
又闻墩花香。
果蔬无公害,
蜜恋美名扬。
产品重流通,
开发建市场。
彩虹六百米,
南北架桥梁。
龙虾金霸龙,
草鸡溜达养[5]。
最美石龙湖,
明珠闪光芒。
鱼虾荷丛游,
迷宫芦苇荡。

探明温泉眼,

后劲日月长。

经济发展快,

旅游大文章。

历史陈出新,

文化先登场。

增添新元素,

又建休闲场。

改革魄力大,

引导能力强。

我谓墩集镇,

真经八字藏:

果蔬强根基,

水泉利用广,

不可偏轻重,

旅游加市场。

朱灿平代表宿州市政府接待西北农林科技大学孙武学校长一行开展校地小麦新品种示范推广合作(2010年5月)

[1] 2010年5月5日。

[2] 是日上午,时任安徽省委副书记的王明方同志深入墩集镇调研农村党员"双培双带"示范基地建设和基层党校建设情况。

[3] 是日下午,笔者(时任宿州市人民政府副市长)就农业高新技术应用专题来到墩集镇开展专题调研。该专题的泗县调研点还有丁湖镇和大庄镇。

[4] 单沟、严岗是墩集镇的两个行政村。

[5] "小方子"和"墩花"是墩集镇花生注册品牌,"蜜恋"是墩集镇草莓和西瓜注册品牌,"金霸龙"是墩集镇水产品注册品牌,"帝岗"是墩集镇草鸡及草鸡蛋注册品牌。

(原载《泗县人论坛》2010年10月15日)

季节印象

初 春 印 象

垂柳　轻飘嫩绿的秀发
　　　谐和着春的姗姗
玉兰　笑著洁白的礼服
　　　映衬着春的妩媚
姑娘们甩去一冬的厚重
明快的衣裙在丽日下斗艳

然而　初春乍暖还寒
　　　一股北方寒流盖过来
姑娘们重又裹起了厚重
更可惜
　　　垂柳的秀发凌乱在风中
　　　玉兰的礼服污浊在雨里

不过　春的脚步已经启动
深信寒流明天就会无影无踪
蛙鼓更欢鸣　燕子更轻翔
风儿更和煦　百花竞芬芳

（原载《中国科大报》1991年4月30日总第270期）

初夏印象

红了樱桃绿了芭蕉
小荷才露尖尖角
随意按下快门
摄入镜头的都是好风景
每一场酥雨
都是沐浴的清新
每一缕阳光
都是音乐的流淌
春去芳菲尽——
蜜蜂采花酿蜜成
夏来酬峥嵘——
杜宇声声催人耕

（原载《中国科大报》1991年6月30日总第274期）

初秋印象（三首）

秋来敲门

雨过之夜，静谧宁清。
窗外草地，蟋蟀数声。
展卷方读，似闻足音。
启扉迎客，秋来敲门。

斯是秋晨

岚霭袅袅，露珠莹莹。
菊含娇媚，桂吐芳馨。
丹枫欲艳，白桦竞挺。
朝阳冉冉，斯是秋晨。

枝头沉沉

淡淡蓝天，悠悠白云。
鹤影点点，雁字阵阵。
金风浩荡，落叶归根。
硕果满园，枝头沉沉。

（原载《中国科大报》1991年10月30日总第279期）

梦 之 湖

理念的月光洒在梦幻的湖面上
播下一片怡人的安宁和静谧
我生命之舟漂浮悠然
　　左手摇着感情的橹
　　右手荡着理智的桨
桨和橹荡漾起缠绵的涟漪
月光与涟漪作陶醉之热吻
　　孕生出七彩霓虹
我一丝不遗地拾起霓虹
　　镶嵌在你的胸饰上
我又垂下长长的思索钓竿
　　尽管梦幻的湖满是抽象的水
　　尽管水至清则无一尾现实之鱼
但是天上的月亮在水里
我要钓起——
　　水里的理念的月光

　　　　　　（原载《中国科大报》1989年10月10日总第245期）

河西走廊二题

嘉峪关感怀

雄冠天下嘉峪关，
河西咽喉锁双山。
洪武漫漶六百载，
怀柔致远费观瞻。

赞张掖中国最美丹霞地貌

水墨丹霞七彩屏，
远客始信画中行。
若非造化童心重，
甘州山川一片青。

（2012 年 7 月）

黔东黔西二题

梵净山

登红云金顶
红云柱峰插云霄,
金刀峡上架天桥。
释弥二佛东西坐,
俯瞰来去人如潮。

十亿年前页岩风化造型有感
万卷经书藏名山,
亿载岁月无人览。
虔诚蘑菇默相守,
共待河清并海晏。

黄果树

天星桥(绝句)
造化从来钟灵异,
瀑布水帘未足奇。
天星桥畔藤石树,
随意纠缠有玄机。

天星桥(对联)
岩顶安家仙人掌,
峭壁扎根美女榕。

(2013年7月)

时光微雕

思于心,发乎声,撰成文,列为评,一定要改变"不如意事常八九"的现状。

评论或议论自有它的出发点和落脚点,仅仅发发牢骚,痛泄一己私愤必定会钻进一条死胡同。

因此,要把评论或议论当成自己的良心活来做,尽力秉持平议和公论,尽力剔除妄议和讥评,尽力给出解决方案,尽力奉献正能量。

身为教育工作者,聚焦自身所从事的教育工作,是为主责主业;适当关注更广泛一点的社会热点,也是尽社会人的一份责任。

论 校 风

近来,校礼堂周末电影场出现了这样一种情景:开演的相当长一段时间,嗑瓜子的声音嘈杂一片,散场后,地面遗下皮壳一层。

从稍高的角度来说,这实际上就反映了校风优劣如何的一个侧面。

校风,是指学校的风气,不但包括教风学风,还包括道德风尚、公众意识、法制观念等。作为学校之任何一员,每个人都能或大或小或多或少地影响这种风气。校风是一幅图画,你随地吐痰一口,美妙的图画上就落下一团污点;校风是一曲和弦,你考场上斜视一眼,悦耳的和弦中就掺进一串杂音……相反地,你轻易地拧紧了无人自流的水龙头,校风的长河中就注入你的一泓清泉;你小心地修补了公共图书的破损之页,校风的大书就增添你的一页光彩……

科大是具有优良校风的历史和传统的,从诞生的那一天起,郭沫若老校长就在校歌中写下了"又红又专,理实交融,团结互助,活泼英勇"作为校风的基点。严济慈名誉校长的题词"创寰宇学府,育天下英才"提出了科大办学的更高目标。科大人崇尚这么一句话:"不要命的上科大。"虽说此话不很完美,但它从一个侧面反映了许多有志青年追求科学的奉献精神和良好的学习风气。曾几何时,这一风气乃至整个校园风气也变得不那么"纯净"了。"九、三学社"有之,"烟酒生"也大有人在,你抓考风考纪,一些人照样我行我素。以前拾金不昧蔚然成风,现在"招领启事"要求投桃报李的也大有人在……当然,现在在我们的身旁也有勇斗歹徒的凛然之士,也有奋不顾身扑烈火的光辉榜样。但是我们期望的不仅是"梅花欢喜漫天雪",我们更向往"百花齐放春满园"!

优良校风的建立是一个漫长而又艰巨的努力过程,而她的失落却能悄然发生在诸如嗑瓜子等细微的不拘小节之中。作为科大人,我们没有理由不为此感到痛心。今天,怎样呼唤优良校风的回归并加以发扬光大,已成了我们科大全体师生员工谁也不容回避的共同课题!

(原载《中国科大报》1991年4月30日总第270期)

论考风考纪

读罢中国科学院副院长王佛松致谷超豪校长、汤洪高书记的信,欣喜之情油然而生,因为信中称赞我校"在上学期末整顿考风,严肃考纪,收到良好效果"。

众所周知,考风考纪是校风校纪的重要组成部分,是衡量学校教育质量的一个重要方面。

考风考纪问题的存在具有普遍性,尤其在全国的高等院校中长期成为一个棘手的难题。稍作探究,大概源于以下三个方面的因素。

一是少数学生的学风不端正及蒙混过关的侥幸心理。学校举行考试,是对学生学习情况进行检验。试想,一个学生,不论他的智商多高,如果把大部分时光抛掷在花前月下,挥霍于剧院舞厅,消磨于牌局棋枰,沉溺于方城雀战,他怎能不面对考卷两眼发直?为了避免"闯红灯"的必然,只得冒险去"走钢丝"——考试作弊,企图侥幸过关。客观地说,绝大多数学生都是朝气蓬勃、刻苦向上的,像那种思想萎靡,学风不正,考场作弊的学生只是极少数。但其产生的不良影响却不可低估,请听来自学生中的抱怨:"我们辛辛苦苦学习,老老实实考试,反不如少数人靠作弊得的分数高,想想真窝囊!"

二是少数教师责任心不够强及高抬贵手的"仁慈"心理。考试,同样也是对授课教师教学情况的一次检验。一般而论,学生的整体考试成绩如何基本上就反映了教学效果的好坏。绝大部分教师教学兢兢业业,考试严格把关,做到认真负责,实事求是。但确实也有少数教师责任心不够强,教是我好你好,考是你好我好。有这样一则事例,某校的一次考试,学生成绩低的也在80分以上。果真是教得出色、学得扎实?最终还是由学生道出了原委:"我们在进考场前就知道了考题的'精细结构',而且有的甚至是'超精细结构'。"像这种考试,毫无疑问,是与优良的考风考纪背道而驰的。另一种情况,是有的教师对考场内出现的作弊行为,轻者视而不见,严重者轻描淡写地批评几句就高抬贵手过去了,殊不知,这样的"仁慈"恰恰把某些学生导入了弄虚作假的误区。一位教学管理工作者所说的"教风不正,无法正考风"的确颇有见地,发人深省。

三是学校领导部门对抓考风考纪这项工作所花的气力和所下的决心不够大,是重要因素之一。从我校近期抓考风考纪工作看出:只要领导重视,措施得力,以教育为主,惩处为辅,就能收到良好的效果。所谓得力措施,就是能够做到防患于未然的措施。如果像有些人认为的严肃考纪的得力措施就是给违反考纪的学生较重的处分,起到"杀一儆百"的作用,那其实就"谬之千里"了,因为学校是教书育人的阵地,应该以帮助学生树立正确的人生观,提高刻苦学习的自觉性为主导,使学生能端正学风、端正考风,而不应该把对学生的处分看作一把"万能钥匙。"

总之,树立优良的考风考纪要依靠学校领导部门、广大教师和学生上下一致、齐心协力、坚持不懈地努力。在这方面,科大已有了一个非常良好的开端,为继承和发扬科大优良的校风又迈出了坚实的一步。

(原载《中国科大报》1991年5月15日总第271期)

论体育竞赛精神

体育,作为衡量学生基本素质的一个方面,它与德育、智育、美育一样,历来受到科大的重视。

有了体育,必然就有体育竞赛,有了体育竞赛,也必然要体现体育竞赛精神。

何谓体育竞赛精神?曰友谊、曰公正、曰客观。

然而,发生在本届"科大杯"篮球赛鸣金收兵后的一段小小风波令人对体育竞赛精神不得不作一番新的重申。所谓风波,简而言之为:男篮决赛后,校园出现了一张由某四个系学生会联合署名的"公告",宣布他们集体退出四分之一决赛并对决赛结果予以否认。尔后立即又出现了另一张没有署名的"严正声明",针对上述四个系在比赛中,或"预赛即惨败",或"已参加了四分之一决赛而又宣布退出四分之一决赛的自相矛盾",或"没吃着葡萄就说葡萄酸",或"来历不明者",加以反唇相讥。

孰是孰非,不得而知。但这场风波本身恰恰证实了一点,那就是一定有人违背了体育竞赛精神。设想若是比赛按照正式的规则认真进行到最后,则"公告"者无是生非,动机不良,他们宣布对决赛结果的否认即是对体育竞赛精神的否认,其情可恶!反之,若比赛过程确有作弊现象,例如参赛队之间的暗中"君子协定"或裁判人员的有意偏袒,等等,则是对体育竞赛精神的亵渎,其情亦可恶!

在科大,与体育竞赛精神相左的事例岂止一端?拉拉队员之间"血"的教训,"雏鹰杯"中混入"老鹰"……不一而足。

体育竞赛精神和风尚实际上也是校风的一个重要组成部分。友谊公正客观的竞赛会带给人积极向上的鼓舞和鞭策,相反地,则怂恿了弄虚作假和投机取巧者,诸如约翰逊、马拉多纳的教训不可不吸取。

本文当该结束,但就在此刻校园又出现某系学生会对该系在论辩赛中

"占有明显的优势而被判负"作出的"两点声明":其一,否认评判结果;其二,对评委提出质疑。这一事件再次让我们思考:一切竞赛,无论是体育的、论辩的,还是学习的、工作的等,其竞赛精神究竟何在?我们怎样使竞赛精神得到最完美的弘扬?

(原载《中国科大报》1991年6月15日总第273期)

饭馆广告·奖学金·希望工程

新学期伊始,一家校外饭馆在校园内推出了一张别出心裁的广告。首先,饭馆的名称就不同凡响,不像"好再来""千杯少""菜根香"等那样俗不可耐,它叫"托福餐馆"——由不得你不佩服老板的精明,似乎他是江湖郎中或卜卦先生出身,把个科大人的脉搏心跳、生辰八字摸透了、掐准了;其次词也写得新潮款款、温情脉脉,不像"价廉物美、服务周到""生猛海鲜、活杀爆炒"那样粗鄙不堪,广告词曰:"宗旨:只要你过得比我好;服务:冬天里的一把火;希望:再回首。"叫人看了满心欢喜,恨不得立马去尝尝在冬天里的一把火中过得比他好的滋味。

然而我只想悄悄地问一声:老板们挖空心思,把科大视为"战略要地",原因何在?

"科大是一块肥肉!"某酒家女老板斩钉截铁地回答。凡是老科大都目睹了她是怎样将一个不起眼的面点摊变成今日拥有数十万家当的饭馆的,上述"七字诀"出自她之口应该具有权威性。

科大"肥"在哪里?或曰:"肥"在学生奖学金多!据学生处的统计,历年来"郭沫若奖学金"等七种专项奖学金获奖人数为1278人次,奖金额为59.2万元;"优秀学生奖学金"获奖人数4318人次,奖金额为71.09万元,总计奖金额为130.29万元。笔者没有精确调查科大学生奖学金的百分之多少流入了饭馆老板的腰包,但作为参考,不妨摘录一段发表在1991年9月14日《南方周末》上的调查报道:

> 据对南方某重点高校1000名奖学金获得者所作的调查表明:大学生的奖学金主要用于以下几个方面:请吃(47%);买高档香烟(10%);赶时髦(21%);外出游玩(9%);奉上一片孝心(6%);买学习用品(4%)。

但愿科大学生奖学金用于"请吃"的比例没有那么高,但有一个重要的事实不容忽略:科大颁奖之日,就是附近饭馆红火之时。

仅给出一例加以佐证。

一天夜里，笔者在西校区遇到位步履蹒跚的朋友小Z，他大着舌头抱怨道："今天累坏了。"

"用功去啦？"

"哪里！一天进了湘皖三次。"

"何苦来哉？"

"傻帽，你难道真不知道昨天是发奖学金的日子吗？"

获得奖学金后"请吃"在校园内已是一种时尚，一股风气，自然得如同下雨了，你出门就得打伞，不打伞如何？淋你个透湿！"瞧他那德行，整个一个葛朗台"这挖苦顶多算是毛毛雨。

学校颁发各种奖学金的内在意义实在是可以不言自明，但其实际流向正在朝"内在意义"的反方向越走越远，不能不令人（恐怕饭馆老板首先除外）扼腕长叹！

最近，安徽省的新闻媒介已报道了我校校长谷超豪教授在向"希望工程"捐款的同时呼吁社会各界理解和支持"希望工程"。作为一位深具影响力的科学家和教育家，谷校长已经为我们做出了垂范。我们这些正在谷校长身边接受最优越高等教育的一代人，在双手捧过奖学金的时候，起码需要想到两件事：第一，应该仔细地掂量下奖学金的分量；第二，凝神想象一下还有那么多失学儿童那一双双迷茫与企盼的"大眼睛"吧！

（原载《中国科大报》1992年10月1日总第293期）

通透与清澈

最近,有机会走访了京津几所著名学府,在完成主要任务之余,独自徜徉于校园,静静地阅读着由石山池水、绿树碧草、雕塑碑刻和建筑群落构成的立体画卷,我仿佛触摸到了这些学校弥久的风雨沧桑,感知到了这些学校即刻的飞扬灵动。

据此,我更坚定了自己由来已久的一个想法:校园的整体环境,反映了一所大学的风格、活力以及发展趋势的信息。返回科大,我再一次端详了我们的校园。发现有两件事是值得一提的。其一,老图书馆周围主要由园林所构成的景致,经过删繁就简、刈芜去杂,现时通透多了。通者,目光投射更远之谓也;透者,空气流动更畅之谓也。其二,东区北大门附近的眼镜湖,经过疏浚清淤,污水排除净尽,黑泥培于草丛树根。今天,当我们沐浴朝阳或身披晚霞之时,悠悠漫步曲桥之上、湖岸之沿,两潭池水,清澈见底,心为之恬静,神为之怡然。

校园环境的通透与清澈是现实的、有形的育人氛围,不可谓不重要,但对于旨在"创寰宇学府、育天下英才"的科大来说,营造一个更高层次的育人氛围,即适应时代发展的办学思想,不断发扬光大的优良校风学风等,则更为重要。可喜的是,这些方面一直是科大不惑的追求,并形成了自己鲜明的特色。作为科大人,我们对创建一流大学充满信心。

(原载《中国科大报》1999 年 4 月 30 日总第 406 期)

"文质彬彬"一解

在日常生活中,当我们说到一个人"文质彬彬",肯定是褒扬的意思,但褒扬的内涵是什么呢?也许是举止斯文、态度腼腆,甚至是文弱谦和、寡言少语。

其实,"文质彬彬"的本意与我们的日常理解存在着不小的差距。"文质彬彬"源出《论语·雍也》:"质胜文则野,文胜质则史。文质彬彬,然后君子。"其大意为,朴实多于文采就显得粗野,文采多于朴实就显得虚浮。文采与朴实配合得当,这才是君子。

尽管我们对"文质彬彬"有了上述训诂意义上的理解,但依然还存在着一个问题,那就是"文采""朴实""君子"的内在意义,随时代的更替,是可以赋予其不尽相同的含义的。

今天,在21世纪钟声即将敲响的时刻,我们如何理解"文质彬彬",则是至为重要。

依拙见,"文"(文采)当理解为理论知识和业务水平,"质"(朴实)当理解为实践技能和社会阅历,而君子当作"四有"人才理解可也。

反观自身及周围,"文质彬彬"者几何?若借用孔乙己老先生的话"多乎哉?不多也"来回答,未免有些悲观或不尽与现实相符。但毋庸讳言,在青年群体尤其是青年学生群体中,"文胜质"的现象似较普遍。何故之有?盖因我们的教育体系实行"应试教育"久矣。好在"素质教育"已成共识,渐渐由中小学教育过程一路延伸至高等教育过程。在素质教育一片声的欢呼之时,我们还需谨防一种倾向:素质教育等于在对学生教育的营养配餐中加点油、加点盐、加点酱、加点醋,再撒点葱花胡椒式的简单调味。果真那样。素质教育的结果也只是使我们的教育对象"文质平平"而非"文质彬彬"。

(原载《中国科大报》1999年6月15日总第409期)

信用贫困最可怕

贫困大学生，顾名思义，应该是指家庭经济存在困难，难以支付上大学所需要的学费、教材费、住宿费以及生活费等费用的那部分大学生。

自1999年以来，国家助学贷款政策开始正式实施，进一步完善了高校以"奖、贷、助、补、减"为主体形式的助学体系。从额度来衡量，国家助学贷款应是助学体系中最有力度的一项措施，为越来越多的贫困大学生带来了福音。"用明天的钱，圆今天的梦"，贫困大学生们终于可以从经济窘迫中解脱出来，渐渐舒展开紧锁的眉头。

然而，美好的愿望未必就一定有美好的结果。笔者从事学生工作有年，特别是在国家助学贷款工作中时而也会遇见一些尴尬局面。试举一例，有一名学生四年来共贷款2万余元，最近因学业问题面临退学。按规定，退学的学生应该先还贷再办手续，该生坚持说无力还贷，并且咄咄逼人地质问，我不还贷，你们能对我怎样处理？这样的学生虽然是极少数，但足以让人心寒、让人感慨万千！

由此我们想到了一个现实问题：贫困大学生并不可怕，可怕的是大学生的贫困。大学生的贫困，不仅仅是经济贫困，还有心理贫困、意志贫困、责任贫困、信用贫困，等等，笔者以为，其中以信用贫困最为可怕。

"人无信不立"，市场经济与信用体系如影随形，国家助学贷款政策的实施不仅是为了适应高等教育改革的趋势，同时也是国家针对"失信"问题而推出的"诚信"改革试验田。大学生年轻、受教育程度高，是试验田的最合适群体。作为信用贷款方的学生，应该深刻地认识到，个人是否讲求诚信，按时还贷以及还不还贷，不仅仅关系到他个人，更会影响到国家助学贷款这项政策实施好坏，甚至关系到整个社会对大学生这个群体的认识。最近，中国银行针对国家助学贷款提出了"知识决定命运，信用成就未来"的口号，诚哉斯言，我们每一位大学生不可不细细体悟啊。

(原载《中国科大报》2004年9月25日总第501期)

百年机遇　千年挑战
——听杨福家院士讲"知识经济与人才培养"

杨福家院士是把"知识经济"这一名词介绍到国内的第一人,又有着数年复旦大学校长和精湛的自然科学研究背景的经历,他谈"知识经济与人才培养",自然是行云流水,有的放矢。

杨院士日前在我校的报告,虽只有80分钟,但言简意赅,深入浅出,听众中无论是教师还是学生,都受到了教益和启迪。

目前,"科学技术日新月异,知识经济已见端倪"的说法频繁见诸媒体。人们知道"知识经济"的概念是一回事,而自觉地去做好准备、主动地去迎接挑战又是另一回事。这中间若存在脱节,则是极其危险的。"未雨绸缪"固然为"上计",但已有人抢先一步。我们最为现实的就是取"中计":"临渊羡鱼,不如退而结网。"这一点虽然又落入了杨院士所说的"追赶山"与"创造山"关系的套路中,但总比"以不变应万变"的"下计"要积极进取得多。

知识经济的特征,是以高新技术迅速产业化为支柱、以创新精神为灵魂的。由此得出结论,知识经济极大程度上依赖于对具有创新意识的高素质人才(可抽象为知识)的占有,与农业经济依赖对土地和劳动力的占有、工业经济依赖对资本的占有是完全不同的,其不同点就是:土地、劳动力、资本都是有限的,而知识是无限的,因而其生命力自然是强盛的。

人才的培养及人才的竞争随之成为了能否立于知识经济时代不败之地的焦点。杨院士讲"百年机遇、千年挑战",其意就是:由工业经济时代向知识经济时代转化,是数百年一次的机遇,而为了紧跟上这种转化所提出的对人才培养的要求,则是对我们数千年形成的传统教育模式的挑战。我们今天的教育基础、教学体制、人才培养模式等,毋庸讳言,是不太适应知识经济时代要求的。就是对于一贯致力于教育教学改革的科大来说,同样也存在着诸多需要改进的地方,如学科的交叉融合、理工背景的人文关怀、管理思维的拓展创新……科大要实现"规模适度、质量优异、结构合理、特色鲜明"的目标是具有较好基础的,年轻意味着不保守、少框框,创新已经注入学校求生存、图发展的灵魂深处。此外,步入不惑之年,历经三次艰苦卓绝的创业,毕业生受到广泛关注和普遍赞誉,这些都是科大昨天成功与辉煌的印证。我们依然要继承"基础宽厚实、专业精新活"的方向,并进一步拓展素质教育的渠道,着力加强科学精神、创新精神的培养和导引。

"要做就做最好的",杨院士举出了芬兰诺基亚的例子;"在一个经济不发达的国家,规模不大的学校也能建设成为世界一流水平的大学",校长朱清时院士举出了印度理工学院的例子。科大面对21世纪知识经济浪潮的冲击,是立于潮头弄潮、"手把红旗旗不湿"?还是晕头转向、载浮载沉?在仔细咀嚼上述例子之后,我们的回答应该是,也只能是前者。我们期望科大在新世纪既要以培养诺贝尔奖获得者为目标,也要以培养比尔·盖茨式的人物为目标。当然,如能培养出获诺贝尔奖的比尔·盖茨则更有价值。

(原载《中国科大报》1999年5月30日总第408期)

为有源头活水来

——全校性专业调整与教学改革琐议

最近,我校在2003级学生中开展了全校性专业调整,可自主选择专业的人数多达500个,约占该年级总人数的27%,又一次引起了师生们的密切关注。

通俗地说,全校性专业调整其实就是允许学生根据自己的爱好和志愿"转系或转专业"。"转系或转专业",形式并不新颖,但规模如此之大,涉及面如此之广,我们则不能将其视为一桩平常小事。

第一,强化了教育以人为本的理念,改变了大学生在专业选择上"从一而终"的传统局面。"每个学生都有长处短处,培养人就是要把一个人的长处发挥到淋漓尽致。"这是朱清时校长经常强调的一个观点。如何让学生的长处充分发挥?我校历来的理念是,让学生做他想做的事情,只有他喜欢的专业,他才能做到更好,没有比让他学不喜欢的专业更痛苦的事情了。实行全校性专业调整就是这种教育理念的具体体现之一。我们知道,每位学生在入学时都必须进行专业选择,那时的选择多少带有一定的盲目,甚至还有几分无奈,而经过一年的大学学习以及对学校的了解,并结合自己的兴趣做出的专业重新选择,应该是慎重与理智的。

第二,为实现对学生个性化培养提供了有利的基础。"个性化培养"是高校在人才培养方面因材施教的一个重要方面。程艺副校长曾作了深入浅出的说明:比如说"物理"这个专业,有的学生是通过对物理学较系统的学习,掌握基本的基础知识、分析问题、解决问题的能力而走向社会,有的希望能将所学的知识应用到材料、工程、信息、生物或其他应用性领域,有的希望从事深入的物理学研究,虽然同是物理学专业,但课程选择各有侧重。也许有一天,每个学生都有自己的学习计划。大学学习的过程,不再是沿着一个设计好的胡同被动地走下去的过程,而是在一片广阔的田野,走出自己一行坚实的脚步的过程。可以预期,专业调整为实现对学生个性化培养提供了有利的基础和机制上的保证。

第三，学科专业的建制与发展自然而然地引入了市场机制。实施全校性专业调整，将会导致一些专业热门，另一些专业冷落。换言之，学科专业的建制与发展则自然而然地引入了市场机制，最近一段时间，各院系在全校性专业调整的关键时刻，纷纷通过网络、电视、广播等校内媒体，将本院系的专业向学生们进行详尽介绍，并接受学生的咨询，希望引起学生在重新选择专业时的兴趣。从竞争的角度看，这确是一件好事，求生存，求发展，必须要有"市场"，对学科专业也不例外。

第四，给高校学生管理提出了新的课题。实施全校性专业调整，给学校的整个教学和学生管理也带来新的挑战。以班级为管理单元在高校中沿袭已久，师生以及管理人员早已习惯。但是，专业调整所带来的课程安排、宿舍安排、教材选择以及党团组织、集体活动等都需要做出相应的变化，这是一个发展中的新课题，需要我们必须做好积极的应对。

我校在教学改革过程中，已经做出了一系列的探索和创新，如，以弹性学制、选课制、导师制、主辅修制、双学位制等为特征的学分制教学管理；再如，以本科、硕士分流培养、硕博连读制、中期分流制等灵活多样的人才培养机制；又如，在全国高校中率先实行"大学生研究计划"和助研助教制度，开设探究式的研讨班，推行个性化学习计划，设立了大学生科技创新活动基金，建立了创新培养基地，鼓励和支持学生参与科研实践，在实践中培养创新能力；全校性的专业调整则是又一次的改革创新。

但愿所有的改革创新构成永不枯竭的"源头活水"，使我校充满可持续地"我创新，故我在"的青春活力。

（原载《中国科大报》2004年5月18日总第495期）

校庆的正道与歧途

大办校庆,校庆大办,近十年来在中国教育界不断升温,高校尤甚。

任何一种现象都有它的本源,校庆当然也不例外。

先来看一段"妙论":"寻常百姓家的老太太六十大寿,办得风光热闹,左邻右舍就会说这老太太好福气有面子,这户人家在那一带就做得起人!百姓如此,国家更是如此!如果连我的生日都办寒碜了,不但我的面子,朝廷的面子也没地方搁!又怎么个体现我中国河清海晏国泰民安?这样一来,不但洋人瞧不起,连老百姓也瞧不起!洋人瞧不起你他就欺负你,老百姓瞧不起你就不服你,这样就会出事儿,祖宗的基业就会毁于一旦!这些道理你们是真不懂假不懂还是不想懂?我看你们是不想懂!……"

说这段话的是风雨飘摇之中的晚清的大权独揽者慈禧。"老佛爷"应该没有学过什么《逻辑学》,但她的这番话却明明白白地贯穿了这样的逻辑关系:我个人的六十大寿风光不风光,事小,大清帝国的社稷江山保得住保不住,事大!

将个人的"诞辰"与祖宗的"基业"紧密联系,并提高到"讲政治"的高度,慈禧未必是始作俑者,但绝对是推波助澜进而登峰造极者。

一个多世纪后的今天,校庆热衷者们的潜意识里能否绕开当年慈禧的"逻辑",确实不敢遽下断语。也许,"本源"就深藏其中。

一个学校的校庆,原也就如同一个人的生日寿庆,可以办,也可以不办,可以大办,也可以应应景,无论是不办还是小办,无论是应应景还是大办,都不必有那么多的穿凿附会,也无需那么多的上纲上线。一旦穿凿附会、上纲上线,校庆就会变味。

逢五逢十,尤其五十一百,举办一次校庆庆典,作一次经验与教训的回顾,凝聚一下五洲四海的校友,增进一下与兄弟院校以及学界的交流沟通,再对学校的未来作一番战略性前瞻,以利图存与发展,这样的校庆,无可厚非,如果拔高一点说,这样的校庆就应该是校庆的正道。

正道其实是坦途,既可以"大胆地往前走",又不用担心说三道四。可一

不留神,校庆就偏向了歧途,攀比与虚荣则是偏向歧途的最突出表现:

你是"综合性"马首,我也执"理工科"牛耳,你请最高领导讲话,我也要请一号首长致辞;你请"心连心"助阵,我也要"一首歌"捧场;你让电视专题访谈,我搞报纸连续报道;你请三千杰出校友,我邀二百院士返校……如此这般,不一而足。

引起沸沸扬扬的一篇《××传媒学院校庆是高校校庆之耻》,其实只是对该校校庆活动的无序与随意提出了表象性的批评,即便如此,我们也能读出身处其中者对院校校庆"包装作秀,哗众取宠"这一种"普遍现象"的冷峻调侃与无情戏谑。

校庆应该怎么办?依笔者浅见,当遵循三条基本原则:第一,以总结校史,凝聚人心,鼓舞士气,图谋发展为目的;第二,以展示办学成就,弘扬学术精神,倡导求是学风为载体;第三,以淡定自然,保持本真,朴素节俭,量力而行为出发点。

(2008年9月)

国运兴衰　系于教育

改革开放以来,党中央、国务院召开了三次全国教育工作会议,每一次会议的召开,都将中国的教育观念提升到一个新的高度,进而使中国教育事业跨上一个新的台阶。尤其在我们即将阔步进入21世纪之际,党中央、国务院从我国社会主义现代化建设的全局出发,着眼于迎接未来激烈国际竞争的挑战,着眼于中华民族在下个世纪的伟大复兴,召开了第三次全国教育工作会议,颁布了《中共中央、国务院关于深化教育改革全面推进素质教育的决定》(简称《决定》),研究和部署了我国今后的教育改革与发展的战略。这次会议的胜利召开,是全党全社会的一件大事,也是教育战线迎接新世纪的一次盛会。这次大会主题鲜明突出,就是动员全党同志和全国人民,以提高民族素质和创新能力为重点,深化教育体制和结构改革,全面推进素质教育,振兴教育事业,实施科教兴国战略,为实现党的十五大确定的社会主义现代化建设宏伟目标而奋斗。江泽民同志在大会开幕式上强调指出"国运兴衰,系于教育;教育振兴,全民有责",高度概括了教育的重要战略地位以及党和国家一定要把教育办好的坚定决心和必胜信念。同时,党中央、国务院也向全国教育战线提出了更高的目标和要求:必须全面贯彻党的教育方针,坚持教育为社会主义为人民服务,坚持教育与社会实践相结合,以提高国民素质为根本宗旨,以培养学生的创新精神和实践能力为重点,努力造就"有理想、有道德、有文化、有纪律"的,德育、智育、体育、美育等全面发展的社会主义事业建设者和接班人。

我们中国科学技术大学是沐浴着改革开放的春风获得了复苏,又在前两次全教会的精神指引下抓住机遇、奋发进取,才把一所在"文革"中千疮百孔、濒临解体的学校,逐步发展成为今天的校风学风优良、年轻人才较多、教学科研并重、在国内外享有较高声誉的朝气蓬勃的大学。"筚路蓝缕,以启山林",昨天的创业艰辛,给我们今天向着更高的目标奋进奠定了基础,鼓舞了士气。现在,摆在我们每一个科大人面前的最重要任务就是如何认真学习领会、全面贯彻落实第三次全教会的精神,努力把学校早日建成一流大学。

为了达到这样的目标,我们应在以下几个方面达成共识。

首先,要在素质教育试点的基础上,严格遵照这次全教会及《决定》的要求,进一步全面推进我校的素质教育。素质教育的时代特点和新的内涵,就是要在新的形势下全面贯彻党的教育方针,以提高国民素质为根本宗旨,以培养学生的创新精神和实践能力为重点,倡导尊重学生身心发展特点和教育规律,使学生生动活泼、积极主动地得到发展。要以邓小平同志提出的"三个面向"和江泽民总书记提出的"四个统一"作为实施素质教育的根本指导思想。思想政治教育要摆在重要地位,任何时候都不能放松和削弱。思想政治素质是最重要的素质。加强德育,培养学生正确的世界观、人生观、价值观,树立爱国主义、集体主义、社会主义思想是素质教育的灵魂,并使德育、智育、体育、美育、劳动技术教育和社会实践诸方面相互渗透,相互促进,贯穿于教育的各个环节和阶段。我校目前的素质教育要重在进一步加强"两课"改革和邓小平理论的"三进"工作;继续发扬光大优良的校风学风,注重学生"基础宽厚实,专业精新活"的严格训练;注重对学生的科学精神的熏陶、创新精神和实践能力的培养;广泛开展丰富多彩的校园文化活动,使学生陶冶情操、澡雪情志。

其次,要进一步加强和加快学校办学条件建设和设施完善,为建设一流研究型大学和全面实施素质教育夯实基础。一流的大学要有一流的学生活动中心、一流的艺术教育中心、一流的图书馆、一流的教学实验室,同时也要有规划合理有序、人文景点内涵丰富的校园以及管理严格、环境宽松的后勤服务。虽然我校与这样的目标还存在着相当大的一段距离,但很多方面正在实施之中或将要实施。机关机构改革和后勤社会化亦是我校面向新世纪加快发展势在必行的重要方面,能够尽快取得实质性进展,已是人心所向。

第三,要进一步建设一支高素质的教师队伍,为建设一流研究型大学和全面实施素质教育提供可靠的保证。教育以人为本,要培养高素质的人才,高素质的教师队伍是其必要条件。不仅如此,一支高素质的管理队伍和一支高素质的后勤队伍(与后勤社会化如否并行不悖)亦是同等需要。长久形成的"教书育人、管理育人、服务育人"的优良传统仍须坚持,还要坚持"全员育人、全过程育人、全方位育人"的原则。唯其如此,我们的素质教育才是扎扎实实的,而不是浮光掠影的;才是行之有效的,而不是大轰大嗡的;才是有源活水,而不是无米之炊。我校目前建设一支高素质的、适应全面素质教育的教师队伍,首当其冲需要解决的问题,可能是亟待加强人文、社科、艺术方面的教师力量。对思想政治工作这支教师队伍,也需要我们"未雨绸缪"。

第三次全教会及《决定》为我国教育事业描绘了跨世纪的发展宏图,作出了跨世纪的战略规划。在"科学技术突飞猛进,知识经济已见端倪,国力竞争日趋激烈"的国际环境下,我们既面临着机遇又面临着挑战。"好风凭借力,送我上青云",只要我们深刻领会邓小平教育理论的精髓,认真学习领会、全面贯彻落实第三次全教会的精神,我们就一定能把一个充满生机和创新活力的中国科学技术大学带入 21 世纪,并能在 2018 年建校六十周年前后,把学校建设成为"规模适度、质量优异、结构合理、特色鲜明"的一流研究型大学。

(原载《中国科大报》1999 年 7 月 5 日总第 410 期)

祖国荣辱兴衰　我们担当重任

以美国为首的北约在南联盟土地上燃起的战火,究竟离我们有多远?1999年5月8日之前,回答也许很不一致,但就在这天清晨,他们悍然使用导弹袭击了我驻南使馆,造成了我人员严重伤亡,馆舍严重破坏。血的事实使我们每一个炎黄子孙都刻骨铭心地认识到,这是对中华人民共和国主权和尊严的公然侵犯,是对12亿中国人民的公然挑衅!

侵犯与挑衅离我们原来是如此之近,我们该如何捍卫祖国的主权、维护民族的尊严?震怒的中国政府向以美国为首的北约提出最强烈的抗议、严正的交涉和严厉的谴责,激怒的中国人民向野蛮暴行者表示了极大的愤慨、凛然的示威和切齿的声讨。

这些,充分表达了"中国人民不可欺,中华民族不可侮"的强烈爱国热情和不屈不挠的坚强意志,但不是我们的最终目标。

在党和国家以最高规格安妥了为国捐躯的三位革命烈士邵云环、许杏虎、朱颖的英灵之后,我们需要认真思考这样的一个问题:泱泱中华,何以成为以美国为首的北约在巴尔干地区单方面燃起战火中第二个被侵犯和挑衅的主权国家?

答案只有一个,中国虽然迈开了现代化建设的步伐,但是综合国力还不够强,科学技术还不够发达。一个国家只有强大起来,才能免遭欺辱,一个国家只有加强国力,才能更加有效地保卫和平。积贫积弱的近代中国遭受一次列强欺凌,答案就被重复证明一次。在即将步入21世纪的今天,以美国为首的北约竟敢对改革开放的中国野蛮施暴,一方面,霸权主义和强权政治的势力亡我之心不死,另一方面,我们比过去任何时候都更加警醒,我们要坚定不移地走建设有中国特色的社会主义道路,要坚决自觉地维护来之不易的安定局面和稳定秩序,绝不能让敌对势力"把水搅浑、浑水摸鱼"的阴谋得逞。

爱国之心、报国之志历来是我们中华民族的光荣传统。我们的先辈曾高喊"天下兴亡,匹夫有责"的口号,今天,我们每一个中国人尤其是青年一代要以"振兴中华,我的责任"为鞭策,勇敢地义无反顾地担负起实现中华民族21世纪全面复兴的重任。

自建校以来,我们中国科学技术大学的全体师生员工,和全国亿万人民及热血沸腾的青年学子一样,采取不同方式抒发爱国激情,沉痛悼念死难烈士,强烈谴责北约罪恶行径。尤其是认真学习江泽民同志讲话精神和胡锦涛同志讲话精神,坚决拥护这些讲话精神。目前校园内工作、学习、生活秩序井然,师生们情绪饱满、朝气蓬勃。同时,我们随处都能感受到理性思考的声音。"好好学习,报效祖国""发展才是硬道理"是学生亲手制作的标语;"作为一名青年大学生,我们应当从这场暴行中更深刻地认识到自己肩负的使命。21世纪的中国科学事业,要靠我们这一代人来承担,我们发愤读书、努力学习吧!今天,我们学好本领,掌握了先进的科学技术,明天,我们的祖国才会更加强大!"这是科大9801班团支部发出的倡议;……这些道出了全校学生的心声,也反映了科大创建一流大学、为"科教兴国"作更大贡献的信心和决心。

成熟的理性思考是自觉行动的先导。北约的暴行从反面进一步激发了我们的民族忧患意识和爱国热情,我们要化悲愤为动力,刻苦学习,努力工作;卧薪尝胆,矢志不移;献身科学,奋发图强。我们要牢牢记住:祖国荣辱兴衰,我们担当重任!

(原载《中国科大报》1999年5月15日总第407期)

穷则变,变则通

最近,中共中央发出了《关于加强和改进思想政治工作的若干意见》(简称《意见》)。《意见》科学总结了新时期思想政治工作的经验,指出了加强和改进思想政治工作的方向,提出了具体的要求和措施,是指导我们做好新时期思想政治工作的纲领性文件。

《意见》对学校的思想政治工作提出了明确的要求:要围绕培养社会主义事业建设者和接班人的根本任务来进行;要认真贯彻党的教育方针,坚持社会主义办学方向;要充实和改进思想品德课和政治理论课的教学内容,把学校教育与社会实践结合起来,全面推进素质教育。

我校的思想政治工作经过长期的探索与实践,逐步形成了"全员育人,全方位育人,全过程育人"的工作体系,取得了较好的成效。但与《意见》所提出的目标、任务、要求相比较,还存在着一定差距。

"穷则变,变则通",目前,认真学习、深刻领会《意见》精神,全面贯彻落实《意见》要求,是我校进一步加强和改进思想政治工作的良好契机和关键所在;以《意见》为指导,抓住机遇、提高认识、更新观念、改进方法、有的放矢,是改善和提高我校思想政治工作水平与成效的必由之路。

一、充分认识加强和改进思想政治工作的重要性

首先,从思想理论领域来说,这些年,我们在学习、宣传邓小平理论方面取得了一定的成绩。但是,"一手硬,一手软"的状况并未得到彻底改变。比如,道德局域失范,拜金主义、享乐主义、个人主义蔓延滋长;假冒伪劣、欺诈活动、黄赌毒等恶劣现象沉渣泛起;一部分人国家观念淡薄了,对社会主义前途发生了困惑和动摇。这种种情况,都值得我们高度重视。其次,从经济领域来说,近20年来,我们以经济建设为中心,取得了巨大的成就,令世人瞩目。但是,我们也要看到,随着多种经济成分的出现,必然带来利益多元化、社会生活方式多元化、社会组织形式多元化、就业岗位和就业方式多元化;必然带来社会组织和团体大量出现,带来社会人员的大流动;必然使人

们的思想认识、价值观念和思维方式发生深刻变化。凡此种种,都给思想政治工作带来大量的新情况、新问题。第三,从复杂多变的国际环境来说,西方敌对势力亡我之心不死。他们总是通过思想渗透、文化渗透、人权外交等手段,妄图实现"西化"、"分化"社会主义中国的梦想。"法轮功"问题的出现,就有着复杂的国际背景。

二、加强和改进思想政治工作,最重要的是要把提高师生员工的思想政治素质放在首位

江泽民同志在第三次全国教育工作会议上强调指出:"思想政治教育,在各级各类学校都要摆在重要地位,任何时候都不能放松和削弱。要说素质,思想政治素质是最重要的素质。不断增强学生和群众的爱国主义、集体主义、社会主义思想,是素质教育的灵魂。"《意见》也强调指出:"要把理想信念教育作为核心内容,引导广大党员、干部和群众树立建设有中国特色社会主义的共同理想,树立正确的世界观、人生观、价值观,为建设富强、民主、文明的社会主义现代化国家而团结奋斗。"我校师生员工的思想政治素质总体情况应该说是好的或比较好的,但也存在着亟待解决的问题。这一点,从我校"三讲"教育开展过程中所征求到的意见和建议中,就可反映一斑,如"教师队伍的理想与信念教育有待加强,一些教师在班级、课堂等场合,散布不恰当观点和言论,对学生影响很大,在一定程度上可以抵消班主任和思想政治工作者的工作效果";"学生工作队伍和党务工作队伍存在着后继乏人的严重问题,班主任很少有人愿意做,学生工作队伍疲于奔命";"对学生思想政治教育、爱国主义教育做得不够,现在的青年教师和学生以出国为荣,不少人有不出国不光彩的想法",等等。其实,我校思想政治工作方面存在的问题还远不止这些,必须要引起我们的高度正视和重视,切实把提高师生员工的思想政治素质放在加强和改进思想政治工作的首位。

三、加强和改进思想政治工作,要用邓小平理论构筑师生员工的精神支柱

思想政治工作是凝聚人心、调动人的积极性、激发人的创造性的工作。用什么来完成这项任务呢?回答只能是:要用邓小平理论构筑师生员工的精神支柱。江泽民同志在十五大报告中指出:"在当代中国,只有把马克思主义同当代中国实践和时代特征结合起来的邓小平理论,而没有别的理论能够解决社会主义的前途和命运问题。邓小平理论是当代中国的马克思主

义,是马克思主义在中国发展的新阶段。""在当代中国,马克思列宁主义、毛泽东思想、邓小平理论,是一脉相承的统一的科学体系。坚持邓小平理论,就是真正坚持马克思列宁主义、毛泽东思想;高举邓小平理论的旗帜,就是真正高举马克思列宁主义、毛泽东思想的旗帜。"实践证明,马列主义、毛泽东思想和邓小平理论,是科学的世界观和方法论。特别是邓小平理论,它是建设有中国特色社会主义理论的科学体系。只有掌握辩证唯物主义与历史唯物主义,才能划清唯物论与唯心论、无神论和有神论、科学与迷信、文明与愚昧的界限,增强识别和抵制唯心主义、封建迷信及各种伪科学的能力;才能树立正确的理想和信心,在错综复杂的环境中,不动摇,不迷失方向,沿着社会主义、共产主义的方向前进。同时,我们还要广泛深入地进行党的基本路线和基本纲领教育,进一步深入地进行中国近现代史、中共党史和基本国情教育,进行中华民族优良传统和革命传统教育,进行维护祖国统一教育,激励广大师生员工,发扬爱国主义精神,艰苦奋斗,开拓进取;还要加强形势政策、民主法制和维护社会稳定的教育;还要进一步加强校园精神文明建设。总之,在新的时代条件下,思想政治工作的根本任务,就是要紧紧围绕经济建设这个中心,紧密结合各行各业的工作实际和思想实际,用党的基本理论、基本路线教育干部群众,用爱国主义、集体主义、社会主义和艰苦创业精神凝聚人心,用十五大确立的跨世纪发展目标和五十年翻天覆地的巨大成就去召唤和鼓舞人们,为改革开放和社会主义现代化建设提供强有力的精神动力和思想保证。

四、加强和改进思想政治工作,要注重研究新情况,解决新问题

在改革开放和发展社会主义市场经济条件下,思想政治工作的环境、任务、内容、渠道和对象都发生了很大变化。高校也不例外,甚至是有过之而无不及,这就需要我们更加注意工作的针对性,做到把准脉搏,有的放矢。我们应该通过以下的途径着力:要加强校党委对学校思想政治工作的全面领导,建立健全一支政治强、作风硬、素质高的思政工作队伍;要进一步加强"两课"的教学改革,使邓小平理论的"三进"工作扎实有效;要坚持解放思想、实事求是,深入院系班级,深入师生员工,调查了解新情况、新问题,认真研究新形势下高校思想政治工作的特点和规律,积极开辟新途径,探索新办法,创造新经验;要充分发挥校内新闻媒体和对外宣传报道在思想政治工作中的重要作用,增强宣传教育的吸引力、感染力和说服力,弘扬主旋律,唱响正气歌;要把校园群众性精神文明创建活动作为思想

政治工作的重要载体,不断提高全校师生员工的思想道德和科学文化素质;要重视发挥校园文化的育人功能;要注重运用师生中教书育人、勤奋好学的先进典型影响和带动全校师生员工,形成崇尚先进,学习先进,争当先进的良好校园风气。

(原载《中国科大报》1999年11月30日总第416期和1999年12月15日总第417期)

临门一脚是整改

在完成了"学习提高"和"自我剖析"两个阶段的基本任务后，我校"三讲"(讲学习、讲政治、讲正气)教育活动目前正渐入佳境，即将进入"批评与自我批评"和最后的"整改"阶段。

我校的"三讲"教育，从一开始，就确立了开门搞"三讲"的基本原则。综观前期情况，整体发动全面有力，听取意见广泛深入，查摆问题从严从细，自我剖析敢于亮丑。这些，都得到了学校各方面的承认和肯定。

开门搞"三讲"，是扎扎实实搞好"三讲"而不是"认认真真走过场"的前提和基础。开门搞"三讲"，就是发扬整风精神，发动群众、依靠群众，充分调动和真诚保护群众对领导班子和领导干部提出意见建议的积极性，同时，也要求领导班子和领导干部正确对待群众提出的意见和建议。"'三讲'过不过，群众说了算"应成为是否开门搞"三讲"的判据，因为群众的意见是一把尺子，用它可以衡量一个单位工作的好坏；群众的意见也是一面镜子，从中可以折射出一个领导干部的长短优劣。群众意见不单是批评和否定，也包含了建设性的希望和帮助。

可喜的是，在学校前后召集的八次座谈会上，不同层面的与会代表直抒胸臆，畅所欲言，对学校在党建德育与思想政治工作、决策与管理、学科建设、领导班子建设、人事与分配制度、人才与队伍建设、后勤服务工作以及校领导个人等方面提出了许许多多的意见和建议。校党委对这些意见和建议非常重视，已整理综合为八十余条，并按轻重缓急分成立即整改、近期整改、远期和较远期整改等几类。

整改，是"三讲"教育的重点，也是"三讲"教育的着眼点和落脚点。检验"三讲"教育的成效，标准只有一个，就是看整改的决心大小、力度大小。换言之，为了达到我校各级领导干部思想上有明显提高、政治上有明显进步、作风上有明显转变、纪律上有明显增强、改革创新上有明显进展和领导班子的战斗力凝聚力有明显增强的目标要求，归根到底就是要把查摆、剖析出来的问题以及群众提出的意见建议逐条处理好、整改好。

(原载《中国科大报》1999 年 11 月 15 日总第 415 期)

关于"踩点"的联想

前不久的一天上午,我正在紧张工作的时候接到任务,要接待上级部门的几位领导。只好立即放下手中的活计,匆忙赶到指定地点。原来,所来的一干人马不是来调研,也不是来考察,更不是来现场办公,而是为不日将来我单位作非常短暂的走马观花的大领导"踩点"。最终,这次"踩点"与以往有些"踩点"一样,"只听楼梯响,不见人下楼",所费的人力物力和一切精心准备都打了无声的水漂。究其原因,得到的回答却是简洁而不明了:情况有变化,不要多问了。

何谓"踩点"? 简言之,就是大领导外出视察工作、参加活动等将要走的线路,下面的人要首先走一遍,诸如路边是否有垃圾,路上是否有石块,路面是否有坑洼,都要仔细勘查再三,该清扫的清扫,该修整的修整,该美化的美化。如果领导官阶足够高,还要作更苛刻的"踩点"要求。真正是:领导未动,"踩点"先行。

"踩点"源于何人何事何时何地,已是无从稽考。如果暂时搁置"5W1H"的新闻铁律,我们则可以将目光投注到虚化一点的时空和人物。

古代的帝王将相、王公贵族,他们自诩为替天行道的"天子"或下凡的"星宿",哪个不是享尽荣华富贵,哪个不能呼风唤雨,总该是无忧无虑的吧。其实不然,他们也有烦恼——总是担惊受怕有人要加害自己,于是整日戚戚然,于是整日惕惕然,于是明修高墙大院、暗筑密室地道,于是进退行止之时"大内高手"趋附左右、贴身防卫,即使渺小敏捷如蚊蝇者亦难靠近。俗话说,百密终有一疏,假如有人在饭食饮水中投毒怎么办?"这事好办,让人尝试"。于是,"尝试"就由一个词语变成了一种地位特殊的职业,说它特殊,一方面,"尝试"者色色山珍海味先尝、种种琼浆玉露先饮,如此看来,"尝试"者贵于主子;另一方面,"尝试"者被迫以自己宝贵的生命在"尝试",不啻时时踩钢丝于高空,何时陨落地狱之门,问谁谁知道? 如此看来,"尝试"者贱于路边的一棵野草。整个的封建帝王时代,有多少"尝试"者非命暴毙,成为权贵们的牺牲品,已是难以知晓了。

"尝试"何尝不是一种"踩点"？只不过是"踩点"的一种极致罢了。好在"尝试"随着封建王朝背影的消逝，早已随风而去。当我们为此感到庆幸的时候，我们也不要忘了今天的"踩点"或许也能花样翻新，甚至不断培育出新的"生长点"。

"踩点"之流行不衰、不绝于官，到底对耶错耶、孰对孰错，实在是见仁见智。

拿"踩点"说事，在现如今也许有些背时。如果说领导人人喜欢趾高气扬、拿腔作势，似严嵩、和珅、成克杰、胡长清……分明是愤世嫉俗、见木不见林；如果说领导个个习惯轻车简从、淡泊自守，像海瑞、于成龙、焦裕禄、郑培民……显然在歪曲事实、不食人间烟火。依愚见，"有什么样的领导就有什么样的下属"假如是池塘边一棵树的话，那么，"有什么样的下属就有什么样的领导"就是这棵树在水中的倒影。如影随形、形影相吊，或许可以作为"先有鸡还是先有蛋"这个千古思辩论题的诠释之一。

拿"踩点"说事，在现如今也许正当其时。撇开理论的抽丝剥茧，仅凭直觉，我们就会得出这样的结论："踩点"踩不出"权为民所用，情为民所系，利为民所谋"来，踩不出"蓬勃朝气，昂扬锐气，浩然正气"来；"踩点"所能踩出的只有公仆与民众的距离以及公仆外衣下藏匿着的官僚气息。由此，人人需要反躬自问：我们今天端正党风、清廉政风该从哪里做起，该从谁做起呢？

（原载《中国科大报》2003年4月30日总425期，获该年度全国高校校报好新闻［言论类］一等奖）

从灵峰山庄谈起

今春,笔者前往浙江大学调研,主人安排我们住该校接待宾馆——灵峰山庄。这里三楼走廊两边墙壁,布满了由老照片组成的精美铭牌,内容均为百年浙大"文军长征",即"西迁"的那一段历史。除三楼走廊被布置成"文军长征走廊"外,还采用"求是灯"装点宾馆正门两侧,用全铜制作的《浙江大学西迁图》渲染大堂,以"求实创新"甲骨文校训纹饰栏杆,采用"求是鹰"图案标识客房用品,以及以十个"西迁主题餐厅"和"西迁特色菜谱"体味学校的那一段峥嵘岁月,等等。驻足品味,顿感该校历史的悠久厚重与可歌可泣,也直接感知了宾馆总经理楼先生作为学校一员自觉追寻学校历史进而凝练并昭示学校精神理念的卓见。

反观我校,历史不足半个世纪,初创时的亲历者和见证人,不少仍健在,按理,总结校史,凝练精神理念,做起来还不算困难。但经历下迁的折腾,珍贵资料散失较多,校史实际上存在断层。如果现在不及时"抢救",缺憾将会越来越大。因此,学校开展的关于精神理念的讨论与凝练,是一次很好的契机。受灵峰山庄的启迪,不揣谫陋,提出以下拙见,以供学校决策参考。

首先,校史如同任何一种历史,只能发掘,不能制造。发掘者众,发现和完善的几率就会大一些。因此,发动全校师生员工关注校史研究则为当务之急,发动和争取所有关注科大过去、现在和未来的一切人士为校史研究尽力亦为当务之急,尤其要倡导、肯定、支持和敬重那些类似浙大楼先生的有识之士。

其次,在校史研究"人民战争"的基础上,最好设立专门机构收集整理学校的历史资料、提炼学校的精神内核,甚至可以在有关系科设立校史研究方向,在工作性质接近且有志于校史研究的工作人员中招收适量的在职研究生,使这项工作规范化、持久化、学术化。如果设立专门机构不妥当,则可以赋予已有机构,譬如档案馆、校史馆或宣传部等承担起该方面明确的职能。事实上,这些机构已经担负了这样的职责,只不过受人力物力的限制,还不能做更深入、更细致、更专门的探究而已。

第三,凝练学校精神理念是一项系统工程,朗朗上口的条纲式文字表述固然重要,但物化氛围的营造和形象标识的确立亦不可或缺。后者是前者的坚实基础和表现形式,前者是后者的精髓积淀和高屋建瓴。后者包含诸多方面,像校园道路、主题园林、楼宇以及其他建筑物的命名,像校徽、校旗的确认,像公务名片、信笺、信封等的风格统一,像学校纪念品的系列开发与售赠,等等。简言之,一个学校的精神理念既可见诸于校风学风、办校办学实绩、价值观念、处世态度的宏观领域,又可见诸于一花一草、一纸一墨的细微之处。

精神理念之于一所学校,如同精气神之于一个人。在历史的长河中,精神理念并不是一成不变的。变,只有向着更符合潮流发展的方向去变,向着更切合自身特点的方向去变,向着更美好的方向去变。未知来者从何处来,则难知变往何处变,这正是我们今天开展精神理念讨论的终极目的,但愿我们每位与科大休戚相关的人,都能为凝练一个可以昭示世人的形神兼备的精神理念贡献自己的智慧和力量。

(原载《中国科大报》2005年12月7日总第534期,"科大精神大家谈"之三)

"谢顶现象"谁负责?

最近督查教学情况,又发现有的课堂上出现"谢顶现象":先到教室的同学从两边和后排坐起,后到的同学再往前、往中间坐,如果教室座位数多于同学数,则离讲台最近的空座位就会形成一个月牙形。

这是一个较普遍的大学课堂现象,不是独属一所学校的"专利"。

透过现象看本质。本质是什么?无外乎两种,其一,来自同学的原因,学习的积极性不高,尽量离老师远点,好睡觉,好玩手机,好"身在曹营心在汉",好与"同桌的你"海侃神聊;其二,来自老师的原因,教学水平不高,讲课不精彩,不能吸引学生,学生自然"敬而远之"。当然,还可能有第三种情况,就是上述两种的叠加。

不管是哪种情况,该负责任的必须是老师!

如果是老师教学水平不高,讲课又不精彩,老师该负责任毋庸置疑。这就需要老师增加"本领恐慌"的危机,自我加压,苦练内功,尽快提高教学水平和教学质量。否则,不仅学校不答应,恐怕最终学生也不会答应。

如果是学生的原因,老师也难辞其咎。老师是课堂上的"司令官",课堂上该出现什么情况,不该出现什么情况,"司令官"都要hold住,不能听之任之,河水不犯井水:我讲我的,你睡你的,你玩你的,你聊你的……因为老师的天职是既要教书,又要育人。当然,这里所说的老师不仅仅是课堂上授课老师,还应包括专兼职辅导员、教育管理者、教学督导员等。

天下难事,必作于易,天下大事,必作于细。任何一所学校,营造优良的校风学风教风,上下齐心协力,从消除"谢顶现象"开始,肯定是一个不错的开端。好在有的老师已经自觉地发挥课堂"司令官"作用,理直气壮地发出"向我靠拢"的指令,同等可贵的是,有的学生、班级、组织已经倡导课堂手机袋的做法,率先迈出了"让头抬起来"的第一步。

(2014年11月)

学子纪念林，栽种下的是什么？

学校"学子纪念林"的铭石立起来了，2015届毕业生在这里栽种下了第一棵学子纪念树。

在简朴的仪式上，优秀毕业生欧阳同学代表他的四千余名小伙伴深情地表达拳拳之心：我们的母校我们的家，是我们记忆开花的地方，母校那郁郁葱葱的树林，将无疑成为我们心中永远的念想。在以后的人生路上，我们像呵护这棵纪念树一样，用自己的双手用力托举母校美好灿烂的明天！

笔者和所有培育他们成长成才的师长一样，点赞他们这种青春识见和坚毅心愿。

在校园里倡导建立学子纪念林，初衷就是要在学校与今天的学子、明天的校友之间，架起一座摧不垮的桥梁，系起一条扯不断的纽带。因为学校的发展进步，没有任何理由忽视或拒绝校友反哺的心愿和力量，相反地，学校要将这种心愿和力量鼓励引导保护到极致才是唯一正确的选择。

今天他们栽种下的是一棵纪念树，同时他们栽种下的还有感怀、眷念、维系和心愿，他们为学弟学妹们作出了开先河的示范，我们坚信众志成城，众木成林！母校衷心祝福莘莘学子从这里再出发，踏上人生波澜壮阔的新征途，书写人生辉煌靓丽的新篇章！

（2015年5月）

俊　朗
——刍议"郭橐驼"之一点忽略

《种树郭橐驼传》是唐宋八大家之一柳宗元的一篇讽喻性寓言故事：以种树达人郭橐驼"勤虑害树"的朴素观点作喻，反讽大官小吏"烦令扰民"的现实。

这篇寓言故事虽不是作者的代表作，但其影响深远，大凡语文教科书都喜欢选编进去。依浅见，原因有二：其一，深刻揭示了"顺木之天以致其性"的种树秘诀；其二，巧妙完成了由"养树之术"到"养民之术"的超级链接。

先请看郭橐驼自己的种树真经："凡植木之性，其本欲舒，其培欲平，其土欲故，其筑欲密。既然已，勿动勿虑，去不复顾。其莳也若子，其置也若弃，则其天者全而其性得矣。"

再听他评价别人的种树弊端："根拳而土易，其培之也，若不过焉则不及。苟有能反是者，则又爱之太恩，忧之太勤。旦视而暮抚，已去而复顾。甚者，爪其肤以验其生枯，摇其本以观其疏密，而木之性日以离矣。"

无论是传授自己的真经，还是指陈他人的弊端，郭橐驼都强调种树时要顺其天性而不能违背天性，像对待子女一样悉心，种好成活后则要如同丢弃一般不管不顾，不再重蹈"揠苗助长"的覆辙。

如果只局限于树苗的栽种，郭橐驼的那一套确实无懈可击了。殊不知，人们种树其实都是有目的性的：或固水土，或假浓荫，或期栋材，或缀风景，或享果实。就连郭橐驼自己种树也不是闹着玩的："凡长安豪富人为观游及卖果者，皆争迎取养。"

一般说来，树木是不会自发既按其天性又按栽种者的目的去成长的。因此，郭橐驼始终忽略了重要的一点：树木在成长过程中是需要不断修剪的，需要园丁在天性与目的性之间寻找最佳平衡点。

何为最佳平衡点？笔者以为就两个字：俊朗！其手段就是剪除掉繁枝缛节，砍斫掉旁桠侧杈。

学校是"树木"与"树人"关联度最强的所在。园丁们辛勤耕耘,为"十年树木,百年树人"奉献智慧和汗水。但毋庸讳言,其中是否还有极少数园丁,依然存在着郭橐驼的原生态认识,不论"树木"抑或"树人",在天性与目的性之间游弋而找不到北?

若干年前,笔者在一篇小文中写道:"跨入一所大学深造,如其说是对知识的吸吮,毋宁说就是将自己放入一种育人环境,使自己对知识吸吮的同时,受到这所学校文化传统(包括校风学风)的熏陶、濡染与浸润。"

一所学校尤其是名校的育人环境魅力,就在于其一山一水、一石一树都浸润着岁月的沧桑,都濡染着名家与文化的底色。

(2015年3月)

安全责任重于泰山

几天前,一个如花年华的蓬勃生命戛然终止于一起高速公路交通事故,父母痛不欲生,学校、老师和同学痛心疾首,扼腕浩叹!

惨痛的现实,再一次警策我们每个人:安全责任重于泰山!

学校的安全,几乎包含了社会上所有的安全选项,落实责任的担子确实很重。正因为责任重,所以来不得一丝一毫的疏忽和放任,一定要使每个环节都到位,力争做到减少甚至防止悲剧的发生。

首先,安全意识要到位。学校及其职能部门要耳提面命、苦口婆心、不厌其烦地加强安全意识教育引导。相比较其他安全,人的生命安全从来都要摆在第一位,筑牢生命安全的防线始终要置顶。作为受教育者的学生,绝不能以"儿戏"的态度对待安全教育与安全警示。

其次,安全制度要到位。制度是落实责任的刚性约束,也是追究责任的依据。安全制度不能是纸上画画,墙上挂挂,嘴上呱呱,每一条每一款都要"帽子底下有人"。譬如,强调宿舍消防安全,就是要严禁私拉电线、乱拉电线,严禁使用违规大功率电器,等等;强调校园交通安全,就是要严格限制车辆尤其是机动车辆的速度、行驶区域,等等。

第三,安全技能要到位。安全技能主要指遭遇突发事件的自我保护和逃生技能。这种技能最好"从娃娃抓起",高校同样要不遗余力地经常组织学生开展逃生演练,使得这些技能逐渐转化为本能反应。譬如,当遇到火灾,知道用湿毛巾捂住口鼻,低身逃生或逃往较安全的地方等待救援;遇到地震发生,知道躲到墙角或结实桌子底下避险;遇到有人或同伴溺水,知道有效地理性施救而不是无效地盲目施救。

最后请记住2008年5月12日汶川大地震中的一个奇迹:8.0级地震发生的那一刻,紧邻重灾区北川的安县桑枣中学,正在课堂上的师生进行快速而有序的紧急疏散,31个班级的2300多名师生在1分36秒的短暂时间内,从不同的教学楼和教室中冲到操场上,并以班级为单位站好队,创造了全校师生在地震中无一伤亡的奇迹!这一奇迹的出现,绝非偶然,该校的叶志平校长,就是后来被网络媒体称为"史上最牛的校长",从 2005 年开始,坚持每个学期在学校组织一次紧急疏散演习,针对可能发生的各种灾情强化师生们自救自保的能力。叶校长的这种做法,在风平浪静的日子里,未必就没有任何阻力和冷嘲热讽,但正是他的坚持,昭示了我们一个结论,而这个结论往往需要以许多生命为代价才能换取:防患于未然,安全意识、安全制度与安全技能之于安全责任的落实,同等重要,缺一不可!

(2015 年 1 月)

教师的操守

教师是一种职业,是一种特殊的职业。

一般职业的目的主要为"稻粱谋",而教师职业的特殊之处,首先在于"传道、授业、解惑",其次才为"稻粱谋"。

从古代对"天地君亲师"的供奉,到今天"太阳底下最崇高的职业"的赞颂,均凸显教师的至尊地位。

既然如此,作为选择了教师职业的我们,则不能拿这个职业等闲视之、等闲处之。

习近平总书记提出的好教师"要有理想信念,要有道德情操,要有扎实学识,要有仁爱之心"的标准,必须成为我们履职尽责的圭臬!

用"四有"的尺子量度当下的教师从业队伍,情况如何?答案很明显,良莠不齐,甚至其中存在少数的害群之马。

2014年10月9日,国家教育部印发《关于建立健全高校师德建设长效机制的意见》,对高校教师划出了师德"七条红线"(简称"红七条"),让我们一字不落地再重温一遍:损害国家利益,损害学生和学校合法权益的行为;在教育教学活动中有违背党的路线方针政策的言行;在科研工作中弄虚作假、抄袭剽窃、篡改侵吞他人学术成果、违规使用科研经费以及滥用学术资源和学术影响;影响正常教育教学工作的兼职兼薪行为;在招生、考试、学生推优、保研等工作中徇私舞弊;索要或收受学生及家长的礼品、礼金、有价证券、支付凭证等财物;对学生实施性骚扰或与学生发生不正当关系。

毋庸讳言,"红七条"所框定的,现实中都是"帽子底下有人",不能不引起我们对教师操守的深思。

窃以为,今天教师(尤其高校教师)的操守,至少包含两个方面,一是节操,二是坚守,"四有"是教师节操的天花板,可以被超越,希望被超越,"红七条"则是教师必须坚守的底线,不能越雷池半步,否则,就不配教师这个神圣的称谓!

教师的操守,说起来五个字,做起来一辈子。

(2015年9月)

青年学子崇德向善的三级台阶

中秋节刚过的校园,金桂银桂竞相绽放,静悄悄地飘送着沁人心脾的馨香;百米紫藤长廊依然郁郁葱葱,犹如张开的热情双臂……它们是学校称职的心情大使,代表着学校欢迎新一届学子意气风发地步入这里度过今后若干年奋斗的青春岁月。

今天在开学典礼暨军训动员大会上,看着4300余名英姿勃发的新生,读着他们一张张激情洋溢的面庞,作为一名大半辈子以立德树人为己任的高等教育工作者,笔者自然欣喜欣慰,谨以"青年学子崇德向善的三级台阶"为题,与新同学交流谈心。

第一级台阶:"见贤思齐"。"见贤思齐焉,见不贤而内自省也。"这是孔子在《论语》中讲过的话,后来渐成儒家修身养德的座右铭,其意思是,看到贤人就向他学习,希望能和他一样,而看到不贤的人要从内心反省自己有没有跟他相似的毛病。一个人尤其是年轻人,学习与模仿的能力都很强,"见贤思齐"就是让你的学习和模仿注入正能量,"见不贤而内自省"就是让你的学习和模仿屏蔽负能量。毋庸讳言,在我们的周围,真善美与假丑恶是时时刻刻杂陈左右的,稍不留神,毒素就会进入我们的机体(例如网游成瘾),就会祸害我们一时甚至一世。因此,这第一级台阶是我们必须跨上的明辨台阶。

第二级台阶:"不贰过"。孔子弟子三千,贤人七十二,七十二贤人中,孔子尤钟爱颜回,他赞扬说"有颜回者好学,不迁怒,不贰过",其意是说颜回不仅好学不倦,还能做到不迁怒于他人,不重复自己的过错。对我们今天的大学生来讲,这三种品质,都很宝贵,"好学"是学生的职责使命,"不迁怒"是宽容他人的敢于担当,"不贰过"是自我警醒的决断才智。以笔者浅见,"不贰过"最难做到,因为有些小错误(例如上课迟到、践约不守时)来源于"习惯成自然",大家都见怪不怪,自己更不以为然。殊不知,"小洞不补,大洞尺五",因此,这第二级台阶是我们必须跨上的决断台阶。

第三级台阶:"慎独"。"慎独"的意思是讲一个人在独处中仍能做到谨慎不苟,语出《礼记·大学》:"此谓诚于中,形于外,故君子必慎其独也。"众所周知,有些不良现象甚至是违纪违规违法的事,众目睽睽之下发生的少,大众视线外发生的多(例如考试作弊)。这一点足够说明,人在独立时空中的行为,更容易放纵。古之君子,就是我们今天所讲的品德高尚者,特别注重自己独处时的言行表现,这种身心修为,是一种止于至善的境界,能够登临的人自不会多,但笔者还是希望我们的青年学子以"高山仰止,景行行止,虽不能至,心向往之"为鼓舞与鞭策,以社会主义核心价值观为圭臬与规范,不断涵泳陶冶自己的身心情志。因此,这第三级台阶是我们尽力跨上的美善台阶。

(2014 年 9 月)

拼 的 智 慧

这些年，拼字悄然流行起来，也许源于"爱拼才会赢"简约直白的道理，也许源于"蛮拼的"三字评价的中肯，也许源于职场与商战打拼的硝烟弥漫。

拼，其基本字义之一是不顾一切地奋斗，与此相关联的词汇有：拼搏、拼刺、拼抢、拼力、拼争、拼斗、拼杀、拼命、拼死……这些词义有褒有贬有中性。

既然是拼，必须用力，而力有三要素：方向、大小和着力点，它们决定着拼的目的、拼的程度和拼的载体。

因此，拼是需要有智慧的。

要懂得拼的智慧，必须先明白哪些是极端不智慧的：南辕北辙、朝秦暮楚是方向目的不智慧，浅尝辄止、一曝十寒是大小程度不智慧，隔靴搔痒、东一榔头西一棒子是载体着力点不智慧。

还是回到现实中说事。今天的中国高校，被人为地划分为三六九等，什么"985"，什么"211"，什么"一本""二本""三本"，什么高职高专，不一而足，因此潜意识也依高校的划分面将大学生划分为三六九等。我不反对"一本"学校的学生比"二本"学校的学生有优越感，但我不同意"二本"学校的学生自甘落伍于"一本"学校的学生。人生是一场马拉松，上几本学校充其量是前四分之一的暂时排位，后面的排位将时时发生变化，智慧的拼是导致变化的唯一根源。

马云给我们提供了一个无可置辩的成功范例。他在最近当选浙江商会会长后的演讲中说道，这个时代，不需要拼老爸老妈的关系，不需要拼腐败，不需要拼银行贷款，拼的是你的真知才学，拼的是怎么样去努力。

在恰当的时间恰当的地点必须做恰当的事情，或许我们就大略领会了拼的智慧之真蹄。

（2015 年 11 月）

高校管理＝"菩萨心肠"＋"金刚手段"

新教学楼自秋学期使用以来，有一个问题一直困扰我们：在上下课前后一刻钟左右的时段内，从主干道出入校门的车流与横穿清泉路的师生人潮，形成垂直方向的交叉运动，很容易磕碰，存在较大的安全隐患。

最近，这个问题得到了较好的解决，解决措施八个字：站人、树牌、封门、绕行。稍稍解释一下这八字措施，在上下课的时段内，树牌是温馨提示，站人是指挥车辆绕道，封门是杜绝外来车辆硬闯这一路段。

笔者以为，这八字措施正是在高校管理中打出的一记"菩萨心肠"＋"金刚手段"的组合拳，对师生人身安全细致入微的挂心，就是"菩萨心肠"，对出入车辆在特殊时段的强制管控，就是"金刚手段"，二者相辅相成，缺一不可！

反观学校某些管理层面和环节，要么缺失"菩萨心肠"，要么没有"金刚手段"，或者干脆两个方面一齐虚化，致使那里的管理水平与管理效能总是在低谷徘徊。这种现状必须要得到本质性的改变！

也许有人会问，什么是"菩萨心肠"？什么是"金刚手段"？为什么高校管理需要"菩萨心肠"＋"金刚手段"？简言之，"菩萨心肠"就是仁爱之心的代名词，没有爱的教育则是苍白的教育甚至是畸形的教育。"金刚手段"就是刚性的约束机制，包括完善的制度和制度执行的严格措施。高校管理首先在管理这一点上，与政府管理、社会管理、企业管理，甚至军事管理一样，非得祭出"金刚手段"不可，所不同于上述各项管理的是，我们的高校以"立德树人"为终极目标，不能使仁爱之心缺位，并且我们必须要以"菩萨心肠"为我们的管理工作出发点和落脚点，使用"金刚手段"保证我们从出发点顺利走向落脚点。

高校管理＝"菩萨心肠"＋"金刚手段"不是什么定理和定律，可能在任何一本《高等教育管理学》中都找不到，这个公式只不过是笔者长期从事高等教育管理工作所奉行的基本规则，也算是一点工作心得，不揣谫陋，愿与同仁们分享共勉。

（2015 年 4 月）

要让提案提了不白提

近期校园里有值得关注的三件事同时铺开：学校《章程（初稿）》广泛征求意见、学校"十三五"规划编制工作启动和2015年"三代会"即将召开。

这三件事都是大事，关乎学校未来的定位和发展。顶层设计固不可少，但仅靠顶层设计远远不够，需要全校上下同心同德、群策群力、集思广益、共谋愿景，一句话，要以主人翁的姿态积极投身到这三件大事中去。

说到主人翁，不由得就想起了今年的"三代会"提案征集情况，初次征集可用"雷声大，雨点小"来概括，再次征集情况要好得多，但还未赶上去年的总数。

众所周知，提交提案是代表们积极参政议政、发挥民主管理民主监督作用的一种非常具体非常有效的表现形式。为什么代表们提交提案的积极性却不高？笔者细究原因，以为无外乎就两种，其一，疏懒，嫌写提案麻烦；其二，失望，提了也是白提。

第一种原因直接拷问部分代表的主人翁意识。解决这个问题，办法很简单，要么提高这部分代表的责任意识，要么选举富有责任心的人取而代之。

第二种原因或许是主要原因。笔者曾听到有代表这样抱怨过：年年提，年年得不到解决，真可谓不提白不提，提了也白提。要解决这个问题，实现提案提了不白提的目标，必须做到以下四点：

第一，高度重视和认真对待每一件提案，真正尊重代表们的权利和劳动，切实维护好代表们行使权利的积极热情。

第二，程序规范，责任到位，对所有提案从梳理到立案，从交办到承办，从催办到督办，一环紧扣一环，做到件件有落实，件件有反馈，要把办理提案的每一个步骤都当成是推进民主管理和民主监督的一级台阶。

第三，要将提案办理的质量、时效和提案人的满意度列入年度工作考核体系。

第四，要有激励机制，评选优秀提案并予以表彰。

（2015年6月）

"权力寻租"听端详

"权力寻租"一词近年来已为越来越多的人耳熟能详。"权力寻租"原是经济学术语,是指握有公权者,以手中的权力为筹码谋获自身利益的一种非生产性活动。其本质特征是把权力商品化或资本化,去参与商品交换和市场竞争,实现权物交易、权钱交易、权权交易、权色交易,等等。"权力寻租"所带来的利益,成为权力腐败的原动力和污染源。

"权力寻租"无孔不入,"象牙塔"也不例外。据新华社成都2014年10月19日新媒体专电,自十八大以来,四川省持续加大反腐力度,有5所高校的6名校级领导、多名中层干部在基建和采购等领域因"权力寻租"、涉案金额巨大而接连落马。

这里有一幅图景。"权力寻租"一开始的时候,是那些大大小小、形形色色的"老板"用祈求的谦卑寻找权力机构中的有这种倾向的人,作为自己的代言人,一来二去地试探,再抛出糖衣炮弹。唯恐你不受,他可以叫你"爹",叫你"爷",你若"中弹",他则慢慢地摆出"一从二令三人木"的套路,当你不能满足他的目的,他则举报你,你"中弹"的所有细节他都记得清清楚楚且握有真凭实据,一毛抵一孔,一查一个准。这个时候你叫他"爹",叫他"爷",他都不会理睬你。曲终人散、尘埃落定之时,你所面对的就只能是这样的局面(其中的一种或数种):饭碗砸了,家庭破了,声誉毁了,亲友疏了,自由飞了。

当然,你也许特相信"侥幸"两个字的魔力,且慢,还有一句老话或许魔力更大:"天网恢恢,疏而不漏!"

"一心可以丧邦,一心可以兴邦,只在公私之间尔。"我们堂堂正正的人不做,何苦来哉要被那么一点点私心缠绕,而做人家颐指气使的"内鬼"呢?!智慧的人、聪明的人、明白的人一定要算清"权力寻租"的反顺账,时刻牢记"公款姓公,一分一厘都不能乱花;公权为民,一丝一毫都不能私用。"坚决不当"权力寻租"的牺牲品,一心只做"常在河边走,就是不湿鞋"的纯爷们!

(2014年10月)

纸上的诚信靠得住？

临近岁末,全国普通高校招生工作会议前天在昆明召开。据《中国教育报》报道,会议总结了2003年普通高校招生改革取得的成绩和经验,研讨了新形势下如何稳步推进高考改革、规范招生管理、狠抓考风考纪,同时部署了明年全国普通高校的招生工作。

其中一项涉及考风考纪的工作部署格外引人瞩目:"从2004年全国普通高校招生开始,在考试前,每个考生都要签订承诺考试诚实守信的协议书。"

说它格外引人瞩目,是因为前所未有,属于开创性的。

任何一项创新性的东西,前途命运不外乎两个,其一,一举成功成效显著,其二,昙花一现无疾而终。当然还可能存在一个"中间态":既不速成,也不速朽,在不断完善的基础上用得上。

还是回到"考试诚实守信协议书"上来。

窃以为,出台政策法规很重要,但考生填写诚信协议书,只不过是一种形式而已。谁都知道,这种协议书没有任何约束力,是属于道德范畴的事情,只能提倡,不能强制。一个人、一个家庭、一个部门、一个单位、一个企业乃至一个地区、一个民族、一个国家,其诚信度如何,并不取决于嘴上或者大喇叭里怎样说,而是取决于行为上怎样做。说了可以不做,这是"言而无信"这个词语存在的理由,做了则无需去夸夸其谈地说,这是"事实胜于雄辩"这句格言存在的价值。因此,考生签订这个协议书,根本不是什么别出心裁的举措,只不过是一件徒劳的形式。

众所周知,作道德倡导时,要将所有的倡导对象想象得正人君子般高尚,而制定法规时,则必须要把所有需要约束的对象都设想成"调皮捣蛋鬼",甚至是"坏蛋"。

设想一下,如果此举能够奏效,我们的司法机关执法机关不就也可以与全国的每一名公民签订一份不偷不抢不盗不贪不占不贿不卖淫不嫖娼不制黄不贩黄不吸毒不杀人不放火等等等等的协议书吗?那样的话,传说中的

"路不拾遗、夜不闭户"的清明世界不是就不费吹灰之力又能回到我们的身边了吗？

如果稍稍冒着被指责为主观武断的风险，今天我们则可预言：这件事一定坚持要做，除了每年无谓浪费数以百万页甚至千万页宝贵纸张以外，不会有任何实质性的效果，换言之，考试违纪的现象不会因此而有丝毫的减少，我们可以进一步预言，此举不出三年，就会无疾而终。

（原载"人民网"评论，2003年12月30日）

"状元现象"可以休矣

牵牵挂挂的高考,纷纷繁繁的择校,嘈嘈杂杂的录取,时至今日,全国340万青年学子承载着家长、学校、老师以及社会的殷切期望,已经陆陆续续跨入高等学校的大门,成为新一届的大学生。

虽然每年一度的高考尘埃落定,但"状元现象"依然萦绕不散,挥之不去。

众所周知,每年高考之后,总是要被人为地制造出无数的"状元"来,什么理科"状元",什么文科"状元",什么单科"状元",什么某某省、某某市、某某县、某某校的"状元"……真是五花八门,目不暇接,媒体将目光一下子聚焦到这些大大小小的"状元们"的身上,新闻采访、专题节目,等等,极尽炒作之能事,毋庸讳言,有的媒体是在不经意之间做着捧杀青年学子的事情。

今天,树立那么多的"状元",其实是人们急功近利、心态浮躁的一种体现。人人都清楚,科举时代才有状元的称谓,那是对殿试第一名的专门称谓,是由皇帝御笔钦点,全国每次(不是每年)只有一人享此殊荣,这项殊荣是那个时代读书人连梦中都在追寻的海市蜃楼,一旦"身着红袍,帽插宫花",则是"驸马"的候选人,至于什么高官厚禄,尽在唾手可得之间。这是严格意义上的"状元"。当然后来人们也适当扩大了"状元"含义的应用范围,譬如"三百六十行,行行出状元",这里的"状元"意指从事任何职业都有出息,并不像"书中自有黄金屋,书中自有千钟粟,书中自有颜如玉"所说的那样,更不是专指"全国第一名"。现在,人们对"状元"的指称,既泛又滥,就像假冒伪劣产品充斥市场一样,尽管有的人也是心如明镜,但还是言不由衷,人云亦云。有的学生,被人称为某某"状元",也许刚开始还有些不好意思,久而久之,也就习惯了,而且每次看到别人先是瞪大眼睛地惊讶,继而啧啧地艳羡,再到心悦诚服地敬重,从这一系列的表情演变中,着实感觉了十分受用,因此,就再也不会对"状元"这个称谓加以拒绝了。

更为可悲的是,我们的某些高校也在炒作"状元"过程中推波助澜,大肆声称"今年我校招收了多少名状元",借以抬高学校自身的身价。学生给学校带来荣誉,那是再自然不过的事情,但那是已经毕业的学生,在各个领域做出了优异的成绩来为自己的母校添光增彩。殊不知,今天入学的"状元",或许今后的一二年、二三年就有人因成绩一落千丈不得不打起铺盖卷退学回家,这样的例子并不鲜见,那时,学校该如何评说这样的结局?

　　社会责任和自我良知驱使我们郑重呼吁社会各界,尤其是媒体、学校、教师、家长,尽量淡化"状元"概念,千万不要给高考取得好成绩的学生乱贴"状元"标签,要做理智的"加油站",不当乱人耳目继而乱人方寸的"吹鼓手"。高考取得优秀成绩的学生,自己更要正视现实,冷峻应对,拒绝捧杀,切记:山外有山,天外有天;切记:一个人为人类幸福、社会进步创造了多少价值是最为重要的,相形之下,一个人参加任何考试的成绩并不那么重要。

(原载"人民网"评论,2003年9月5日)

别 字 硌 牙

笔者长期以来对"锲"和"契"的读音有些拿捏不准,有时还容易相互混淆。今天在网页浏览中又遇到"锲而不舍",决定查一查,就打开 Word,试着敲击 qie'er'bushe 和 qiji,显示出来的是正确的,于是,心情有些释然。

通过电脑的录入功能,来解决"小学"的疑惑,这不是我的发明,正可谓用心处处皆学问。由此可以证实古人的一个论点:无论是做大学问,还是提高修养,都是"不积跬步,无以至千里,不积溪流,无以成江海"。但现实中,有人却疏于"随时"学习、"点滴"学习、"恒久"学习,以至于道路上很小的"石块"变成了终生的拦路虎,小则影响自己的形象,大则妨碍自己的事业成功,这样的实例还真不在少处。

前不久,在一次朋友聚会的闲谈中,话题不知怎么就集中到错别字上,各自纷说出现错别字的笑话,尤其是在大庭广众之下发生的。如同相声中所讽刺的"半字先生"那样,什么"jian 锵有力"啦,什么"wei 临指导"啦,什么"heng 古未变"啦,什么"keke 业业"啦……不一而足。有人感叹道,念错别字有碍观瞻,但也难免,并非不可原谅,不过领导者念错了字却无人敢做直陈"皇帝新衣"真相的那个孩子,这就有些可悲了。

扪心自问(我听到过有人多次将此成语读成"kou 心自问"),尽管很小心谨慎,我也有读错字的时候,还不止一次呢。最出丑的是在主持一次座谈会最后总结时,将"呱呱坠地"这个成语念成了"guagua 坠地",引来了一阵很节制的讪笑和窃议。"坏了,肯定有错别字",我心想,但我确实不知道该如何来更正,当时,脊背上沁出了汗水,脸色肯定也变了(但还是没有勇气当场拜"一字师")。会议结束后,第一件事就是冲进办公室翻检《现代汉语词典》,原来问题出在"呱"字的读音上,"呱"是双音字,一读"gua",一读"gu",在"呱呱坠地"中的读音恰恰是后者,而我却做了另一种"半字先生"。我敢说,从今往后,这个字的读音我没齿难忘。这次出丑经历,在上述闲谈中,向朋友们作了自我曝光,我发现,没有任何人有哂笑的表情。

我曾想,曹雪芹肯定不是世界上识字最多的人,《红楼梦》之所以能够成为中国文学艺术宝库中一颗璀璨的明珠,完全在于他的思想,在于他的艺术造诣(经常听人读成"造 zhi"),还在于他的独特生活阅历。错别字之于人的深邃思想,只不过是白米饭中的沙子,一般不会危及生命,但免不了会硌牙。因此,"大学"("大学之道,在明明德"的内涵)第一重要,"小学"(关于文字、训诂、音韵的学问)同样不可忽视。

(原载《中国科大报》2005 年 9 月 6 日总第 526 期)

义利·气质·流行色

每个时代都有属于它自己的流行色。

飞燕能作掌上舞,只因汉宫好细腰。唐人崇尚富贵牡丹,极具艺术鉴赏力的唐玄宗也不能免俗,把个雍容富态的杨贵妃"三千宠爱集一身",结果才演绎了"安史之乱"的家国悲剧和"马嵬坡长恨"的红颜薄命。

"环肥燕瘦"的时代早已随风飘逝。如同一幅古画,虽然丹青的绚烂尽褪,但彼时彼刻的流行色仍依稀可辨。

搞清楚今天的流行色是什么,对绝大多数人来说也许很重要,因为要养家糊口,因为要安身立命。要做到这两点,就必须要以获取利益最大化为前提。

"义利之辩"是中国重要的传统哲学命题之一。"君子喻于义,小人喻于利"成为人的境界高下的判据;"人为财死、鸟为食亡"与"杀身成仁、舍生取义"是诸多论辩观点的两个极端。总之,人是摆脱不了义利的纠缠和困扰的,而将义利摆放在什么样的相对位置,这是每个人自己的事情,就如同将家里的电冰箱放哪儿、将洗衣机放哪儿完全是个人的爱好和自由,但是每个人绝不是一个孤立的王国,而是社会的一分子,社会的道德规范人人必须遵守,概莫能外。

我们看到高星级的宾馆饭店,该使用大理石的地方不能使用地板砖,该铺地毯的地方不能空空荡荡,即使洁净如镜也不行,内部的陈设更要整齐划一,服务员个个训练有素,动作规范,仪态大方,顾客的任何需求他们都尽量满足,不会断然对你说一个"不"字。因为它是社会化的"家",是大家的"家",规矩不但显而易见,而且更加严格。因此,不管是什么形式的"家",置身其中的成员都同样受到某些条件的约束。

有一种人,确实了得,他在社会上的行为,用帆板运动来比拟较为贴切,他能够看准潮头方向,能够利用潮头力量,能够站立潮头之上。但是很可惜,像这些能够一路劈波斩浪、笑到最后的,只是极少数,绝大多数的"弄潮儿"最终却被嘲弄,不是被巨浪掀翻,就是被暗流吞噬。"弄潮儿"这种人的特点是，当下流行什么，他就鼓捣什么，他就吆喝什么，他就贩卖什么，"街上流行红裙子"，他绝对给你披一身彩霞，一些人因此就能发利市，就能成大款，就能买得起别墅洋房，就能自己驾起宝马奔驰。听到过这样一句话："有钱能使鬼推磨"不算有钱，"有钱能使磨推鬼"才是真正有钱。

还有另外一句话：造就一名贵族需要至少三代人的积累，而成功一个暴发户只需要三年的时间就足够了。由此看来，高雅气质培养、深厚文化底蕴修炼，要比聚敛钱财困难得多。在古典作品里，我们经常看到这样的场景描述：一位生活困顿、衣衫寒素的书生出场，举手投足之间，讲究一个儒雅风度，眉宇颦蹙之际，表露几许轩昂气概。明眼人一看便知，这是一位家道式微的落拓公子，虽然身处潦倒的境地，就是不失书香门第之后的应有斯文。这种人时常被讥笑、被嘲弄，他也不怒不恼，不去分辨，只顾慢条斯理地走他的路。另外的一种人表现就迥异了，发达之时，手舞足蹈、唾沫飞溅，使起性子来，比着用钞票点香烟，生气起来，责骂清风挡了他的路。一旦折了本，成了穷光蛋一个的时候，立马丧魂落魄、蓬头垢面，见谁都是大爷，为了讨别人的残羹余渣果腹，连苍蝇都被轰走了，就是轰不走他，为了捡别人的烟屁股过把瘾，跟了五百米还不肯停下来。

时代流行色变换无穷已，基本由处庙堂之高的显赫人物发轫，然后芸芸众生推波助澜。义利则是一个振荡器的两极，每个人身处其中，必受其作用而上浮下沉左摇右摆前倾后仰。气质乃人之禀赋，先天生成一半，后天锻造一半。

（2002 年 8 月）

保护环境就是保护我们人类自身

《果子狸宣言：人类，请善待野生动植物》以拟人化笔法，借"果子狸"之口愤怒控诉了某些由"买卖逐利"带来的杀戮行为，耐人寻味，催人警醒。

但"果子狸"对整个"人类"的宣言却是不适当的，因为人类中有越来越多的人自觉成为野生动植物的好朋友，越来越多的政府和组织自觉拿起保护它们的武器。由动物保护到生物多样性的保护，由生物多样性保护到生态多样性的保护，由生态多样性的保护到全球的环境保护，已经成为越来越多的人强烈意识并付诸行动。

近日看到一家电视台播放了非洲的津巴布韦为了保护黑犀牛，专门组织武装人员，与偷猎者展开殊死的较量，有的保卫者因此而献身。在我国，前不久展开的"春雷行动"以及此前的一系列行动，都是为了加强生态环境保护而采取的具体有力措施。据报道，旨在保护野生动物、打击犯罪行为的"春雷行动"，在短短10余天内，就查处各类破坏野生动物资源的案件9000余起，其中刑事案件300余起，清理宾馆、饭店近7万家，收缴野生动物93万余只（头），其中国家重点保护动物4万余只（头）。犯罪行为得到了有效遏制，众多的"准盘中餐"得以生还自然家园。我们从中受到了鼓舞，看到了希望。

保护环境就是保护我们人类自身，认识这一点很容易，做到这一点却是任重道远。凡大事必须起步于细微小事。既然现在有不少人已经能够做到无偿献血、捐献遗体或器官，用于奉献他人、造福他人，那么，我们自然有理由相信，一定有更多的人不愿做"残食野生动物朋友"的饕餮之士，我们既要采取强制性的保护措施，特别是要采取源头遏止措施，又要把"没有买卖就没有杀戮"转变成代表国家意志的法律制度。当然教育引导好人们"向善"一面的潜意识，也是另一个源头工程。

（原载"人民网"评论，2003年6月3日）

余绪 17年前,《果子狸宣言:人类,请善待野生动物》是由"非典"引起的话题。2020年初的新冠肺炎疫情,人们再次把目光投注到有关野生动物,如蝙蝠、果子狸和穿山甲。中国科学院武汉病毒研究所石正丽研究员2018年的一个视频报告《这些野生动物的病毒怎么就到了人类社会》,在自媒体中热传,反复几次从头看到尾,感慨良多。

中国已少文盲,但多科盲。很多知识一学就会,很多道理一点就通,可是我们就缺这个"一"的行动!还有一个事实不得不说,我们几乎所有领域的中坚骨干,都是经过高校培养的毕业生,他们的知行合一对全社会具有引领示范作用。一个强烈的呼吁禁不住要大声喊出来:希望从现在开始,我们高校的教育教学体系中,亟待增加"人与自然"通识课,哪怕只有5学时!他们学完这个课,只要明白了"人类永远是自然界的组成部分之一,绝不是自然界的大拿,颐指气使者,主宰者!杜绝饕餮野生动物,与它们成为朋友,与它们和谐共处共生",这样的学生就算及格。唯有这样,我们的高等教育才稍稍更有些成就感。

新冠肺炎疫情发生以来,对滥食野生动物的突出问题以及对公共卫生安全构成的巨大隐患,引起社会各界广泛关注。第十三届全国人大常委会第十六次会议在疫情防控"处于最吃劲的关键阶段"做出了果断的回应:表决通过了关于全面禁止非法野生动物交易、革除滥食野生动物陋习、切实保障人民群众生命健康安全的决定,即日正式生效。全面修订野生动物保护法,一定未来可期。

(2020年2月25日)

我们不能把孙志刚当作自己

写下这个题目,要表达的思想还是很复杂的。

还是让我们先来回顾一下孙志刚案始末:2003年3月17日晚,27岁的武汉青年孙志刚因未携带任何证件,在广州市天河区黄村大街被派出所民警带回询问,随后被错误地作为"三无"人员送至天河区公安分局收容待遣所,后转送广州市收容遣送中转站。18日,孙志刚称有病被送往广州市卫生部门负责的收容人员救治站诊治。20日凌晨,孙志刚遭同病房的8名被收治人员两度轮番殴打,孙因大面积软组织损伤致创伤性休克死亡。此事经媒体报道后,在全国引起强烈反响。经法院审理,涉嫌故意殴打孙志刚致死的12名被告及在孙志刚被收容过程中涉嫌渎职犯罪的6名被告,分别被判处死刑及有期徒刑,对此案负有责任的公安、卫生、民政等部门的负责人及有关人员20多人受到了党纪、政纪处分。2003年6月20日,国务院公布《城市生活无着的流浪乞讨人员救助管理办法》,2003年8月1日起,新办法正式施行,1982年国务院发布的《城市流浪乞讨人员收容遣送办法》同时废止。

半年多前(2003年5月27日),我对孙志刚之死曾经写过一篇文章,题目是《完善监督机制　警惕执法盲点——由孙志刚案想到的》,发过一大通议论,全文如下:

"执法犯法""司法腐败",这是现今人们经常挂在口头上的两个词语。

透过触目惊心的孙志刚案,我们似乎更有理由说这两个词语了。

回顾新中国的法律进程,我们走过了一条从无到有,从有到全,从全到细的总的轨迹。虽然十年浩劫期间法律遭到无情践踏,但改革开放以来在人们热切盼望法律回归的呼唤声中,我国的立法力度、执法强度都得到了迅速发展,今天,人民期待"有法必依、违法必究、执法必严"真正落到实处。

如同任何事情都存在"双刃剑效应"一样,执法过程也存在它的负面效应:正是人们对法律的倚重程度,导致了执法机关的过重权力,权力过重而又缺失有效的监督,往往会导致某些执法人员有恃无恐、气焰嚣张、胡作非为,因此,他们利用手中所掌握的"法律权杖"草菅人命、贪贿腐败则是顺理成章的逻辑推论和现实演绎。

此外,目前我们执法过程存在诸多"变味"现象,与我国传统观念中某些残渣余孽或许不无关系。"礼不下庶人,刑不上大夫"将生来平等的人划分等级,对今天处于社会基层的民众产生消极的自卑感,使他们信奉唯有逆来顺受方可保全自身的思想;"衙门八字开,有理无钱莫进来"将钱与法联系起来,给贫弱百姓的潜意识中注入了听天由命和无可奈何的宿命意识;还有"饿死不做贼,气死不告官"的民谚更是将法律置于民众自己的对立面,提到"官司",避之如洪水猛兽,不要说主动依靠法律"讨个说法"("讨个说法"是电影《秋菊打官司》的知识产权,此后,被人们广泛接受并成为一句"口头禅",仅此一句话,对普法就起到了非常积极的推动作用,应该感谢编导人员的匠心),就是有人指引,或者受到"法律援助"的撑腰,也被认为是下下之策,万万不可取。即使在今天的知识阶层,也存在不愿"吃官司""被告等于理屈"的潜意识误区。

综上所述,要实现"有法必依、违法必究、执法必严"的目标,首先必须做到两件事:第一,警惕执法盲点,除加强对执法人员进行职业规范尤其是职业道德教育引导以外,还必须加强对执法人员在执法过程的有效监督,杜绝"灯下黑"现象;第二,进一步加大普法力度(中央和地方的报、刊、台、网等媒体尤其中央电视台《今日说法》栏目在这方面应是功德无量的),使民众做到"知法、懂法、用法、守法、捍卫法",同时,要广泛实施法律援助工程,为贫弱者撑起一片法律的晴空。

今天,在孙志刚案即将尘埃落定的时候,我还要说,孙志刚是不幸的:毕竟人的生命只有一次,尤其是年轻的生命,要走的路还长,非正常的戛然而止,我们在惋惜的同时还会赋予更多的愤懑。

然而,孙志刚的身后确实给人们留下了许多思考:思想的、道德的、政策的、法律的、监督的、人性的,甚至人文关怀的……凡此种种,其中关于法律的公正、监督的完善,恐怕是思考得最多的了。

人们在思考的时候,必然会发出这样的疑问:如果不是"大领导们"的关注与批示,此案能够做到如此迅速的彻查吗?违法犯罪分子能受到罪有应得的惩处吗？因此，也有人发出感叹地说：孙志刚是不幸者中的幸运者，法律还了孙志刚一个公正。

果真很公正吗？

其实不然——你想清洁一件东西，就必须以弄脏另一件东西甚至多件东西为代价。

还是回到题目上来：我们不能把孙志刚当作自己。理由如下：

第一，孙志刚已经不能为自己说话，但是，我们——所有受到法律保护、同时也受到法律约束的人——不能不为自己争取应有的话语权以及法律所赋予的一切权利。

第二，本着"为尊者讳、为长者讳、为逝者讳"的传统原则，我们不想过多地对孙志刚生前最后三天所遭遇的情节妄加猜测，虽然媒体已有连篇累牍的报道，但其中的细节都是语焉不详，报道者情感因素溢于言表，大有以情感取代法律的趋势。这一点同样令我们忧虑：我们自己会不会在不自觉之中已经从一个极端走向了另一个极端？

第三，事后清楚的事情，未必在事发当时就那么清楚。当执法人员在执法的时候，我们能够更好地保护自己的唯一态度和方法，就是尽力配合执法人员，不要一开始就认为执法人员的行为是在违法，即由自己的抵触情绪而导致对执法人员作"有罪推定"，而自己一定是百分之百的被冤枉。假如有了这样的思维定势，并采取强硬的态度不予任何配合，双方产生对立情绪自然就是不可避免的，对立情绪产生后，事态就不会受理智控制了，过激行为则是可以预料的结果之一。试想，做父母的有几个在教育（体罚是其一种较为极端的方式）儿女的时候，想到要把儿女打成残废，甚至打死呢？但这样的结果却是屡屡发生于现实当中。

孙志刚一案，应该可以载入共和国法制进程的大事记，除引发人们对司法公正的再次沉思外，还直接导致了城市收容制度的根本性改变。生者的努力，是否对死者有些许的告慰？

（原载"人民网"评论，2003年12月29日）

偶然的幸运能给我们带来什么？

最近，我买了一本刚出版的《马燕日记》（华夏出版社 2003 年 9 月首版），一口气读完，并将其推荐给今年 13 岁正在读初二的女儿，女儿也差不多读完了。

这本书的出版有些传奇色彩。法国《解放报》驻北京记者彼埃尔·阿斯基（中文名韩石），在宁夏西海固采访时，偶然发现了一名失学女童的手写日记，这名女童就是宁夏同心县预旺乡张家树村的马燕。她对她的妈妈白菊花说：妈妈，不上学，我一辈子的眼泪流不干。在与命运不屈的抗争中，她成为了村里第一个女初中生。2002 年经韩石整理的这本日记在巴黎出版，很快登上法国年度畅销书排行榜。

我与女儿进行了讨论。我们有两点共识：其一，宁夏西海固的马燕以及其他地方许许多多的"马燕"，仍然生活在贫困之中，"我要读书"，不仅是生活在旧中国的"高玉宝们"的心底呼声，就连今天的孩子也要含泪倾诉，这不能不使我们心情凝重；其二，马燕因为极其偶然的机会，获得了社会甚至是国际社会的爱心援助，她是幸运的，这偶然的幸运，可以改变马燕及其家庭的命运，但是，一个人、一个家庭的命运改变，在幅员辽阔的中国，真是沧海之一粟啊！我们更需要改变的是数以千万计亿万计的青少年的命运。

我以及女儿都感觉肩头上的担子沉甸甸的。虽然我只是一名普通的高等教育工作者，而女儿还只是一名接受义务教育阶段的学生，与马燕的年龄相仿，但"天下兴亡、匹夫有责"，这种责任感，是不能由贵贱、尊卑、长幼来区分的。

与马燕相比，重庆市云阳县人和镇龙泉村的农民熊德明获得"2003 CCTV 中国经济年度人物社会公益奖"，其偶然性或许更大。2003 年 10 月 24 日，在重庆考察的温总理从她家门前路过，停下来和村民们聊天。当时，熊德明"向总理说了实话"，反映她丈夫的 2300 元工钱被拖欠。总理非常重视，当即指示地方政府要解决好拖欠民工工资问题。6 个小时之内她就拿到了被拖欠的两千多元工钱。熊德明一句"实话"引发总理为民工追回工资一事引起了社会的广泛关注,直接促使重庆市开展"百日欠薪大检查活动"。之后北京市政府的相关部门也宣布:今后凡是严重拖欠民工工资的建筑企业将因此被一票否决,赶出北京市场。全国其他各地也相继出台一系列政策,维护民工权益。

因此,熊德明夫妇被郑重邀请住进中国最有名的五星级酒店——北京饭店,出席在富丽堂皇的宴会厅举行的颁奖典礼。

熊德明所反映的意见确实是"实话"。在共和国大大小小的公仆中,如果真有一些人对这样的"实话"感到陌生与惊讶,那么,这样的公仆,并不是人民尊崇的、爱戴的、期望的,甚至是不需要的。知道人民疾苦是一回事,真心实意解决人民的疾苦又是一回事,总理为老百姓讨工钱,说明共和国政府首脑践行了"知行统一"的为民原则,应该是所有公仆的榜样表率。但是这件事,也有潜在的负面影响,第一,偶然的幸运,对熊德明们是幸还是不幸,要等待时间的检验;第二,大领导做小事情,只是一种风范和垂范,而不能成为一种办事的程序,或者说不能成为老百姓办事的"官念"程序,我们所需要的程序就是法律,就是制度,就是有效机制。县衙堂前击鼓申冤、钦差轿头拦路告状,这都是早已远去的封建时代的背影,现在,只有在舞台的古装戏剧中或可一见,即便在那个时代,也只是善良百姓的一种精神寄托,甚至是一些文人为神话了的清官的一种树碑立传,现实存在微乎其微。

好在熊德明是清醒的。就在颁奖会现场,记者问及"得这个奖会改变你什么?"时,熊德明回答道:"其实什么也改变不了,我还是要下地干活。但是作为一个农民,能得到这样的奖也是我一辈子的荣誉。你说是不是?"她还坦诚告诉大家自己眼下的两桩苦恼事:最忙的事就是老是接受记者采访;最烦恼的事则是,找自己帮忙要工钱的人"太多了"。还有一点表明了熊德明的睿智,她不希望这件事情给当地政府带来麻烦,"我们还要在那个地方继续生活,还要接着锄泥巴、喂猪。开完这个会得赶快回去,地里还有好多活等着呢。"

对于拥有13亿人口的泱泱大国,"偶然的幸运"固然是越多越好,但"普照的阳光"却是不能少——"偶然的幸运",差不多就是博彩几率,而"普照的阳光",则是法律、制度和有效机制完善的泽被,通俗地说,就是大领导(代表领导集体)要握紧方向盘,时时刻刻不能让全心全意为人民服务的车轮偏离正轨。

(原载"人民网"评论,2003年12月29日)

校园剪影

　　从求学到工作，置身中国科大校园三四十载时光，不管自己角色如何改变，无非就是亲历者和记录者两个身份。

　　亲历的未必都是惊天动地的大事，有的只是细节或感悟；记录的肯定不都是宏大叙事篇章，有的只是场景或片段。

　　有人说过，因亲历而精彩，因细节而生动，或许，这给敝帚自珍找到了最合适的理由。

一封致敬信

　　1991年10月18～22日，中国科学技术大学隆重举行二届二次教代会，这是一次很重要的民主办学的会议。会议期间有不少代表提议以本次教代会的名义致信聂荣臻元帅和严济慈名誉校长，衷心感谢他们一直以来给予科大的亲切关怀和大力扶持，简要汇报科大近年来的发展进步与未来方向，真诚祝愿他们幸福愉快、健康长寿。致敬信的起草任务被领导安排到了我头上，其时，我刚加入学校党委办公室秘书行列才一个多月，接这样的"大单"，实在是诚惶诚恐。熬了一个晚上，那时没有电脑，名副其实的爬格子，写写改改两三稿，第二天上班呈交负责文秘工作的党办副主任丁毅信老师。丁老师增加了"耳提面命"那一句，还修改了几处字句，下面再提交哪些位领导审阅，我就不得而知了。闭幕大会的最后一项议程，由程抗仇代表宣读致敬信代拟稿，基本没有什么新的修改，全体代表也没有提出新的修改意见，然后鼓掌通过。此刻坐在工作人员座位上的我才放下了一颗忐忑的心。这封致敬信由校报《中国科大报》1991年10月31日全文刊登，才得以留存那个有价值有意义的时空剪影。

　　尊敬的聂帅、严老：
　　今年10月18日至22日，中国科学技术大学第二届教职工代表大会第二次会议隆重召开，值此大会胜利闭幕之际，我们全体代表谨向您致以亲切的问候和崇高的敬意！
　　科大创办三十三年来，始终得到您的亲切关怀和支持；科大每取得一项新成就，每上一步新台阶，都与您的悉心指导和扶持密切相关。您虽已高龄，但心系科大，时常耳提面命，题词勉励，给予全校师生员工以极大的鼓舞和力量。我们时刻铭记着您的教诲和您为科大作出的杰出贡献，我们时刻想念着您！
　　我校这次教代会开得非常成功，大会自始至终洋溢着民主、团结的气氛，贯穿着求实、创新的精神，代表们以主人翁的责任感和使命感共商办校大计。经过热烈讨论，会议一致通过了校长工作报告，对《中国科学技术大学十年发展规划和"八五"计划纲要》和《关于校内管理制度综合改革的初步方案》提出了许多建设性的意见。大会一致认为，党的十一届三中全会以来，中国科大在党中央、国务院和国家教委、科学院、安徽省委的领导支持下，坚持四项基本原则和改革开放，全面贯彻党的教育方针，提出并实施一系列改革开放措施，努力为社会主义现代化建设多出人才、多出成果，取得了显著成绩。

大会在充分肯定学校已经取得的成绩基础上，十分重视未来十年发展规划的制定和深化教育改革，我们都有一种时代紧迫感和历史责任感。作为一所重点高等学校，中国科大决心始终坚持党的领导，全面贯彻党的教育方针，大力培养社会主义事业的建设者与接班人，不断满足科技振兴和社会对高级科技人才的需要，将科大办成我国立足于国内培养高级专门人才和发展科学技术的重要基地之一。

本次教代会圆满结束了，实现新目标、谱写新篇章的帷幕已经拉开。科大全体师生员工决心不辜负您的期望，再接再厉，不断进取。同时，我们盼望和期待着您继续给予科大以指导、关怀和鞭策！

金秋十月，天高气爽，"不是春光，胜似春光"。在这样美好的季节里，让我们向您表达我们最衷心的祝愿，祝愿您幸福愉快！祝愿您健康长寿！

  此致
崇高的敬礼！

中国科学技术大学二届二次教代会全体代表
一九九一年十月二十二日

（2020 年 2 月）

"华光",中华民族精神之光

——万兆瓦可调谐钕玻璃新型激光装置研制成功纪实

引言:十年孕育,一朝脱颖

1989年11月24日,一个晴朗的冬日。也许,与别的日子没有什么异样。

然而对于中国科学技术大学物理系强激光物理实验室的吴鸿兴、郭大浩、王声波和戴宇生等老师来说却是一个难以忘怀的日子。他们自1979年以来自力更生、坚持不懈、含辛茹苦整整十年研制成功的万兆瓦可调谐钕玻璃新型激光系统在这一天通过了中国科学院院级鉴定!以我国著名光学专家、学部委员王大珩教授为主任,由国内13位同行专家组成的鉴定委员会在鉴定报告中这样写道:"这是我国自力更生发展激光技术的一项新成果。激光波长在钕玻璃增益带宽范围内连续可调是该系统的主要特色,属国内首创,在国际公开文献中未见报道。"根据安徽省科学技术情报研究所1989年12月22日的《"万兆瓦可调谐Nd^{3+}玻璃"国际联机情报检索报告》的结论,这也是国际首创。该报告的结论原文为:"对DIALOG系统的13号(科学文摘)数据库、351号(世界专利)数据库及6号(美国政府科技报告)数据库的检索表明,目前国际上还没有1千兆瓦以上功率的可调谐钕玻璃激光系统。中国科学技术大学的万兆瓦可调谐钕玻璃激光系统属国际首次研制成功。"

这套激光装置的重大科学意义和价值在于:它不仅为国内、国际激光领域的研究开辟了一个新天地,而且为某些前沿学科的研究探索提供了一种强有力的手段。万兆瓦功率形成毫微秒量级的激光脉冲,聚焦作用于靶,本身就能够产生诸个如超高温、超高压、强激光的综合性极端条件,而激光波长在钕玻璃增益带宽内连续可调谐,又能够使激光与物质的作用在共振增强下发生,其效率较之于非共振增强下大数倍甚至数十倍之多。

一、"华光"风采

"华光",这是研制者们给这套新型激光系统的命名。

"命名'华光',应该有什么非同一般的含义吧?"

研制组组长吴鸿兴副教授深情地回答记者说:"第一,是为中华民族争光之意;第二,从物理学的广义角度来说,不同的光波长对应不同的色彩,我们因此用华丽多姿、光彩缤纷这两个词的首字来隐喻这套系统的最大特色——激光输出波长在钕玻璃增益带宽范围内连续可调谐。"

由此可以想象,"华光"的研制者们在十年的日日夜夜里,不但追求了科学的真,同时也追求了科学的美。

"华光",确是一个美丽的名字!

百闻不如一见。记者有幸在郭大浩高级工程师的陪同下一睹了"华光"的绰约风采。实验室内,光线柔和,纤尘不染,整套装置排列井然,气势恢弘。

第一感觉是"华光"的博大精深。5个房间一溜直通,系统的可调谐振荡器、前置放大器、八级主放大器以及真空靶场和其他探测装置在其中粗犷地写下了一个巨大的"U"字,4台控制32路5千伏充电机的电源控制机柜和一台主控制电路机柜(内部另含6路2千伏充电线路和6路延时触发器)放置在显要的位置。

郭老师介绍说:"对任何一级放大器进行泵浦,只需揿按相应的充电琴键开关,然后通过主控电路的延时触发器控制放电,点燃脉冲氙灯实施对钕玻璃棒的泵浦。而充电是通过320多只60 cm×40 cm×20 cm的大储能电容器完成的。"

记者环顾四周,没有发现一只这样的电容器,便问:"在哪儿呢?"郭老师微微一笑,指指室外,说:"因实验室空间限制,让它们这一个'营'的队伍住进了'加铺'。"所谓"加铺",实则依附实验室北侧搭建的低矮棚房。记者遐想,假如这些电容器也有灵性的话,是否也要吟出"斯是陋室,唯吾独馨"的感慨?!

第二感觉是"华光"的新奇巧妙。激光波长在钕玻璃增益带宽范围内连续可调谐的一系列特殊方法是"华光"系统新奇巧妙的集中体现。

- 由6块经特殊提纯材料加工而成的色散棱镜巧妙排布构成了最佳的色散效果;
- 谐振腔的全反射调节架测微头使用步进马达精确控制其水平角度微

调,由此实现输出端激光波长可调谐;

• 在调谐激光振荡器谐振腔中插入 F-P(法布里-珀罗)平板玻璃,构造子腔,消除激光波形调制(自锁)现象;

• 首次将"三程放大"技术应用于高功率激光装置的主放大器,其巧妙在于一箭双雕:既有效地提高了第一级主放大器的利用率,减少了主放大器的数目,又实现了所需的光程延迟,使得传输速度慢于光速的电脉冲打开光电隔离器时,光脉冲在多折一个来回后正好到达并通过此隔离器。

经多次测试,"华光"的总体性能稳定,达到并超过了设计的技术指标。

郭老师还自豪地介绍了鉴定会上现场演示中激动人心的一幕:随着一声由高功率激光作用于靶面时所产生的等离子体爆炸发出的巨响,分别由体吸收能量计、7834 快速存贮示波器和光栅光谱仪同时测出了输出激光脉冲能量、输出激光脉冲宽度和输出激光脉冲波长。王大珩教授首先检验了由示波器显示出的激光脉冲宽度,然后根据能量计的读数,亲自验算激光脉冲能量。当得出激光脉冲宽度为 4 毫微秒,脉冲能量为 45.7 焦耳(脉冲峰值功率为 1.14×10^{10} 瓦),均超过了原设计指标,成功地显示出了装置的万兆瓦可调谐这一重要特色之后,老科学家脸上露出了极为满意的笑容。

二、扬长避短,另辟蹊径

作为一个实验室,在经费拮据、人力短缺、设备不足的困难条件下,能够取得如此令人难以置信的高水平成果,一个势在必问的问题就很自然地被提出来:他们是怎样选定了这样一个目标的?

让我们把时间镜头的焦距对准十年前的 1979 年春夏之季。

其时,中国的科技领域在全国科学大会后表现出前所未有的活力。

中国科大作为一个以理为主、理工结合、相互渗透的综合性大学,物理类系科一直占据重要地位。随着 20 世纪科学技术的发展,物理学家已不再满足常规条件下物质的物性、机理和规律,而对超高温、极低温、超高压、强场、强激光等极端条件下物质的物性、机理和规律的研究探索投注了极大的兴趣。中国科大在这方面理所当然地作了详细的研究规划。

在高功率激光系统的研制方面,当时美国已在向诺瓦(10^{14} 瓦)进军,我国上海光机所也正在热火朝天地进行"12 号"(10^{12} 瓦)的研制。美国的诺瓦装置以亿计的经费作财力保证,上光所的"12 号"的预算也达数千万元。

这些都是作为学校的一个实验室所望尘莫及的。

以吴鸿兴副教授为首的强激光物理实验室面对现状,慎重考虑,认为只有扬长避短,另辟蹊径方可出奇制胜,显见成效。对进行高功率激光与物质的相互作用下新机理、新效应和新规律的探索研究,特别是原子、分子系统的多光子电离过程和 X 激光的机理研究,不能单凭激光功率,必须同时充分发挥激光波长的共振增强作用。从这个视角观察前瞻,激光波长的连续可调谐则能显示出极为重要的价值。

因此,一个带有战略意义的设想被提出:研制一台波长可调谐的万兆瓦(10^{10} 瓦)级的新颖高功率钕玻璃激光装置。

他们的设想很快得到学校的支持并专拨一笔经费用于此项目的研制。

打从 1979 年起,十年的三千六百多个日日夜夜,研制组人员的整个身心都紧系在由他们自己选定的这个目标之上。

三、自力更生,勤俭节约:以最少的经费实现最大的价值

王大珩教授在鉴定会总结中深有感触地说:"这次鉴定会,不但鉴定了物,而且也鉴定了人。"

鉴定了人的什么呢?人的精神,中华民族的精神!中国科大人的精神!这种精神是矢志不移、坚韧不拔的持久精神,是艰苦奋斗、勇于牺牲的献身精神,是自力更生、勤俭办科技的节约精神!事实证明,正是靠着这些精神,才有了今日的成功。

1979 年,研制工作一开始,整个科大的科研工作都处在百废待兴、恢复元气的阶段。吴老师他们有的只是几间堆成仓库的实验室,仪器设备几乎空白。

第一步自然是充实实验设备和仪器,经费不足,就尽最大可能节约。前面提到的 320 多只大储能电容器大部分来自上海光机所,因其电压指标稍低于该所"12 号"装置的要求,不适合继续使用,但质量仍优良可靠,研制组立即与之联系。上光所发扬所系协作精神,以非常低廉的价格调拨给研制组。若按当时市售价每只 1000 元左右,这一笔就节约了近 30 万元。真空靶室则是利用一台报废的真空镀膜机经修理改装而成,性能指标完全符合要求,5 万元以上的靶室加工经费也就这样节约了下来。整个电源(包括 4 台充放电控制电源和 1 台主控制电源)采取自己动手、请人帮忙的原则,仅开支了元部件成本和帮忙人员的差旅费共 2 万元,如订购至少需 25 万元。

如果以上几个事例说明的是从充分利用原有的器件设备和自己动手、所系协作的方式来节约经费,那么,"华光"全套装置的机械加工则又是另一种方式的节约,其中颇有些小说中传奇的色彩。1978 年间,坐落在安徽大别

山地区的国营淮海机械厂邀请吴老师赴厂作激光技术讲座,吴老师的精彩报告与热情态度极大地满足了厂里干部职工的求知欲望,因而使得双方建立了深厚的感情。后来当得知吴老师的研制小组需要机械加工而又苦于经费紧张时,淮海机械厂厂长一口答应可以提供加工服务,就这样,一整套机械装置既快又好地完成了加工。对于这套机械装置,这次鉴定会的副主任、上光所范滇元研究员掂量一番,认为20万元是其最便宜的出价。其实当时淮海厂仅收6万元(包括原材料和加工费)。

依靠自力更生、勤俭节约的精神,研制组建立的这套激光系统使用经费不足30万元,真正做到了以最少的经费实现了最大的价值。整个系统除去一个快速开关管为国外产品外,其余全部都是国产的元部件。

鉴定委员会的各位专家对此都啧啧称赞,他们发自内心地感慨,对于我国目前还相当不富裕的状况,开展任何工作,都应该要发扬这种精神。

四、衣带渐宽终不悔,为伊消得人憔悴

"华光"的研制工作从1979年正式开始,到1989年8月初全部完成,前后共经整整十个春秋冬夏。谈及这十年来的坎坷艰辛,组长吴鸿兴副教授作了概括介绍。

研制工作可分为三个阶段。

1979~1982年为第一阶段。实现装置的预研制及整个装置的设计、加工建造。

1983~1986年为第二阶段。此阶段首先实现了装置各分系统的调试及总体调试工作,使整个系统在激光波长非调谐的情况下,脉冲峰值功率为 $3 \times 10^9 \sim 5 \times 10^9$ 瓦的水平上正式运转;其次利用该系统进行了有关研究工作,包括:建立了LPX(激光等离子体X射线辐射)摄谱设备,进行了镁、铜、钠等元素的LPX的特性研究;进行了氮分子(N_2)的多光子电离过程(非共振)的研究。

1987年7月~1989年7月为第三阶段。这是最为关键的阶段。首先使整个装置达到设计的全部性能指标:一是实现装置输出波长在一定范围内连续可调谐;二是使装置的总体输出激光脉冲峰值功率达到或大于万兆瓦;三是达到整个装置稳定工作。第二,完成了可调谐、窄带钕玻璃调Q激光振荡器的研究,实现了激光振荡器输出激光波长在钕玻璃增益带宽范围($\Delta\lambda \geqslant 286Å$))内的连续可调谐。第三,作了多种更完善的技术改进,包括:将电光削波器由单KDP普克尔盒改为KD*P双普克尔盒,偏振棱镜由损耗较大的格兰棱镜改为洛匈棱镜;更为关键的是将削波开关元件由球隙改为 KN-22 快速开关管,从根本上提高了电光削波器的性质,增加了双 KD∗P 普克尔盒电光隔离器,将法拉第磁光隔离器增加到两个,而且更重要的是将 ZF_6 玻璃改用经专门提纯的特级材料,大大降低了法拉第隔离器的损耗等八项改进。

面对这三个阶段前后共 28 项工作,有的是他们为特殊目的而进行的特殊的开创性工作,从构想到实验到改进到实现要花去几个月甚至更多的时间,有的为了时间的连续性,夜以继日地工作着,其中的甘苦,只有他们自知。

参加这个项目的前后有吴鸿兴、郭大浩、王声波、戴宇生、周榆生、陈丽娜等 16 位同志,其中参加最后关键三年的常务研制人员只有上述前四位同志。他们有一个共同的感人之处,那就是抛开一切名和利的考虑,执着地向目标奋进的献身精神。

三年多来,对于他们可谓冬无三九、夏无三伏,节假日、白天黑夜全泡在实验室里。如果仅用"以实验室为家"来描述,恐怕远远不够,因为他们对"家"的概念已淡化到模糊缥缈的程度。请看——

吴鸿兴老师,作为项目组组长,从整体到各个细节所涉及的技术问题、物理问题、经费问题都需要精心考虑,在实验室内考虑,走在路上考虑,回到家里吃饭仍在考虑,"华光"连着心,心系着"华光"。吴老师这几年的生活几乎是"AB 两点一线",A 点是家,B 点是实验室,早晨从 A 点走向 B 点,深夜从 B 点返回 A 点。不涉及项目的会议基本上不参加,不涉及项目的事情尽可能不出差,用吴老师自己的话讲,一为节约经费,二为节约时间。非外出不可,也是来去匆匆,回到科大,首先进的不是家门,而是直奔实验室,看看、问问离开后的几天里情况和进展,做到心中有数。曾不止一个人对吴老师这几年在科大校园"消失"后偶遇感到大为惊讶:"老吴,你这次出国很长时间啊?""老吴,你调到哪里去了?""老吴,你是否病了?"吴老师唯有笑而不答。

郭大浩老师,十年来除每学期几十学时的教学工作以外,一心扑在实验室里。若论理论和实践水平,他可以轻松地做一些周期短、容易出文章的课题,这样在职称评定时就不至于吃亏。事实上,他没有选择这条捷径。自 1978 年来到科大,立即就参与了艰难的创业。在"华光"系统的设计改进中,郭老师先后共绘制了 16 套共 196 张图纸。为了使千头万绪的电源系统的接线准确无误,郭老师经常在加完夜班后利用夜深人静独自反复检查,有时甚至一直到东方曙白。可是,郭老师对儿女却没有尽到应尽的责任,去年夏天,儿女同考大学,此时正值实验的最后关键,他根本无暇顾及临考前的辅导和心理指导。子女教育和家务的双重担子都落在爱人的肩上,谈及至此,郭老师言辞之中流露出对爱人孩子的深深歉疚。

王声波,一位血气方刚、年轻有为的青年教师,1984年师从吴老师读硕士研究生,1987年夏毕业后,仍留在"华光"组,在前后五年中,专心致志,任劳任怨。本来凭他本人的专业知识和外语水平,完全可以考TOEFL和GRE,到国外深造。1988年春节前夕,爱人已临产,但他仍坚持在实验室工作。也就是在这一年夏季,他低烧、冒虚汗一个多星期,在校医院吊完盐水又接着走进实验室继续干。尤为不易的是,在1988年底学校分给他一间房子之前,每晚加班到十一点后,还要骑车回到距学校5千米以外的三里街的家,那是租来的房子。

戴宇生则是一位勇于吃苦耐劳的实验技术人员。当记者见到他时,他的脸上还显现着没有褪尽的倦容。他谈吐朴实,毫无居功自傲之感。单把废旧的真空镀膜机改装成合乎质量标准的真空靶室就不知凝聚着他多少的汗水!实际上,除却实验室繁重的工作担子,他肩头还压着上老下小的生活担子。孩子正读小学,就连成绩如何他也无暇过问,更不用说还有什么时间领着孩子享受一下公园的乐趣。

十年艰辛,绝非有限的笔墨可以写尽。也许用"为伊消得人憔悴"或可概括十之二三。但记者认为,最为可贵的却是他们的另一种境界:"衣带渐宽终不悔!"吴鸿兴老师在接受采访时代表项目组所说的一段话是这种境界的一个极好的印证:"我们谁也没有想到今后怎样,包括今天的成功。只有一个信念,为国争光,就是少活几年也要干下去!"

五、成功后的思索:团结的力量

著名物理学家、中国科学院学部委员、中国科大原副校长钱临照教授在评论"华光"项目组获得如此巨大的成功时说:"第一重要的经验是团结,不但组内团结得好,还能团结外单位的同志来无私地帮助工作。这样的事迹值得宣传,值得学习。"

在"华光"研制工作报告的"前言"中所列出的致谢名单就包括了4个外单位的21位专家以及本校本系的12位专家教授。特别是上海光机所,不但为装置提供了钕玻璃激光棒和脉冲氙灯,而且先后得到了范滇元、余文炎等17位专家的热情支持和帮助。国营淮海机械厂承担了装置的全套机械加工任务。这是中国科大"全院办校,所系结合"办学方针的成功典型之一。

项目组成员之间的团结合作更是不可忽略。这种团结首先来自于无私奉献精神。不可设想,如果为了排名先后、奖金多少而喋喋不休,他们这个组最终会有这样的成功吗?

他们还有一点过得硬的地方就是三年多来连续加班,没有拿过一次加班费和夜餐费。吴老师很坦诚地说:"加夜班是我们把一天当作两天用,真要是拿点加班费和夜餐费也合情合理,但打报告找领导批很麻烦,没有精力顾及这些。"

总之,"华光"研制组人员这种献身于事业、献身于科学的精神正是今天要发扬的。

尾声:新的起点

鉴定会结束了,成功和成绩得到了充分的肯定,为学校为祖国争了气争了光,辛劳和汗水没有白费,但一切都属于过去。这是研制组的一个共同心声。

他们又开始了新的起点。

他们将利用这套新颖激光系统的优良性能着重在原子、分子的多光子电离过程及 X 激光的机理研究,激光等离子体软 X 射线辐射(LPX)的特性及其在显微术方面的应用研究等前沿学科开展新的探索。

预祝"华光"项目组继续发扬昔日精神,取得更大的成功!

(原载《中国科大报》1990 年 3 月 10 日总第 252 期和 1990 年 4 月 10 日总第 253 期)

好风凭借力　送我上青云
——中国科学技术大学"211工程"一期建设巡礼[①]

上篇　好雨知时节 当春乃发生

中国科学技术大学是一所年轻的高等学校,1958年建校,经过近43年的艰苦创业和不断创新,已发展成为今天的以现代科学技术为主、兼有管理和人文学科的综合性全国重点大学。透过43个年轮,初创于北京时的蒸蒸日上,"文革"期间的严重受挫,下迁安徽时的濒临解体,改革开放后的"凤凰涅槃",使科大人深深地体悟到一个朴素的道理:国运兴,校运亦兴;国运衰,校运必衰!

步入20世纪90年代,"和平与发展"的世界主题要求高等教育必须做出积极的回应。

年轻的中国科学技术大学在思考着如何做出自己积极的回应。

学校审时度势、运筹帷幄,以变应变、蓄势待发,在前两次创业的基础上,毅然实施跨世纪的第三次创业。

恰逢此时,国家决定:面向21世纪建设100所左右的重点大学,即在全国范围实施"211工程"建设规划。

"好雨知时节,当春乃发生"!

中国科学技术大学面对新的历史契机,组织全校上下以实事求是的科学态度,进行全方位的研讨论证,最终将集体智慧凝聚为《中国科学技术大学"211工程"建设总体目标规划》的蓝图。

1995年,中国科学技术大学被国家计委、国家教委和财政部正式确定为"九五"期间首批进行"211工程"建设的高校之一。至此,学校拉开了"211工程"一期建设的序幕,同时也正式踏上了学校发展史上第三次创业的跨世纪征程,开始了新一轮的全面改革创新。

[①] 电视片解说词。

中篇　风乍起 吹皱一池春水

"工欲善其事，必先利其器"。

为了更好地实施"211工程"，必须首先寻找到最好的切入点和突破口。

中国科学技术大学实施"211工程"建设的理念是：围绕国家重大需求，凝练科技目标，以点带面，点面开花。

为此，学校"211工程"总体建设目标确定了9个项目作为一期建设的重点。其中重点学科项目6个，公共服务体系项目3个。

字幕——
　一、重点学科项目（6个）：
　　1. 极端条件下的凝聚态物理研究
　　2. 数学与非线性科学
　　3. 火灾安全科学与防治工程
　　4. 化学反应的人工控制
　　5. 加速器物理及同步辐射应用
　　6. 现代工程材料的力学行为和材料设计
　二、公共服务体系项目（3个）：
　　7. 校园计算机网络建设
　　8. 图书馆建设
　　9. 教学实验室建设

◆ 极端条件下的凝聚态物理研究项目主要完善和建设了低温强磁场、高压、超高真空3个极端条件实验室，基本建成了国内最好的极端条件实验基地之一。

——该项目制备出的发光强度高而且不衰减的多孔硅材料，发现了常压下稳定岩盐型GaN的存在。

——"薄膜中的分形晶化研究"获1997年中科院自然科学一等奖。

——用金属钠在高压斧中还原四氯化碳制成金刚石微粉，为国际首创，在《科学》杂志上发表后，被誉为"将稻草变为黄金"，并入选1998年全国高校十大科技新闻。

◆ 数学与非线性科学项目主要是由数学的若干领域、不同学科中非线性机理的理论研究与实验研究等方面组成的一个综合性、交叉性的学科项目。

——该项目支持下创建的非线性光学实验室,抓住国际最新学术发展方向,开展了量子通信与量子计算机研究,首创量子避错编码原理和量子概率克隆原理,将成为中国科学院院级开放实验室。

——对轻夸克质量比标定的研究,被评为1998年中国基础科学研究十大新闻之一。

——多复变几何函数论研究处于国际领先水平,先后两次获得中科院自然科学一等奖。

——在算子微分方程领域出版了在国际上有影响的专著。

通过该项目建设,我校数学和非线性科学研究的人才队伍得到明显加强,同时培养了一批高质量的硕士、博士研究生,其中有2篇博士学位论文入选"全国百篇优秀博士学位论文"。

◆ 火灾安全科学与防治工程项目以火灾科学国家重点实验室为基础。

——该项目将非线性科学的理论和方法引入到火灾科学的研究中,成功地从理论上解释了若干特殊火灾现象的复杂性本质。

——建立了大空间早期火灾的序列影像识别模式。

——首次提出在细水雾环境中对热释速率实验结果进行修正的原理和方法,并进入应用阶段。

——研究了膨胀石墨的无卤阻燃聚烯烃材料和纳米级氢氧化镁阻燃剂的阻燃机理。

——研制的多种阻燃材料、大空间早期火灾探测定位和电气火灾隐患检测系统等产品,已在人民大会堂、中央电视台等大型重要场馆得到广泛应用。

◆ 化学反应的人工控制项目是化学与物理学的交叉学科,主要研究方向是控制化学反应的基本过程和进行"分子手术"。

——该项目与"极端条件下的凝聚态物理研究"项目进行强强联合,共建的扫描隧道显微实验室,达到国际领先水平。

——在国际上首次成功地利用扫描隧道显微技术发现"2维C_{60}点阵的一种新型取向畴结构",成果发表在《自然》杂志上。

——确定了C_{60}单分子在Si表面不同吸附位置的取向,被评为1999年中国基础科学研究十大新闻之一。

——在选键化学方面,建成了围绕激发态反应和势能面探测为中心的选键化学基础研究基地。发展了一种崭新的结合了傅立叶变换光谱的高分辨率和高准确度特性与激光腔内吸收光谱的高灵敏度优势的光谱实验技术,得到国际同行的高度评价和复制。

——建成了一套国际一流的激光光散射装置,研制成功细胞激光微操作系统,经专家鉴定,在同类系统中达到国内领先、国际先进水平。

◆ 加速器物理及同步辐射应用项目的基础是国家同步辐射实验室,为我国在高校建设的唯一大科学装置,其二期工程又被列为"九五"期间国家大科学工程建设项目。

——该项目使我校同步辐射装置的离线实验设备得到了扩充和完善,并建成了"同步辐射光学""同步辐射应用""微观高频加速结构研究""插入元件及自由电子激光研究"等4个实验室。

——研制成功用于同步辐射的闪耀光栅和Laminar光栅以及用于惯性约束激光核聚变诊断的自支撑软X射线透射光栅。

——X-波段行波加速器研究取得重要进展,填补了我国在该领域内的一项空白。

——加速器光束线及储存环自由电子激光实验研究取得重大突破,成果获1997年何梁何利科技进步奖。

——获得空间分辨率好于$0.3\ \mu m$的X光全息重构像,成果被收入中科院知识创新成果文集。

——在国内首次用LIGA技术和组装技术制作出活动部件等。

◆ 现代工程材料的力学行为和材料设计项目属力学与材料科学的交叉领域。

——该项目建成国内唯一的、连续覆盖应变率范围为每秒$10^{-5}\sim 10^5$的材料力学性能测试系统,可全面测试材料的同台相应特性。

——多变量非协调元优化设计的力学原理研究获1997年国家自然科学奖三等奖。

——建成细观力学同步辐射工作站并得到了国际先进水平的纤维复合材料和超导带材内部损伤演化照片。

——研制出特种磁流变液材料"KDC-1号",主要性能指标接近国际最好同类产品水平。

通过本项目建设,已经建成了材料力学行为和材料设计开放研究实验室,并将成为中科院院级开放实验室,具备了从低温至高温、低应变率至高应变率、细观至宏观的综合研究实力,在国内高校中独树一帜。

纵观"211工程"重点支持的6个学科建设,5年之中,共发表在包括《自然》《科学》和《物理学评论通讯》在内的权威刊物上的高质量论文达到2000

余篇,并带动了我校数学、物理、化学、力学、核技术等学科的较大发展,在这些项目培养的人才中,被授予博士学位的202人、硕士学位的295人。

学校在将上面6个学科作为"211工程"重点建设的同时,也不失时机地加强了公共服务体系的建设,为教学和科研提供了良好的支撑条件。

◆ 校园计算机网络项目已建成了技术先进、开放性好、与国内外网络互联、能长期稳定运行的我校校园计算机网络硬件软件系统,网络出口带宽提高了3个数量级,达到155兆,并实现校内网络连接光缆化,千兆主干网络多层化,网络运行管理智能化。我校校园计算机网络除了在教学、科研、管理等方面发挥快速便捷的作用以外,学校针对"网络与思想政治工作"所开展的一系列实践和探索,2000年被中宣部确定为全国重大宣传典型。

◆ 学校新建的图书馆建立了较先进的计算机管理系统,在整体上已经实现从传统图书馆向现代化图书馆的转变。加大了对文献资料的投入,进一步丰富了馆藏。自筹资金建成的拥有百余台读者用机的树华电子智源中心,为读者检索信息资料等提供多方面的服务。

◆ 在"211工程"支持下,新建和改建的14个教学实验室,具有一定的特色和显示度。这些实验室不仅在教学仪器设备和实验室环境等硬件方面,而且在教学内容改革方面有了显著的提高,共获得国家教学成果奖二等奖8项以及大量省部级特等与一等奖,已成为我校教学实验室建设和实验课程改革的典范,并跻身于国内同类教学实验室建设的前列。

"211工程"建设犹如一股春风,"风乍起,吹皱一池春水"。学校在建设中被注入了强劲动力、新鲜活力和盎然生机。

下篇　好风凭借力　送我上青云

通过"211工程"一期重点建设,中国科学技术大学的科学研究、技术应用、队伍发展、学科建设、人才培养等各项事业都有了长足的进步,学校的办学规模和办学实力有了较明显的加强。

——学校博士学位授权点从"211工程"实施之初的27个增加到2000年底的60个,硕士学位授权点从48个增加到79个,同时新增了工程硕士、工商管理硕士和公共管理硕士等3个专业学位授权点,有13个一级学科博士学位授权点,超过了"211工程"建设规划的学位点发展目标。目前,学校具备了培养学士—硕士—博士的完整教育体系。

——学校博士生导师从"211工程"实施之初的135人增加到目前的280人。

——学校现有数学、物理学、力学3个国家理科人才培养基地;1999年学校又被评为中国科学院博士生重点培养基地。"211工程"建设期间,学校累计授予博士学位538人,硕士学位1636人,学士学位5319人。

——学校建成了国家同步辐射、火灾科学、信息安全3个国家重点实验室以及国家高性能(合肥)计算中心,还建成了选键化学、结构分析、结构生物学、内耗与固体缺陷和认知科学5个中国科学院开放研究实验室以及中科院热安全工程技术研究中心等一批重点科研机构。

可喜的是,1999年7月,教育部、中国科学院、安徽省政府三方签署协议,对我校实施重点共建,支持中国科学技术大学建设高水平大学。

在学校实施第三次创业进程中,一开始就得到了"211工程"建设强劲助推,四年后又得到了三方共建高水平大学的再次强劲助推,使中国科学技术大学的跨世纪发展步入了快车道。

"好风凭借力,送我上青云"!

我们有信心和决心,遵照江泽民总书记为我校建校40周年题词"面向二十一世纪,建设一流大学,培育一流人才"的要求,努力抓住历史发展机遇,力争到2018年建校60周年前后,把学校建设成为规模适度、质量优异、结构合理、特色鲜明的一流研究型大学,成为与中国科学院和其他专业研究院所及高科技企业相结合,面向全国培养具有创新能力和现代知识结构的一流人才,具有较强知识创新和技术创新能力的教育与科研基地。

(2001年5月)

百二秦关　长风破浪

——中国科学技术大学"211工程"二期建设巡礼①

上篇　青春作伴　创新铸魂

中国科学技术大学是一所年轻的高等学校,是新中国创办的最成功的理工科大学。

中国科大,与其说是"衔玉而生,生来富贵",毋宁说是"忧患中生,沧桑里长"。初创北京时的声誉鹊起,"文革"期间的严重受挫,下迁安徽时的濒临解体,改革开放后的"凤凰涅槃","科教兴国"的春风洗礼,"211""985""知识创新"三大工程的强力推进,使中国科大48个苍劲的年轮无不深深地打上时代的烙印,透过这些印迹,科大人深深地体悟到一个朴素的道理:逆境中牙关咬紧,顺势时快马加鞭,不走寻常路,敢为天下先!

这个朴素的道理最直白的诠释就是:我创新,故我在,科教报国育英才!

回眸中国科大的发展历程,无论是成立之初,《人民日报》称之为"我国教育史和科学史上的重大事件"的评论,还是改革开放后的1983年,邓小平同志关于"科技大学办得较好,年轻人才较多,应予扶持"的亲笔批示;无论是社会广泛认同"不要命的上科大"的拼搏精神,还是英国《自然》杂志形象地称之为"招风的大树"的赞誉,这些,都说明了始终高扬爱国主义大旗的中国科大,深受党和国家倚重,深得社会厚望。自1958年建校起,经过近48年的艰苦创业和不断创新,已发展成为今天的以前沿科学和高新技术为主、兼有以科技为背景的管理和人文学科的综合性全国重点大学,在培育英才、创造成果与提供社会服务等方面成效显著,从而在国内外享有盛誉。

1995年,中国科大被国家计委、国家教委和财政部正式确定为"九五""211工程"首批建设的高校之一;2002年,学校再次经国家发展和改革委员会、财政部、教育部和中国科学院批准,确定正式实施了"十五""211工程"建

---

① 电视片解说词。

设。先后两期"211工程"建设，为学校的发展注入了强劲的推动力。

中篇　百二秦关　长风破浪

"工欲善其事，必先利其器。"

实施"211工程"建设的关键，必须首先寻找到最好的切入点和突破口。

中国科大实施"211工程"建设的基本理念是：围绕国家重大战略需求，面向世界科技发展前沿，凝练科技目标，使学科建设、人才培养、队伍建设与科学研究整体推进，以点带面，点面开花。

为此，学校在"九五""211工程"9个重点项目建设基础上，进一步确立了"十五""211工程"14个重点建设项目作为总体建设目标，其中重点学科项目11个，公共服务体系项目3个。

字幕——

一、重点学科项目（11个）：

1. 数学、天文及理论物理中的重大问题
2. 微尺度物质电子态、自旋态的控制与应用
3. 化学反应的本质及选控
4. 地球圈层相互作用的环境效应
5. 蛋白质网络与细胞活动
6. 多尺度复杂系统力学
7. 带电粒子物理和同步辐射应用
8. 火灾科学与安全工程
9. 先进功能材料和相关技术
10. 量子通信与信息新技术
11. 可再生洁净能源

二、公共服务体系项目（3个）：

12. 计算机网络建设
13. 数字图书馆建设
14. 公共实验中心建设

学校在以学科建设为龙头、教学科研服务体系建设为基础、队伍建设为根本、大力提高科技创新能力的基础上，借助长期学术积累，不断涌现出重要的原创性、标志性科技成果。"十五""211工程"建设期间，学校共取得50余项重要科技成果，其中标志性成果19项。下面请跟随镜头对这些标志性

成果作一次短暂的巡礼。

◆ 单分子科学研究取得了一系列重大突破，发展了能量空间的单分子显微术，获得了2005年国家自然科学二等奖1项、2003年安徽省自然科学奖一等奖1项。研究人员在系统地研究钴酞菁分子吸附于金属表面的各种物理化学性质基础上，巧妙地对其进行"单分子手术"，在世界上首次实现单个分子内部的化学反应，成功实现了单分子自旋态的控制。这一成果发表于《科学》杂志，为单分子功能器件的制备提供了一个极为重要的新方法，揭示了单分子科学研究的新的广阔前景。同年12月14日，中央电视台"新闻联播"作为头条新闻对该成果作了近5分钟报道。该成果还被评为2005年度中国十大科技进展和2005年度全国十大科技新闻，并被科技部遴选为重大创新成果参展2005年度全国科技大会。

◆ 量子密钥传输过程的稳定性研究在国际上首次解决量子密钥传输过程的稳定性问题，提出一种具有非常好的单向传输稳定性的量子密钥分配实验方案。该方案实现了150千米的室内量子密钥分配实验；实现了京津125千米之间的量子密钥分配。解决了国际上一直未解决的长期稳定性和安全性的统一问题，并解决了量子密码技术由实验室走向实际应用的重要难题，使我国量子保密通信在国家信息安全中的应用迈出了关键的一步。该系统关键技术已经申请国际发明专利。

◆ 量子路由器研制，在国际上首次发明了网络量子密钥传输的这一关键性部件，并研制成功四端口网络量子密钥传输系统。

◆ 单分子电子器件基础研究实现了几种具有原始创新水平的单分子电子原理型器件，提出并实现团簇负微分器件等新型纳米器件，发现并证实了无序非晶化对团簇量子特性的影响等新的量子效应等。这一结果获得2004年度安徽省高等学校省级优秀科技成果一等奖。

◆ 溶液中的高分子折叠研究通过溶剂组分诱导下的高分子的单链折叠，首次观察到高分子在水-甲醇在混合溶剂中的"折叠—去折叠—折叠"过程，实验证实水与甲醇形成系列不同的络合物，并由此推断出水的基本结构为五员环。该研究成果获得2003年国家自然科学奖二等奖。

◆ 分子内氢键的理论研究通过对莆氨酸分子的光电子能谱的理论分析，揭示了其分子内较强氢键可以导致电离能增大的物理本质。在理论上提供了一套分析分子内氢键强弱以及与其相关实验现象的理论方法。

◆ 南极海豹数量变化和人类文明信息在生物粪土沉积层中的记录研究项目针对当前生态地质学的国际前沿研究，围绕生态环境的全球变化区域响应这一核心问题,应用多学科交叉的研究方法,反演了中晚全新世南极海鸟海兽的生态演变及其与全球变化的关系,并探讨了两千年来的南极海豹毛和生物粪土层中保存的人类文明历史信息,取得了新的原始性创新成果。进一步丰富和推动了"南极无冰区生态地质学"这一全新的研究领域,使其成为地球系统科学和全球变化科学这两个新兴科学前沿领域的一个新的研究方向。

◆ 矿物氧同位素温度计的系统校准研究建立了能够实际用于计算地球矿物氧同位素分馏系数的增量方法并得到了系统的地球化学热力学配分函数,首次对金属氧化物和氢氧化物、硅酸盐、碳酸盐、磷酸盐和钨酸盐矿物以及岩浆岩的氧同位素分馏系数进行了系统准确的理论计算,并对同质多象变体的晶体结构效应进行了定量评价,发展了流体参与条件下的高温高压同位素交换反应技术。该项系列成果获 2004 年国家自然科学奖二等奖。

◆ 透皮增强肽应用于药物输运的研究首创性地将分子生物学的经典技术——"体内噬菌体展现技术"应用到经皮给药领域,成功地找到一个由 11 个氨基酸组成的"透皮增强肽"。该项研究在世界上首次显示由特异序列组成的短肽能有效地促进蛋白质类大分子药物透皮,所得到的透皮增强肽有望成为一个全新的透皮技术平台,用于开发多种药物特别是蛋白质类药物的经皮给药新剂型。

◆ 天然免疫系统与爆发性肝炎发生的固有免疫机理研究发现使用人工合成的双链 RNA 进行预处理,可以显著降低由 LPS 注射引起的肝衰竭。该研究首次揭示 TLRs 受体之间的调节关系,对天然免疫系统的深入探讨有一定指导意义,同时也对爆发性肝炎的发生机制有了进一步的了解,为爆发性肝炎的防治提供新的思路。

◆ 飞行与游动生物运动力学和仿生技术的研究系统开展了关于活体鱼的巡游、快速起动以及蜻蜓自由飞行的实验测量,并对鱼游的 C 形起动、昆虫前飞的拍翼非定常空气动力学等进行了理论和模型分析研究,系统地揭示了生物运动过程中的力学规律。该项目已形成了明显的优势和特色,有望实现源头创新,解决国家安全和经济建设中的重大需求问题。

◆ 国家同步辐射实验室二期工程通过国家验收。改造后的同步辐射装置作为性能优良、稳定可靠的中低能区第二代同步辐射光源,继续保持国际上同类装置的一流水平。

◆ 大空间早期火灾智能监测与电气火灾隐患检测系统技术实现了大规模的成果转化和工程应用,已成功应用于人民大会堂、中央电视台、国家"十五"期间建设的 16 个棉花储备库群等 100 多个重要场所。工程应用创产值达 1.12 亿元。该成果获得 2001 年国家科技进步奖二等奖。

◆ 生物质气化液化并制成高品位生物质基燃料,研制成功每小时可处理 120 千克物料的自热式生物质热解液化试验装置。该装置已通过安徽省科技厅组织的专家鉴定,专家组一致认为该技术达到国际先进水平。

◆ 生物质气燃料电池研究,开发出应用于中低温(<800 ℃)固体氧化物燃料电池的新型材料体系,实现了电解质掺杂氧化铈、电极锰酸锶镧等燃料电池关键粉体工程化。

◆ 动力系统理论中的若干问题研究是沈维孝教授与国外学者合作,对实 Fatou 猜想做出了肯定解决。这一论文已被国际顶级期刊 Ann. Math. 发表。在另一篇独立完成的论文中,对临界指数不超过 2 的单峰映射的几何性质的衰减性给出了简洁的证明,该论文亦将在 Ann. Math. 上发表。在动力系统和遍历论中的混沌和熵的局部理论的研究中,叶向东教授和黄文博士解决了 Devaney 混沌是否强于 Li-Yorke 混沌这个长时间的公开问题。

◆ 星系的形成和演化研究的一系列成果发表在 ApJ.、AJ、MN 等国际上最重要的天文杂志上,在国际上产生很大的影响,其中关于条件光度函数模型的文章发表后的三年里被引用超过百次。在国内获得了两项中科院百篇优秀博士论文奖。

◆ 量子物理和量子计算的实验研究在实验上先后完成了普适量子逻辑门、2-qubit 量子逻辑门(C-NOT)、3-qubit Toffli 量子逻辑门、4-qubit 量子演化实验,是国内最先实现 4-qubit 实验工作,也是当时国际上少数几个完成 4-qubit 以上的科研组之一;成功演示了 D-J 算法、Grover 量子算法和量子随机行走算法;并成功地利用量子计算机进行了量子模拟演示。

◆ 复杂化学体系非线性问题研究成果"复杂化学体系中重要非线性问题研究"获得 2005 年安徽省自然科学一等奖。

纵观"十五""211 工程"重点支持的 11 个学科建设,五年之中,共发表在包括《自然》、《科学》和《物理学评论通讯》等在内的权威刊物上的高质量论文达到 8400 余篇,与"九五"期间的 3500 余篇相比,增幅为 138.92%,并带动了我校数学、物理、化学、力学、地学与空间以及信息科学与技术、生命科学与技术、工程和材料科学与技术等学科的快速发展,在这些项目培养的人才中,被授予博士学位的 1235 人、硕士学位的 1967 人,与"九五"同期相比分别增长 13.30% 和 8.90%。

学校在将上面 11 个学科作为"十五""211 工程"重点建设的同时,也不失时机地加强了公共服务体系的建设,为教学和科研提供了良好的支撑条件。

◆ 计算机网络建设项目:

——实现到中国教育和科研网的出口扩容到2.5G的目标。

——完成了新建教学、科研、办公楼群的网络基础设施,新增网络信息接入点5000余个。

——更新两台高档核心主干交换机,完成了校内主干网络从千兆到万兆的更新升级工作。

——引进了新的电子邮件系统,扩大了用户邮箱空间,教职工达到300兆,学生200兆。

——建设在线杀毒中心,为全校提供了先进的病毒防杀服务,提高了防毒杀毒的效率。

——建设了全校第五个公共服务平台——超级运算中心,为全校提供高性能计算服务。

——数字化办公环境建设初步投入使用。

◆ 数字图书馆建设项目:

——开展数字化资源建设和信息网络服务,数字文献资源体系的建设,基本满足学校数学、物理、化学、天文、力学、电子、生物、材料等重点学科发展的需要,文献满足程度达到95%以上。

——开展文献数字化平台的建设和特色文献的上网服务。

——建设图书馆管理系统该系统为图书馆主服务器,实行每天24小时运转,提供用户书刊信息OPAC检索、读者数据查询、图书业务管理、流通数据处理等。

◆ 公共实验中心建设项目:

——在硬件建设上得到了较大发展,在购置的8台套装备中有4台套超过400万元。

——拥有的总价值1.1亿元的492台套各类仪器(系统),均对校内外全面开放,推动了我校物理、化学、生命、地球与空间、工程与材料及信息学科的发展和科研水平不断的提高。

——每年为学校的博、硕及高年级本科生毕业论文提供15万机时左右的测试服务外,还利用大型仪器集中的优势和丰富的实验经验,为近2000人次的研究生、本科生开设了30余门物质结构分析、工程与材料实验、生物技术及信息实验课程,基本上满足学校研究生和高年级本科生的科研和实验需求。

——信息科学实验中心成立了安徽省软件评测中心并被中国软件评测中心授权为中国软件评测中心安徽分中心。工程与材料科学实验中心通过了国家计量认证考核并获得了计量认证证书。

"211工程"建设犹如一股春风,"风乍起,吹皱一池春水"。学校在建设中被注入了强劲动力、新鲜活力和盎然生机。

下篇　春闹繁枝　生机勃发

通过"十五""211工程"建设,中国科大的科学研究、技术应用、队伍发展、学科建设、人才培养等各项事业都有了长足的进步,学校的办学规模和办学实力有了更加明显的加强和改善。

◆ 研究型大学学科体系初步建立:

——学校的办学理念得到了进一步的转变,"十五""211工程"的实施,使学校充分认识到:在经济欠发达地区建设高水平大学,走精品和特色之路,"有所为,有所不为",选准突破口,汇聚力量,强强联合,实施大兵团作战,就有可能实现跨越式发展,并取得重要突破;在学科建设工作中,要有长远规划,特别是对那些有重大发展前景的优势领域,要重点扶持和持续建设。

——学科生态环境进一步优化,与"九五"相比,国家重点学科由4个增至19个,增长比例居全国重点高校之首,一级学科博士点由13个增至18个,理学一级学科覆盖率已达到95.2%,工学一级学科覆盖率由20%上升到96%;二级学科博士点由60个增至100个;硕士点由79个增至135个;新增一级学科硕士点5个;博士后科研流动站由12个增至17个;进入全国排名前5名的一级学科由5～6个增至11个。

——一批有重要国际影响的标志性成果脱颖而出,在单分子选键化学、量子信息科学、火灾科学与防治技术、生命科学、以生物质洁净能源为中心的绿色化学、极地科学、同位素年代学和地球化学、科技史与科技考古等优势学科、交叉学科和特色学科,取得了一批有重要国际影响的标志性成果,提高了跟踪国际先进水平的能力。

◆ 创新型人才培养体系进一步完善,人才培养质量稳步提高:

——学校始终坚持"质量优异"的方针,初步建立起了本—硕—博一体化的人才培养体系和创新性的研究型大学教学体系。

——与"九五"相比,人才培养规模进一步扩大,培养质量进一步提高。

毕业本科生人数由 5312 人增至 10206 人，增长 92.1%；毕业硕士生人数由 1807 人增至 1967 人，增长 8.9%；毕业博士生人数由 1090 人增至 1235 人，增长 13.3%。在校研究生规模也有较大幅度增长，在校全日制研究生由 4238 人增至 6319 人，专业学位研究生由 881 人增至 2480 人。

——与中国科学院研究机构联合培养研究生达到每年 1000 人。

——在读研究生与在校本科生的比例由 1∶2 增至 1∶1。

——"全国百篇优秀博士论文"获奖总数由 4 篇增至 21 篇，获奖论文比例居全国高校第二位，其中理科论文获奖比例为全国第一。此外，2004 年以来，有 18 篇论文入选"中国科学院优秀博士学位论文"奖，占全院 100 篇获奖论文总数的 18%。

◆ 科技自主创新水平和能力显著提升：

——与"九五"相比，学校获得的重大研究成果明显增多，国家级科技奖励由 6 项增至 9 项，有 14 项成果入选中国十大科技进展、中国高校十大科技进展、国际物理学年度十大进展、十大天文科技进展。其中"中国科学技术大学在单分子选键化学研究领域获重大进展""在量子通信实验领域取得重大进展""量子实现国际最长距离实用光纤量子密码系统"等科技创新成果连续入选中国十大科技进展、中国高校十大科技进展、国际物理学年度十大进展，成为 2003～2005 年三年唯一连续有成果入选年度十大科技进展的高校。

——科研总经费由 4.94 亿元增至 13.38 亿元，年度到账科研经费由 1.17 亿元增至 2.72 亿元。

——国家实验室由 1 个增至 2 个，在整合物理学、化学、材料科学、信息科学、生命科学等学科力量的基础上，组建了合肥微尺度物质科学国家实验室。我校成为国内唯一拥有两个国家实验室的高校；院省部级重点科研机构由 8 个增至 16 个。目前，学校已初步建成了以国家实验室为基础、以多学科交叉为重点、教学与科研共享的园区式科技创新平台格局。

◆ 师资队伍的结构有了明显优化，创新团队建设取得重要突破：

——与"九五"相比，共有 9 位教授新当选"两院"院士，院士人数由 12 人增至目前的 26 人，其中 9 人为兼职。教育部"长江学者奖励计划"特聘（讲座）教授由 7 人增至 9 人，国家杰出人才基金获得者由 13 人增至 45 人，中科院"百人计划"增至 61 人。

——教师队伍的结构进一步优化，中青年教师的比重进一步加大，50 岁以下中青年教师的比例由 56% 提高到 81%，50 岁以下教授的比例由 35% 提高到75％,教师队伍具有博士学位的比例由25.6％提高到近40％。

——有5个群体入选国家自然科学基金委"创新研究群体",4个团队获教育部"创新团队"称号。

◆ 学校的整体办学条件有了明显改善:

——仪器设备资产总值由"九五"的15844万元增至"十五"的42898万元。理化、信息、工程、生命、高性能计算等公共教学科研实验中心的条件得到了进一步改善,学科建设和科研工作以及高校间优质资源共享体系初步形成。

——图书馆藏书数量由167万册增至263万册,其中电子图书由5万册增至55万册;文献资源质量、信息网络服务、新技术应用、信息服务等各方面也发生了迅速变化,实现了由传统图书馆向现代化图书馆的转变,进入全国高校图书馆的先进行列。

——校园网络总带宽已增至万兆;校外对我校网络的访问流量始终保持在每秒350～400兆位,输出信息量在全国高校中名列前茅;全校联网计算机达15400余台。校园网络线路全面实现了光缆化,网络速度进一步提升,网络覆盖面不断扩大。

回顾过去的十年,尤其是"十五"期间,中国科大在实施第三次创业进程中,承赖"211工程"建设的强劲助推,以及教育部、中科院、安徽省政府三方"985工程"的再度重点共建和中科院"知识创新工程"的二期扶持,使学校的跨越发展步入了快车道。

春闹繁枝,生机勃发! 这是又一个科学和教育的春天!

我们有信心和决心,勇立春天的潮头,抓住历史发展机遇,始终秉承"红专并进、理实交融"的优良校风,始终坚持"全院办校、所系结合"的办学方针,矢志不移地走"创精品大学,施英才教育"的办学道路,力争到2018年建校60周年前后,把学校建设成为"质量优异、特色鲜明、规模适度、结构合理"的世界知名的一流研究型大学,成为与中国科学院和其他专业研究院所及高科技企业相结合,面向全国培养具有创新能力和现代知识结构的一流人才,具有较强知识创新和技术创新能力的教育与科研基地,实现"创寰宇学府,育天下英才"的宏伟目标!

(2006年5月)

科大邮票诞生记

该题目完整的表述应该是:《中国科学技术大学建校五十周年纪念邮票诞生记》。

科大五十周年校庆筹备工作始于 2006 年 6 月初,一开始并未将申请发行纪念邮票列入大事之一。后来将其列入十件大事之一,本身就是一个大胆的梦想,原因至少有两个:其一,此前新中国只为北大、复旦和同济 3 所百年校庆的学校发行过纪念邮票,而为五十周年校庆发行号称"国家名片"的纪念邮票,科大无疑是"第一个吃螃蟹的人"。其二,2008 年正值北京举办奥运会,为奥运会发行各种纪念邮票自不会少(后来公布的目录显示,奥运会题材共 8 种,占全年总数 25 种的近三分之一),其他正常发行的邮票也受到挤压。

科大人敢想敢闯敢试的精神历来不缺乏,这次又获得了理想的结果。但努力的艰辛也有很多是不为外人道的,略举其中两例。

其一,笔者见到过郭传杰书记致陈至立国务委员的亲笔信复印件,专门汇报纪念邮票的设想,请求予以关心支持,竖行毛笔行书,恳切的言辞,典雅的格式,表达的只能是所有科大人的虔诚与祈盼。其二,时任国务院副秘书长的张平先生在安徽担任省领导时就一直关心中国科大,纪念邮票这等大事当汇报张先生知晓,并请求指点迷津,2007 年 7 月下旬,学校委派鹿明副书记专程进京登门拜访汇报。

规范申请的途径自不必少。2007 年 7 月 25 日,学校向国家邮政局专门递交了《关于申请发行建校五十周年纪念邮票的报告》,这份报告情真意切,具有不批准不落忍的穿透力和感染力,其智慧来自科大人的群策群力与领导集体的高屋建瓴。这份报告在简述科大建校以来取得的辉煌成就之后,话锋一转,从三方面谈自身定位:历届中央领导对学校一直给予高度关怀和重视;科大是老一辈科学家的心血与智慧的结晶,举办五十周年校庆是他们的热切期盼;科大是我党教育方针的忠实践行者,是我国高等教育发展模式的重要探索者。最后申述发行中国科大建校五十周年纪念邮票的充分理由：能够集中展现新中国创办高等教育所取得的辉煌成就，回顾新中国办大学的风雨历程；有利于集中展现中国科技事业发展的辉煌成就与历史；作为我国最年轻的重点大学，中国科大是最后一个迎来五十周年大庆的重点大学，在这样一个独特的时刻发行中国科大建校五十周年纪念邮票，具有特殊的历史意义。

功夫不负有心人。2007年盛夏的一个下午，侯建国常务副校长召集校庆筹备工作骨干人员在第三会议室开筹备例会。五点半，例会接近尾声，侯校长的手机显示来电，几句通话结束后，侯校长低头稍作片刻镇静，然后大声宣布：同志们，我们的邮票批准啦！原来这个电话是安徽省邮政局转达国家邮政局已批准特例发行中国科大五十周年校庆纪念邮票的好消息。顷刻，第三会议室一片欢腾，大家情不自禁地、不约而同地举起茶杯碰杯庆贺。此刻，时间定格于2007年8月9日17点35分！

此后的一年多，主要工作是邮票的设计，也倾注了许多的艰辛，思考方寸之间如何容得下科大五十年的风雨沧桑、特立独行和倔强峥嵘。

略举三个重要时间节点。其一，2008年1月30日，学校在北京第一次与国家邮政总公司邮票发行部副总经理邓慧国以及邮票印制局副总设计师王虎鸣接触，目的就是希望他们先入为主地了解科大的历史与文化，成就与地位，发展与未来；其二，2008年4月14日，王虎鸣以及邮票编辑室主任史渊（后来成为科大邮票的设计者）专程来科大，就五十周年校庆纪念邮票设计进行专题调研座谈；其三，2008年5月30日，邓慧国专程来校通报科大纪念邮票设计情况。在科大的两次座谈会，都是许武常务副书记主持，张庶元、龚建平、蒋家平、郁百扬、赖凯等师生提出很多宝贵意见，最终，定稿的邮票以数字50为其背景，以科大校徽为主图，深蓝色的背景色符合并突出了科大的校色以及"红专并进，理实交融"校训。

2008年9月20日上午，在中国科学技术大学建校五十周年庆祝大会上，全国政协副主席王志珍，九届全国人大常委会副委员长彭珮云，安徽省委常委、合肥市委书记孙金龙，国家邮政公司副总经理刘明光，为中国科大建校五十周年纪念邮票揭幕。至此，科大邮票正式面世。

（原载《中国科大报》60周年校庆纪念特刊，2018年9月20日总第895期）

新校史馆建设亲历片忆

光阴荏苒，不觉科大建校已越甲子之年。作为 50 周年校庆筹备工作尤其是新校史馆建设的亲历者，诸多往事依然历历宛若眼前。

新校史馆建设是学校 50 周年校庆的大事之一。

选址是第一步需要解决的问题。最终选址是 1970 年原合肥师范学院留下来的东校区艺术楼，建于 1954 年，红砖红瓦，坡顶，属于当时东西南北四个校区中最老的建筑之一，与北面同时盖的一栋楼形成对称格局。

这样的选址决定主要基于四个方面的考虑：第一体量合适，第二位置最佳，第三老建筑的形式正好匹配校史的内容，最后一点，也许说不上桌面，但却是所有决策者的同感，外墙面上爬满青藤，任何新建筑不容易短时间内复制，同时加强了第三点的自然与动态效果。

主持校庆筹备工作的侯建国常务副校长此后一再嘱咐我们，不论如何装修，绝不允许破坏青藤！在实际施工中，我们采取了严格的保护措施，这些青藤除掉一些枝梢末节受到一点损伤外，主干和根系完好无损，现在的春夏季节依然郁郁苍苍，生机盎然。顺便说一句题外话，在筹建新校史馆时，就已经有了一个设想，把对面楼内机构搬走，改造成校领导和部分部门的办公楼，如今这个设想已经变为现实了。

2008 年 4 月 1 日，距离校庆正日子只有五个半月左右的时间了。这一天天清气朗，中标建设单位河南田野文化公司正式进场施工。上午我停下手头工作，前往现场察看，在与施工和监理负责人交流工程进度和质量控制等问题后，特地走到楼外南侧的绿化区域，见到学校绿化科兰西平科长正带领一批工人师傅进行环境整治和绿化作业。

老兰，早期曾担任过学校团委副书记，算科大老人了。自从到了校园绿化工作岗位上，总是生产队长的架势——雨靴，一身破旧的工作服，一把铁锹，似乎是他几十年来的一线工作标配——此时正在一面指挥苗木移栽和草坪培植，一面亲自操一把铁锹翻土。我上前打招呼并敬烟，老兰停下手中的活,抽着烟介绍道,那棵大紫薇,值钱,市面上怎么也要个十万八万的,重阳木,树龄长,可以长得高大,枇杷、银杏可以遮挡视线,隔开东边生活区不太协调的环境,樱花、桂花、梅花,不同季节开放,这个小园子一年四季都有生气……我称赞老兰用心、讲究、懂行,从来爽直的老兰此时却沉吟片刻,声音明显低沉着说:"秘书长,我快要退休了,这差不多是收官之作了。"表情中透出丝丝依恋与惆怅,我说,既然是收官之作,就要做成杰作,与新校史馆相辅相成、相得益彰。老兰立马又恢复了常态,非常自信地笑了,笑得很灿烂。

朱灿平于2008年第一场雪的中国科大东校区枇杷园(2008年1月)

此前的3月13日,侯校长还在北京参加"两会",我通过电子邮件汇报了与新校史馆建设相关的一些情况:

侯校长:

您好!现将校史馆有关进展汇报如下:

一、3月6日与田野进行商务谈判后,昨天就空调、消防和监控三个分包项目等,双方又进行了新一轮商议,本着稳妥细致的原则,对三个分包项目暂没有确定下来,将增加一些新要求(如增添新风系统,以保证通风与除湿功能),让投标方补充后再议。装饰主材昨天已确定下来了。

二、应我们的要求,目前田野有2人与丁馆长他们一道进行布展的平面设计,可望20日左右形成初步的框架供讨论修改。

三、校内工程进展顺利。1. 窗户的问题(粗糙、密封差)已经解决;2. 大门正在设计方案,待您回校后请您审定;3. 印刷厂纸库正在按计划清空并拆除;4. 南北环境的绿化推进较快,北侧四块草地全部翻了一次土,准备种植马尼拉草,20 盏草坪灯已安装到位,南侧主要栽种乔木,注重四季变化都各有特点,目前已栽种樱花、黄金槐、银杏、梧桐等,还将补充一些其他乔木和灌木;5. 东侧边沿已向内取直,下面的道路相应拓宽。

此外,上周五已邀请天津大德喷泉科技有限公司(后管处从网上搜索的)来校介绍了他们设计的物理楼广场喷泉方案(音乐水景旱喷),希望他们将我们的校歌作为音乐之一融入。今天上午合肥市建设局和蜀山区负责人将来我校征求校区周围灯饰亮化工程。

专此汇报,请您指示。

谨祝春安!

灿平 2008 年 03 月 13 日

侯校长在这封邮件发出不到 20 分钟就回复了:"灿平,谢谢情况通报,辛苦了!"随后,又跟来一个电话,肯定了我们关于新校史馆建设推进方案和工作进度。

新校史馆的硬件建设虽说麻烦,但远不及软件即文案的收集、整理、撰写、审稿、定稿伤脑筋。侯建国常务副校长、鹿明副书记带领校史组和校庆办人员开过 30 余次讨论会,讨论材料越来越厚,档案馆的打印机生生地打坏了三四台。最后一次集体审定文稿是 2008 年 8 月 13 日,地点是办公楼第四会议室,从上午 8 点一直改到晚上 8 点,中晚两餐都是在会议室吃的盒饭,最后将彩打的文案挂到会议室的内外墙上,校史组成员站着移动着审看,意在激活疲劳的神经。其中有一个细节,在"大事记"中,我对"1970 年 1 月,学校南迁,定址合肥"条,建议增加"辗转"两个字,变为"1970 年 1 月,学校辗转南迁,定址合肥",获得一致赞同,认为这一修改,把学校南迁的艰难曲折表达出来了。

最终定稿的校史文案以"我创新,故我在,科教报国五十年"为主线,分"肇启京华(1958—1969)""弦歌继起(1970—1992)""世纪新篇(1993—2008)"三大时序板块,重点展现学校奋斗成长历程、辉煌办学成就和精神理念传统。

在接下来的一个多月时间里,学校档案馆(校史馆)全体人员在丁毅信馆长带领下连轴转,与田野公司密切配合,将平面文案一点一点地变为通史陈列和专题展示两大部分共 16 个展厅,展出的实物、图片和档案史料多达两千余件。展品中,最为夺目的有李佩先生捐赠中国科大校史馆永久收藏的郭永怀先生"两弹一星功勋奖章",有赵忠尧先生 1950 年代亲自购于美国、亲自打包装箱、冲破重重封锁带回中国的质子静电加速器模型,有中国科大最重要的创始人之一、首任老校长郭沫若先生在北京玉泉路时的办公桌,等等。

2008 年 9 月 20 日,中国科大五十周年校庆的正日子,上午纪念大会前,学校在新校史馆门前举行了简短而又隆重的新校史馆开馆暨《中国科学技术大学编年史稿》首发仪式。路甬祥、王志珍、彭珮云等领导为新校史馆揭幕,"校史馆"牌匾上的三个鎏金字依然还是我们极为熟悉的郭体字。

随着大门的开启,急不可耐的第一批参观者蜂拥而入。

(原载《中国科大报》2019 年 12 月 15 日总第 931 期)

芳草社的历史与荣誉

中国科大芳草社青年志愿者协会成立于1994年3月21日,是当年首批在团中央正式注册并获得授旗的青年志愿者组织。

回顾25年多的历程,芳草社由小到大,由弱到强,由单纯的校园志愿服务活动到走向社会,深入社区、农村和家庭,滚雪球般地组织开展了几十项志愿服务活动,并创立了多项品牌活动,产生了广泛的影响,赢得了骄人的荣誉,令人感叹与欣慰!

1993年11月下旬,北京大学率先在国内高校中成立了第一支青年志愿者协会——爱心社,《中国青年报》作了大篇幅的宣介。其时,我刚走上学校团委书记岗位不久,仔细阅读后受到了很大的启发,对,我们中国科大也要成立自己的青年志愿者协会。

在校团委班子统一了意见基础上,我尽速向分管领导校党委副书记金大胜老师作了请示汇报。金老师听完,笑眯眯点头赞同,反过来问我,北大叫爱心社,我们叫什么社啊?幸亏有备而来,和盘托出了事先粗想的"光华"和"芳草"两个名字,金老师沉吟片刻,说,"光华"容易与"光华奖学金"混淆,"芳草"更合适些,你看呢?我当然同意。接下来,金书记和我一起讨论了如何赋予"芳草"深一点的寓意,大概有两点,其一,古人说:"十步之内必有芳草""天涯何处无芳草",芳草平凡中具有强盛的生命力;其二,当时合肥生产一种著名的牙膏品牌,名字就叫"芳草"。牙膏具有口腔清洁、净化功效,由此产生联想到未来的这个青年志愿者组织对校园乃至社会的风气也能起到清洁、净化作用,这正是初衷啊。这里想说一句题外话,"芳草"牙膏2005年被"两面针"收购,市面上好多年都没见到这个品牌了,就在此前的两三个月,偶然在一家超市碰到了一种"芳草黄山贡菊牙膏",拿起来一看,就是原先的老品牌,有一种"他乡遇故知"的惊喜,毫不犹豫地买了一管,"芳草"的情结太深了啊!

如何来搭建芳草社最初的骨干班子?这个问题紧接着就一直萦绕在我的心中。

1993年接近年底的一天傍晚，下班后我到东区图书馆报栏的旧书地摊"淘宝"，正好遇上9315何斌、王平、王国华等几位同学，他们是当年新生，刚招新进了校学生会，他们主动与我打招呼，我心中萦绕的问题立即浮现出来，就地与他们第一次交流了校团委关于响应团中央号召，借鉴北京大学爱心社模式，成立我校青年志愿者协会的设想，并试探性地希望以9315为骨干力量筹备组建。刚进校不久的他们很有激情，一拍即合。此后又商谈了若干次，大部分在我的办公室，有一次我亲自到他们位于117号楼的宿舍，逐渐形成了组建计划和《章程》草案，并向当时负责校园社团管理的校党委宣传部递交了申请。时任宣传部部长的王友善老师是一位极为认真仔细的人，审核超乎寻常地严格，我数次应召作说明，好在没有出现反复，在较为缓慢的进程中向前推进，最终获得批准。批准之后的那天下午，王老师打开了话匣子，出人意料地与我单独拉起了家常，谈他个人求学与成长的经历，使我深受教益。王老师与我这名后学晚辈拉家常所表达的亲近与关切，我乐意理解为，是王老师对芳草社的未来寄予美好期待。

芳草社成立时，只有7名骨干，除上述3位外，还有4位，我戏称他们为"七君子"。因何斌为9315的班长，我自然委他以负责人的重任，但其热情很快消退，我也未太勉强。来自浙江淳安的王平渐渐脱颖而出，后来担任了正式的首任芳草社社长，芳草社在他和王国华等同学的努力下，组织、规模和工作开展突飞猛进，为芳草社的不断壮大奠定了坚实的基础。王平再后来担任了校学生会主席，本科毕业进入清华读研读博，跨出清华园，先效力宝洁，再转到麦肯锡，目前在麦肯锡担任高管。王国华则留校至今，干得也很出色。

从一开始，我们对芳草社的定位就比较高，既然是共青团又一伸长的手臂，要开青年一代风气之先，要践行"奉献，友爱，互助，平等，进步"的志愿者精神，就不能成为随意进出的"菜园门"，必须有较高的门槛！这一理念在《章程》中得到了开宗明义的规定："芳草社会员是中国青年志愿者的一员，是有崇高理想和无私奉献精神的优秀学生。凡芳草社会员必须全心全意为人民服务，为爱心事业奉献青春和力量。"好在中国科大学生在"红专并进，理实交融"校风熏陶下，一直不缺乏爱国情、报国志，有追求卓越、敢为天下先的自信与勇气，"精致的利己主义"几乎没有什么市场，更不会成为自己的主流价值观。所以，芳草社在发展壮大的整个过程尤其在最初的起步阶段，从没有因各种思潮以及价值多元化的影响而迷失方向。

成立之初，芳草社的组织架构只是在校级协会下设立针对具体志愿服务内容的几个部门。至1994年10月,仅半年多时间成员由最初的7名发起人发展到近300人的规模,统一管理的组织架构已经不适应了,我们及时在当时全部16个系中条件较成熟的系相继成立了"中队",视为二级社或分社,随着规模不断扩大,这样的架构越来越显示了它的合理性和必要性。至2008年夏,芳草社拥有了3000余名注册青年志愿者,至2017年,注册数已经逾7000了。特别要强调的是,自1999年起,研究生的批量加盟,2004年由全校奖助学金获得者自发组织的"自强社"(涵盖"唐仲英爱心社"等8个爱心社)的团体会员加盟,给芳草社注入了更广泛的力量。

芳草社25年多来所开展的工作层面不断递进,取得的成效可圈可点。先后组织开展了"三下乡"社会实践、研究生西部扶贫支教、校园大型活动志愿服务、社区服务、"校园文明伞""忘年之交""图书银行""义务家教""特教爱心行""一帮一助学""毕业义捐"等多项品牌活动。同时,芳草社各志愿服务团、院系中队、团体会员开展了各具特色的志愿服务活动,启明星、特教和校园服务团积极开展"一帮一""手语课教学""校园导游"等日常志愿服务活动,各院系中队组织开展"四点半课堂""四六级耳机回收""周末探亲"等志愿服务活动,图书馆、校医院和校友志愿服务分队举办"图书馆密室逃脱""世界无烟日""校友值年返校"等志愿服务活动,自强社及唐仲英爱心社等团体会员举办"书包守卫""科普社区""春芽义卖"等志愿服务活动。

科大青年志愿者"三下乡"社会实践活动起始于1995年暑期,首赴革命老区大别山腹地金寨县油坊店乡,开展"扫盲与科技文化服务"活动,这里是我校建立的第一个"三下乡"社会实践基地,20多年来一直坚持坚守。当年,这支先遣服务队由18名队员组成:我,还有校团委张军、钱进两名老师,带领王平、赖良锐、潘艺、陈志荣、武猛等15名芳草社队员。因为当地住宿、洗澡等条件不具备,带队的我们和招募的队员清一色都是男生。7月14日凌晨出征,校党委副书记金大胜、李国栋两位老师为我们授旗送行,团省委副书记姚玉舟中途专程看望慰问了我们全体队员。这次志愿者行动,包括行前培训和回校总结,前后共20天时间,开展了卓有成效的科技普及和专项社会调查,创立了"一对一"到"一对多"的"小先生制",得到了县、乡和当地群众的充分肯定,获得了团中央表彰,《中国科大报》作了专版报道(1995年11月10日总345期)。1996年暑期,我们做好了出发的准备,因临时山洪冲毁了进山的道路,团省委和金寨县方面从安全角度考虑,劝止了我们进山,赴油坊店乡的"三下乡"活动中断了一年,也是迄今唯一未能成行的一年。1997年、1998年继续,由时任团委副书记的董雨老师带队,时任党委书记余翔林老师、党委副书记李国栋老师两次亲临金寨，看望"三下乡"队员，带去学校的问候并予以鼓励，并为在那里建立的"共青科技图书站"揭牌。自1997年起，"三下乡"开始招募女队员，当年进入团委工作的尹红老师，还有吴晓芳同学都在其中。

社区服务起始于1997年夏。首先选择的是稻香村街道，于7月4日下午在稻香村召开了芳草社社区援助站成立大会，团省委、合肥市西市区、稻香村街道及其居委会以及我校有关领导和人员出席会议。与会领导、老师向余丰喜、江潮、刘颖等7名通过竞争遴选上岗的芳草社队员颁发了居委会主任助理聘书，他们受聘于稻香村街道下辖的梅山路等7个居委会，秉承"住在社区、热爱社区、建设社区、奉献社区"宗旨，重点开展文化素质培训、敬老助残帮困、特殊家庭助学等8个子项目服务。如果说稻香村是左邻，那么南园就是右舍，自然也是社区服务的必选项，后来的"四点半课堂"让芳草社办得有声有色，深得家长和孩子们喜爱。

中国科大研究生西部支教团是积极参加团中央、教育部"青年志愿者扶贫接力计划"最早的队伍之一，自从1999年起步，至2019年，20年间从没有"停摆"，前20届共135名队员，其中131名在"苦瘠甲天下"的宁夏海原接力支教。习总书记2011年、2016年两次在科大视察，都与支教队员亲切交流，勉励他们"西部支教一年，终身受益无穷！"2019年6月21日《中国青年报》以"青春绽放西海固"为题，刊发长篇通讯报道，讲述他们20年来星星点点的青春接力故事：他们的到来，"这里出现了第一台净水机、第一个爱心电话亭、第一根校园网线；不少学生有了第一张全家福、第一副近视眼镜，第一次走出黄土坡看到外面的世界……"我熟悉其中的3位，第六届的杨晓果，第八届的刘福丽和第十一届的宫成，恰巧他们都担任了当届的队长。与他们交流时，他们说得最多的还是自己的获得而不只是自己的辛勤付出，更没有从他们嘴中话语和脸上表情听到看到任何抱怨和后悔。我以为，这样客观淡然笃定的态度，是青年学生经过历练后向成熟迈进了一大步，这是一个人一辈子最为珍贵的获得。第二十一棒接力跑正在进行时，队长张晓雅同学在接棒后的一段话让人舒心放心："只有把小我融入祖国的大我、人民的大我之中，与时代同步伐、与人民同命运，才能更好地实现人生价值、升华人生境界。我们这一代青年，正在以自己的实际行动，不忘初心，牢记使命，让青春在奋斗中闪光、在实现中华民族伟大复兴的中国梦中绽放美丽。"

芳草社在25年间的付出和奉献是艰辛的，但获得的荣誉也可谓纷至沓来、琳琅满目，有国家级的，有省市级的，当然也有一线乡科级的，还有来自许许多多家庭和个人的褒奖,它们一样值得珍视,都是激励前行的动力。择要罗列如下:安徽省高校"优秀学生社团标兵"、安徽省"青年五四奖章集体"、安徽省"青年志愿者行动优秀组织奖"、安徽省"十大杰出青年志愿服务集体""阿克苏中国大学生社会公益奖""赴宁夏研究生支教团先进集体""全国学雷锋志愿服务四个100最佳志愿服务项目"以及"安徽年度新闻人物""合肥十大新闻人物"等。2019年,芳草社志愿服务活动累计服务时长达到13万小时,并因志愿服务成效突出、典型引领作用明显、示范带动作用强、服务对象评价高、社会反响好,荣获第十二届"中国青年志愿者优秀组织奖",这是我国青年志愿服务领域最高荣誉,由团中央和中国青协两年评颁一次。

芳草社一直是在学校党委领导下,在学校团委指导下开展工作的。党委分管领导的接力棒从金大胜副书记传到李国栋副书记,再传到鹿明副书记,再传到蒋一副书记,再传到今天的何淳宽副书记,团委指导的接力棒也是从我传到董雨书记,再传到朱东杰书记,再传到杨正书记,再传到张平书记,再传到今天的杨晓果书记,芳草社社长和队员的接力棒更是传递频繁。芳草社的历史与荣誉证实:一切的变动不居都是必然,唯有初心使命不变最为重要。

"青年兴则国兴,青年强则国强。"任重道远,岁月峥嵘,唯愿在新时代的中国科大校园,努力让"芳草碧连天"与"红旗红过九重"相映生辉。

(2020年1月)

"隐形资助"那些事儿

其实,"隐形资助"在2005年8月27日之前并不叫"隐形资助",而是叫"学生生活援助计划"。

时间需要追溯到2002年12月24日,这天下午,中国科大院系学生工作负责人例会在水上报告厅召开。此前,根据我们学工部(处)的工作汇报和建议,校党委分管领导李国栋副书记指示,要对不同方面的特殊学生群体作出前置判断。我们开展了调研,将特殊群体分为四种类型。在这次例会上,我通报了全校学生中四类"特殊群体",即学习、生活、心理等方面存在困难或障碍和思想上存在偏激意识的那部分学生的情况,李书记在总结讲话中,明确要求针对这四类"特殊群体"建立预警系统,由学工部(处)牵头,请全校相关部门和各院系密切支持和配合。这是我校学生工作第一次提出"预警"概念。3天后的27日,李书记在他的办公室召集了学工部(处)、教务处、生活处和网络信息中心等有关部门负责人,就四个预警系统的具体实施细节听取意见和建议。

此后,我们正式将这套系列工作命名为四个"预警与援助体系","预警"是手段,通过线上为主、线下为辅实现,"援助"是目的,通过线下为主、线上为辅实现。

以下集中谈学生生活困难"预警与援助体系"特别是"隐形资助"的一些细节,其余三套体系内容参见附录一。

2003年1月9日,针对学生生活困难"预警与援助体系",学工部(处)联合校团委和财务处,向学校呈送了《关于合理使用学生"副食补贴"(使用新办法)的请示报告》,这份报告也是在做了大量调研的基础上提出的,要点是:长期以来,我校通过饮食主管部门向在校统招本科生和研究生发放每月26元的副食补贴(此项经费非国家拨款,完全由本校自筹),在一定程度上为同学们提供了生活帮助。我们认为目前这种吃"大锅饭"、平均分配的发放方式体现出强烈的计划经济的痕迹,不仅与学校整体的改革、发展不够协调,而且不能产生聚合效果,生活相对困难的同学不能从中得到相当力度的、有显示度的帮助。基于此,我们建议改变目前的发放办法,合理使用这一笔经费。具体建议有两点:第一,"老人老办法,新人新办法",对老生照常发放,从新生开始停止使用人均发放的老办法。第二,从新生开始,将经费集中管理,由分管校领导和学生工作部门统一掌握,制定严格、合理的管理和使用办法,用于我校特困学生的生活补助、意外支出补贴等补助项目。据我们了解,华中科技大学、武汉大学等高校已经按照以上建议办法执行。

报告递交上去,并没有很快得到回音。2003年秋学期开学有一段时间了,学校行政分管领导程艺副校长乐呵呵地将这份报告退还给我,上面有他的几行亲笔签字:"已经校长工作会讨论,同意上述方案。程艺9.21"。

因此,"学生生活援助计划"从2003年秋学期启动,2004年春学期在03级本科生中试行,到2004年秋学期全校正式施行。

为什么进程似乎有点拖沓?因为第一难题的经费虽然解决了,但如何做到"严格合理地管理与使用"一应难题接踵而至。

首先是补助标准不能"拍脑袋"。2003年4月,正值"非典"肆虐,学校几近封校,学生就餐基本在校内,这个月学生就餐数据是最好的样本数据。我们与网络信息中心的"一卡通"结算中心合作,统计全校学生该月平均就餐消费额为156.24元,这是一等生活补助160元/月的依据。

还有难题,如,在食堂就餐消费少怎么办?两人合用两个卡,一卡多用一卡少用怎么办?我们通过设置就餐次数和建立放大到40%的贫困生数据库作为比对,这些问题(有意或无意制造的)基本上就迎刃而解了。《南方周末》记者的采访稿有详尽的报道(见附录二)。顺便说一句,中国科大的贫困生历年统计的比例都在25%上下,以2002年为例,学校共招收本科新生1862名,其中特困生(当时标准:家庭人均月收入低于100元)247名,占13.3%,一般困难生(家庭人均月收入高于100元低于200元)238名,占12.8%,上述两项之和的总比例占26.1%,贫困生数据库放大到40%,就是将那些"中不溜"或"灰色地带"的同学也包含进来,力争做到没有"遗珠之憾"。

难题在一波三折中都得到了逐步解决,到了2005年秋学期,《中国科学技术大学"学生生活援助计划"暂行办法》也做了若干次的修订,似乎一切都顺理成章了。但是,非议来了,而且"有理有据"。试举一例。

"瀚海星云"是当初国内高校著名的BBS之一,"我说科大"是"瀚海星云"著名的版块之一。2005年9月7日晚21:23:08,一名昵称为koe的在

"我说科大"发原帖,标题是"关于隐形补助",全文如下:"2003、2004级的研究生、博士生以及本科生的26元钱好像都被收上去当作贫困补助了,如果没记错的话,应该就是所说的隐形补助。那么大概计算一下:本科2003、2004级各1800人算,硕士生和博士生加起来算3000人(这个应该算保守估计了吧),(1800×2+3000)×26×12=2059200(元),但是上面的报道说,支出的隐形补助是66万元,那剩下的钱哪里去了呢?希望相关部门能够公布这笔钱的使用情况。毕竟我们好歹也算是这笔钱的捐赠者吧,多多少少有权利知道点情况吧。"半个多小时后的21:57:41,一名昵称为phunter的跟帖,全文如下:"难道手续费不用钱吗?66万元的补助,要补助那么多的人,光这个钱的发放手续费用那还不要140万元啊?"

第二天,针对这"有理有据"的原帖和调侃式恶搞的跟帖,我未穿"马甲"直接予以回复,全文如下:"谢谢关心隐性补助。koe的计算也是相当精准的。但用作隐性补助的经费与原来用作26元补助的经费虽有关联,但并非完全是一码事,也不是等值平移。用作隐性补助的经费是经过学校经费预算确定的,这笔钱全部掌握在学校的账目中,全部通过转账方式专项使用,没有一分钱的跑冒滴漏,根本不会存在什么操作费用140万元的搞笑。顺便解释一下,关于26元,国家当初给的只是政策,并没有真正拨款,视学校的实际情况落实,我校是较少具体落实的学校之一,一段时间以后,原来落实的有些学校相继取消了,我校也考虑取消,但最终确定变平均补助为相对集中补助,这样会对贫困生更有用些。对于未能享受到隐性补助的80%左右同学来说,可以说是对20%同学的捐赠,也可以说不是,因为补不补26元决定权完全在学校。"这一回复后,再也没有了新的跟帖了。还要顺便说一句,中国科大自1999年开展网络思政工作并于次年成为全国重大宣传典型以来,总结出一个最显著的特点就是,学校及其职能管理部门不回避任何问题和矛盾,敢于在虚拟空间进行正面交锋,有能力做到以正视听,达到终结似是而非话题的目的。

回到本文开头,2005年8月27日《新华每日电讯》以"中科大'隐形补助',保护贫困生隐私"为题,对学校的"学生生活援助计划"进行了报道,是新华社安徽分社记者代群来校采访报道的,从此,"隐形补助"(后大部分媒体改称为"隐形资助")取代了校内最初的"学生生活援助计划"名称。

2005年11月4~6日,华中科技大学承办亚太地区高等学校学生事务国际研讨会(ISSA'2005),会议邀请了包括APSSA成员在内的亚洲地区、澳大利亚、加拿大、英国、美国等境外高等教育机构的代表约40人,境内教育部直属高校代表、武汉地区高校代表约50人参加。我校应邀参会,并代表国内高校作30分钟(最长报告时间)的主题报告,同组报告的还有另外两所高校,最后共同提问30分钟,我的报告是《建立健全预警与援助体系,关注大学生特殊群体健康成长成才》(见附录一),国内外与会代表特别感兴趣的也是"隐形资助",30分钟的提问时间基本上把问题也都抛给了我。其中有一个问题是"你们是如何想到这样做的?"我回答了三点:第一,为了得到补助,让大学生在大庭广众之下"比贫亮穷",显然有伤他们稚嫩的自尊,这种没有办法的老办法必须改变;第二,网络信息化的发展,尤其是一卡通的使用,为我们提供了改变老办法的技术支持;第三,个人的情感因素,我可能和在座的不少国内同行一样,都是刚恢复高考后从农村跨进大学校门的,完全靠"人民助学金"资助完成了自己的大学学业,现在在校园看到家境清寒而又矢志奋发的学弟学妹们,总是想以最好的方式帮他们一把,学生事务管理的工作岗位给我提供了这个机会,学校领导和同事们的认同和支持更是关键。

2007年6月中旬,中国科大的"预警与援助体系"再一次成为全国重大宣传典型,新华社、《人民日报》《光明日报》、中央电视台等十几家中央媒体作了集中报道。特别是"隐形资助",引发了全国广泛的"资助伦理"讨论,人们普遍认为,"中科大的'隐形资助'模式堪称一股清流,既保障了公平与效率,也还原了贫困生资助应有的人文关怀内涵"。

我是2007年7月离开了工作六年多的学工部(处)长岗位,接力棒传到了董雨老师手中,再由董雨老师传到李峰老师手中,他们都在低调、温馨地完善着这一由中国科大首创的"品牌项目"。想不到十多年后的2017年7月6日,一名化名为Shannon的校友,在知乎上回答"竟然还有这样的操作"时,回忆自己受到"隐形资助"泽惠的感受,一下子火了,一天不到就收获了2万个"赞",更是将母校的"隐形资助"再一次推到了社会舆论的潮头。可不,2017年9月6日,教育部召开新闻发布会,介绍十八大以来学生资助政策体系建立情况和政策落实情况,发布会现场,党委副书记蒋一代表学校,详尽地介绍"隐形资助"这项精准操作由"助学"到"励学"的育人全过程,中国科大再次被聚焦。

(2020年1月)

附录一 建立健全预警与援助体系
关注大学生特殊群体健康成长成才

——朱灿平在亚太地区高等学校学生事务国际研讨会上的主题报告

(2005年11月4～6日,华中科技大学)

随着我国市场经济的迅速发展、高等教育改革的逐步深化以及互联网络的日益普及,今天的大学生面临着前所未有新情况、新环境、新压力。我们在工作中发现,"特殊群体"的学生比例在不断上升。所谓"特殊群体",是指学习、生活、心理方面存在困难或障碍和思想上存在偏激意识的那部分学生,针对这些"特殊群体",学校自2002年起初步建立了四个"预警与援助体系",全面地关注他们健康地成长成才。该体系已经受到《人民日报》《光明日报》《文汇报》《中国青年报》《中国教育报》《安徽日报》、安徽电视台、安徽人民广播电台等中央和地方主流媒体的密切关注,他们相继进行了较大版面的报道和跟踪采访。

这些体系贴近实际、贴近生活、贴近学生,并融入"情理法",把开展网络教育与解决学生实际问题和困难有机结合起来,体现关心人、理解人、尊重人的教育本义。经过两三年的不断探索和完善,目前已经形成了一定的特色、规模和规范。

1. 学习状况"预警与援助体系"

通过由教务处建立的学生学习查询系统的适时监控,对已达到12个学分不及格的学生,教务处和学工部(处)立即启动"学习援助计划":将该生列为重点关心对象,实施个性化学习方案,暂时适度减缓学习进程;院系学生工作负责人和班主任增加与学生谈话次数,分析原因,耐心引导,并及时与学生家长联系,通报情况,共同督促;安排其他同学组成帮助小组,如果宿舍整体环境有问题,立即予以调整。

2. 生活状况"预警与援助体系"

"奖、贷、助、补、减"是学校助学支撑体系的主渠道。但是,由于出于自尊或家庭突遭不幸等种种原因,生活上遇到困难的学生依然存在,对于这部分学生,我们较难从正规的途径获得信息。一般来说,学生在校日常生活消费情况基本上能够反映他们的经济状况。随着校园"一卡通"的普遍使用,为间接了解学生的生活消费情况提供了便捷的条件。通过"一卡通"对学生就餐情况进行逐月统计,对就餐次数正常(目前为60餐以上),消费额偏低(目前为150元以下)的学生,从下个月起,对这一类学生启动"生活援助计划",即经院系和班主任核实以及经困难学生数据库比对核实后,不需要学生自己申请,直接由学生处、财务处通过"一卡通"给学生"加卡"(一等援助每月160元,二等援助每月100元)。这项资助实行动态操作,一名学生一年最多可以得到10次"加卡"。此外,对于家庭或自身突遭不幸的学生,学生处将根据实际情况,给予一次性临时特困补助,额度在300~2000元之间。实践表明,"生活援助计划"和临时特困补助虽然是助困的补充渠道,但这项补充渠道却是一个不可缺少的环节。对于我校实施的"生活援助计划",2005年8月27日《新华每日电讯》以"中科大'隐形补助',保护贫困生隐私"为题进行报道,该报道引起了较大的反响,并引发了关于"资助伦理"的讨论。有评论这样写道:读这样的新闻,真的让人好生感动。作为施助方,学校充分考虑到部分同学不愿张扬贫困的心理感受,在"给予"物质的同时,也"给予"了精神抚慰;而作为受助一方,经济困难的学生既得到及时的资助、感受到雪中送炭式的温暖,脆弱的心灵和"面子"又得到呵护和保全,这是一幅多么和谐的画卷啊!近年来,我们一直在力倡"以人为本",而以人为本的要义首先应当是对人格尊严的尊重。因此,中科大的"隐形补助"格外使我们感动。(马小平:《"隐形补助"折射的人文精神》,《芜湖日报》2005年9月2日)

3. 心理状况"预警与援助体系"

我校心理教育中心自2002年5月成立以来,通过新生心理普查、"微笑在线"网上引导与监控、日常心理辅导及咨询、心理热线接待、心理状况测试等途径,随时把握在校各类学生的心理素质状况的第一手资料,一旦发现问题苗头,立即跟进对象,采取措施,予以关注。几年来,我校心理教育采取课堂教学、网络沟通、专栏辅导、专家咨询、个别晤谈、互动研讨、拓展活动等形式,致力于大学生的心理素质全面提高和心理障碍逐步克服。迄今为止,中心对近7400余名学生进行了心理普查,接待来访咨询学生1600余人次,初步建立了学生心理普查系统、学生心理档案系统、心理咨询管理系统;"微笑在线"在学生中的影响越来越广泛,迄今已逾10万人次登录;绝大部分心理存在困惑、障碍或处于亚健康状态的学生将接受心理辅导、咨询以及治疗视为解决自己身心困扰的有效途径。与此同时,中心还开设了心理学、大学生心理学、大学生人际交往等课程,并面向师生开设心理讲座及公开咨询。

4. 思想偏激情况"预警与援助体系"

人们常说,网络是学生思想状况的观察室。人人皆知,网络给交流思想、沟通信息提供了的便捷,与此同时,有些思想偏激的言论也时有出现,少数学生在漫不经心地敲击一阵键盘、点击一下"发表"之后,客观上则造成扰乱舆论、混淆视听的后果,这样的帖子往往对校园稳定潜含着相当大的危害。学工部、保卫处以及网络中心一直进行网络和BBS的监控,跟踪讨论热点,遇到这些帖子,该删除的立即删除,防止不良影响扩大,并及时与相关院系联系,找到学生,了解产生偏激思想的根源,有针对性地进行调查了解、教育引导和适当处理。

上述四个"预警与援助体系"还在不断提高和完善阶段。目前,针对学生中身体健康状况和安全状况(人身、财物)存在的问题,学校计划再新增这两个方面的"预警与援助体系"。

附录二 《南方周末》记者石岩的采访稿

(2005年12月29日)

临近期末考试,中国科学技术大学的校园里一派宁静。小李走在行人稀少的校园甬路上,他要去"结算中心"加餐卡,因为他的电子信箱里,又一封 e-mail 如约而至:

同学,你好。

接学生处通知,11月份的本科生伙食补贴开始发放,请带上学生证和一卡通到东区一卡通结算中心领取。

一卡通结算中心

小李站在"结算中心"的一个窗口前,这个窗口上贴着半张A4大小的一张白纸,上面打印着并不显眼的一行字"收到 e-mail 的同学,请在此充值"。小李递上他的"一卡通",片刻,150元现金打到他的卡上。

面庞白净消瘦的小李来自河南农村,务农的父母要供养他和弟弟两个人上学。150元钱可以保证他在中餐和晚餐吃到足量的主食和一个1.5元左右、带肉的炒菜。隔段时间在信箱里发现一封这样的邮件,走在校园里,小李的脚步从容了许多。

从2004年到现在,中国科学技术大学已经有逾两千人次的同学,像小李一样收到这样的 e-mail。学校跟踪学生的消费数据,发现月伙食费不足150元的同学,就悄悄地用 e-mail 通知他们去结算中心领取"生活补贴"。

在中科大,这一系列动作被称作"生活援助计划",或者"隐性资助"。

"近几年,高校贫困学生数量增多,有些角落,原有的'奖(学金)贷(款)助(学金)补(生活补贴)减(学费减免)'照顾不到。"朱灿平说。中科大学生处处长朱灿平是"生活援助计划"的发起者。

"以前,享受助学金的贫困生都是由班级评审的。有些班级把贫困生召集在一起,让他们像'述职'一样讲述自己的家庭经济状况,有些同学很有意见,认为这是对自己隐私权和自尊心的伤害。"中科大学生处副处长尹红老师说。

集校园消费、身份认证、门禁识别功能于一身的"校园一卡通"投入使用之后,范围更大、更人性化的贫困生援助成为可能。

每个人对疼痛的忍受能力是不一样的

学物理出身的朱灿平喜欢用数据说话,但数据在他和他同事的心里并不是一串串冰冷的数字,而跟同学们具体的生活、每日的三餐密切相关。

"实行一卡通之后,我们对学生在校园的消费有非常详尽的记录。"朱灿平说,根据这些记录可以很方便地统计出某位学生每月的伙食费和就餐次数,也能统计出全校学生的平均伙食费。"2003年4月我们进行过一次统计,那时候全校的平均伙食费是156.24元,这给我们资助提供了依据:我们一等生活补贴是每月160元——我只能给你资助到平均线上一点点,不能再高。"

"平均线"不是固定不变的。朱灿平和他的同事们,善于根据具体情况变化"临界条件"。今年11月份,由于各种原因,国家助学贷款迟迟没有发下来,学生处把享受生活补贴的条件由"每月就餐次数大于等于60,每餐平均消费小于等于2.3元"修改为"每月就餐次数大于等于60,每餐平均消费小于等于2.5元"。

用朱灿平的术语来解释:"学生的消费呈'高斯分布',在峰值所在区间,消费金额增加一点,进入这个区间的人数就增加很多。"——这套术语,翻译成奖助学办公室王胜平老师的大白话是:"多了这两毛,能享受生活补贴的同学增加了一倍多。以前每月两百人左右,现在是四百多。"

王胜平每天的工作是审核学生奖助贷学生的申请表格,协调奖助学金的发放。在贫困生占学生总数26%的中科大,她的工作相当繁重。但在实行"隐性资助"之前,她经常接到"质疑"电话:×××同学并不贫困,为什么把助学金发给他（她）？

"以前的贫困学生评定是人工的办法，由同学自己上报，院系负责评定，然后把名单上报给我们。这种方式带有相当大的主观性。每个人对于自己家庭经济状况的评价和对疼痛的忍耐能力都不一样。有些同学愿意把家里的经济困难告诉老师，有些同学不愿意。这样一来，难免出现'会哭的孩子有奶吃'的情况。现在的孩子，平等意识非常强，眼里揉不得一点沙子，看到这样的情况，'程序不公正''暗箱操作'这样的词就都出来了。"经常跟同学面对面交流的学生工作处副处长尹红老师在一边笑着解释。

有了"一卡通"之后，学生处很快想到对学生的消费水平进行统计。在统计中，发现一个女同学一个月的伙食费不到七十块钱，但是这位同学没有向学校提出过任何资助申请。这件事让学生处的老师们清晰地意识到：出于自尊，有些同学是羞于向别人提起自己的窘境的。老师们开始思考，是不是可以换一种方式？

"这很正常，属于发展中的问题"

宿舍的4个女孩子中，只有杨玲一个人领取"隐性生活补贴"。但她谈起这件事的时候相当坦然。她并不认为这和她的自尊心有什么关系，"这是很正常的，这是发展中的问题——发展的不平衡"。她笑着说，机敏地挑选最合适的字眼。

杨玲家在湖南农村，她说不清楚家里的年收入。因为，妈妈种田，"种田你很难讲每年收入多少"，哥哥外出打工，"挣的钱他自己都不太够花"，爸爸在临县的煤矿挖煤，近一两年国家对煤矿的整顿力度加大，小煤窑经常停工。家里每月给杨玲150元左右的生活费，其中大部分花在伙食上，其余用于必需的日常消费。面额50元的电话卡，小杨可以用1～2个月，洗发水每年需要1～2瓶，如果想添置衣服，需要提前几个月攒钱。如果某个月的日用品和学习用品消费比较集中，150元的收支预算就很难保持平衡。

但是，进入中科大后，杨玲基本没有为经济问题发过愁。从大一开始，她就得到学校"生活援助计划"的隐形资助。

在记者的要求下，中科大学生处提供了一些受到"隐形资助"的同学的联系方式。记者随机采访了其中的几位同学。和杨玲一样，他们朴实、健康、开朗，对于自己家庭的经济状况并无太多避讳。

这些同学安然地享受着资助，但他们也许不知道，在隔段时间就悄然而至的一封封e-mail背后，"隐形援助"已经过若干次的"升级换代"。

最初，男女生采取同一标准，试行一段时间之后，发现进入补贴名单的女生比男生多,而这和中科大实际的男女生比例是相反的。学生处和相关单位协商,把男女生的伙食补贴标准区别开来,男生每餐的平均消费额比女生多5毛。这5毛的依据,是男生比女生每餐多吃2到3两米饭。

单纯以"一卡通"的统计数据作为发放补贴的依据,会把一些并无经济困难的同学包括到资助群体里,比如为了瘦身每餐吃很少的女生,两人合用一张餐卡、另一张卡很少消费的男女朋友……朱灿平将这种情况称为"坏数据"。

"生活援助计划"开始实行的时候,"坏数据"都是人工剔除的:学生处把拟定资助名单返回院系审核。与此同时,不少"坏数据"也自己主动打电话给负责助学金发放的王胜平:老师,我不需要这个补贴,给真正需要的同学吧。

后来,老师们想到用取两个集合交集的方式来解决这个问题。一个集合是根据"一卡通"消费统计出的生活困难学生名单,另一个集合是学校每年更新的贫困学生数据库。

"贫困学生数据库"每年至少更新一次,这个数据库把40%的中科大本科生包括在内。"困难学生在我们学校占26%左右,但是我们这个数据库做到了40%,我们把它做大,是为了避免遗珠之憾,不可能有一个困难学生不在这个数据库里,只可能家里不甚困难同学也在这里头。"朱灿平说。

用"一卡通"消费的小数据库比对大的"贫困学生数据库","坏数据"出现的几率骤降。

关注"中不溜"

在不断夯实的过程中,"生活援助计划"的目标资助对象越来越清晰。与高校重点资助少数品学兼优特困生的传统做法不同,"生活援助计划"更关注那些学习不是很拔尖、家庭经济困难、但不是极端贫困的同学。

王胜平老师算了一笔账:2005年,中科大本科生的奖学金获奖比例是46%,金额从500元到2万元不等;助学贷款贷给了1100多名同学,总金额七百多万;学校每年用于勤工助学的资金是26万,能解决450多个岗位;社会资助项目15个,总资助金额三百多万;学校通过学费减免,减收免收了将近七百名同学的学费。"现在我们每年的学费是4800元,把前面说的所有的'奖贷助补减'加起来,平均到每个本科生头上,相当于又返给每人1800多块钱。"

但是,奖励和资助不可能按人头平均分配,总会向"典型"倾斜。

"家庭极端贫困的同学——报到的时候带两三百块钱,背一个包到学校来的同学，进入科大之后，生活都不成问题。因为有太多的人关注他们，助学金、助学贷款、临时困难补助都优先发给这些同学。没有得到足够关注的可能是一些'中不溜'同学。"王胜平说，"生活援助计划"关注的就是那些不具有"标杆"意义的普通同学。

"10年来，中国科学技术大学没有让一名同学因为贫困而失学。我们做的是'润物细无声'的事情，没有太多的'故事'好讲。"与记者进行采访沟通的时候，中科大新闻中心的蒋家平老师说。

（为保护个人隐私，本文涉及的同学均为化名。）

"求是奖"三年回眸

查济民先生麾下的"香港求是科技基金会",自 2000 年起,在我校设立的"求是研究生奖学金"(以下简称"求是奖"),转瞬已历三届。回眸过去三年,"求是奖"为真诚支持我校培育科技英才、激励学业优异学子奋发进取,发挥了卓著的功效。尤其是首届颁奖会,德高望重的查济民董事长、周光召副委员长、杨振宁教授等诸位先生,不顾耄耋高龄、不顾要务缠身,莅临学校亲自为获奖学生颁奖,并作语重心长的勉励和精彩的学术报告,师长们寄予的殷殷厚望以及诲人不倦的风范,至今仍然萦绕耳畔、仍然历历在目,传为校园佳话,不断地激发着全校学子潜心向学和开拓创新的热情。此外,每年的颁奖会前夕,基金会执行秘书陈莊先生都要与获奖者座谈并代表基金会宴请各位获奖者,充分显示了基金会的亲和力和平易近人的作风,也给广大学生留下难忘的深刻印象。现在,可以毫不夸饰地说,每届"求是奖"评审过程已经成为鼓励学生的加油站,"求是奖"颁奖典礼已经成为学校的隆重节日。

三年来,我校"求是奖"共奖励优秀研究生 151 名。该 151 名同学均是从我校物理、化学、生物、数学等学科领域的在读研究生中经过严格评审遴选出来的德才兼备,成绩优异的杰出代表。这些同学把获得"求是奖"当作学习创新和人生进取的巨大精神动力源。获奖以后,他们在不同的岗位,以"求是"精神激励自己刻苦学习,努力工作,许多获奖者又取得了新的优异成绩。

最近,我们对其中 100 名获奖学生进行跟踪调查,其中,继续在校攻读学位的有 44 人,已经毕业留校担任教学与科研工作的有 24 人,在全国各大研究院所等单位就职的有 32 人。获奖后,他们中的绝大多数人又做出了新的业绩,已有 98 人在国内外科技期刊上共发表了 441 篇论文,其中被 SCI 或 EI 收录的 343 篇,获得专利权的 20 项,获得各种奖励的 38 人次。

调查表明,"求是奖"的激励作用已在获奖者成长进步中不断地凸现出来,举例如下:

◆ 1997 级博士生杜江峰(第一届获奖者)在量子计算理论研究方面做了非常有价值的工作,实现了 4 量子位核磁共振的量子计算,有 4 篇论文在

Physical Review A 等期刊发表。

◆ 1998 级博士生周正威（第一届获奖者）在量子测量和量子计算的基础研究方面取得了国际一流水平的成果，发表了多篇重要文章，提出了独特的思想，获得了学术界的高度评价。

◆ 1997 级博士生谢周清（第一届获奖者）与其导师的论文《A 3,000－year record of penguin populations》2000 年 10 月 19 日发表于 Nature 杂志，并被教育部评为"2000 年度高校十大科技进展"（第二位），被中国科学院"2001 科学发展报告"列为"2000 年中国科学家取得的具有代表性的工作"之一。

◆ 1997 级博士生张卫新（第一届获奖者）发展了室温下大面积生长有序纳米结构阵列的化学方法，在国际重要刊物上发表文章 10 篇，均被 SCI 收录。

◆ 1998 级博士生孙勇（第一届获奖者）获奖后陆续在 Appl. Phys. Lett.，Journal Physics，Physical Review B 等期刊发表了 7 篇论文；并于同年获得了我校最高荣誉奖"郭沫若奖学金"。

◆ 1998 级博士生曾祥银（第一届获奖者）、97 级博士生周元鑫（第一届获奖者）两位同学荣获 2000 年"中国科学院院长特别奖"。

◆ 1999 级博士生王喜世（第一届获奖者）在流场特性和流场测量技术方面的研究取得了具有创新性的研究成果，在国内外重要刊物上发表文章 12 篇，著作 1 部，获得专利 3 项。

◆ 1999 级博士生曾长淦（第二届获奖者）在有机分子扫描隧道显微图像的高分辨表征及一维纳米分子线的研究方面取得突出成绩，论文在 J. Chem. Phys. 和 Appl. Phys. Lett. 上发表，被多次引用。

◆ 1998 级博士生孙葆根（第二届获奖者）以宽广的理论基础和扎实的专业知识，采用先进、实用、可靠、经济的方法对国家同步辐射加速器的测量系统改造作出了重要贡献，对加速器的稳定运行有重要指导意义，发表论文 29 篇。

◆ 1999 级博士生杨小虎（第二届获奖者）在研究暗物质与发光星系之间的关系方面开拓了一种全新的研究方法，发表 8 篇高水平文章；在天体物理领域，在国内外产生了一定影响。

◆ 1999 级博士生翁文国（第二届获奖者）对回燃现象的基本特点、产生机理和抑制手段等作了创新探索，得到了许多有重要理论意义和应用价值的结论。获奖后又在国内外发表论文 11 篇，其中有 8 篇被 SCI 收录，另有发明型专利、实用型专利各一项。该生还荣获 2002 年"中国科学院院长特别奖"。

◆ 2000级博士生刘先明（第三届获奖者）的纳米管等多项科研成果分别在 J. Solid State Chem. ,Phys. Rev. B 和 ADV Mater 等期刊上发表,体现了较高学术水平。

◆ 2000级博士生朱弘（第三届获奖者）在层状磁体和纳米线等方面的研究有新的发现,提出创造性见解,在 J. Appl. Phys. Lrtt. 发表2篇,Phys. Rev. B 2篇,J. Appl. Phys. 1篇。

◆ 2002级硕士生方伟峰（第三届获奖者）研究了火灾中人员疏散的特殊现象和规律,得到一定创新性成果,在国内外核心期刊上发表3篇。

◆ 2000级博士生张季谦（第三届获奖者）的研究揭示了细胞内钙离子信息产生和传递的机理,对非线性体系的动力学行为研究有一定指导意义。

我们列举这么多事例,不仅仅因为这些成果令人振奋,同时它也从一个侧面反映了"求是奖"评定的公正性、严格性和准确性,以及其巨大的激励作用。

继续在校攻读博士学位的傅尧回忆说:"首次认识香港求是科技基金会及'求是研究生奖学金',是它前一届的颁奖典礼。当时学校的校园网上对整个过程进行了现场直播,杨振宁先生为每一位获奖者颁发获奖证书,并与他们一一合影。可以说,这是科大少有的隆重仪式,在校内引起了极大反响。一时间,求是奖学金获奖者成为了我们科大研究生心目中'成功者'的代名词。"

现在中山大学任教的乔正平说:"获得奖学金后,我在所研究的领域'纳米材料的制备化学'又进行了有意的探索。工作后在国际材料化学和固体化学杂志上又发表了7篇文章,在金属离子的微观化学环境对纳米晶生长的影响方面做了深入的研究,为分子设计合成低维纳米晶提供了新的指导思想,丰富了化学法制备低维纳米材料研究方法。"

留校任教的王喜世说:"它将永远激励我以更高的要求严格要求自己,以更高的热情投身到科技工作中去,以更出色的成绩为国家科技事业的发展做出应有的贡献,也作为我送给求是科技基金会的最好礼物。"

目前,在我们中国科学技术大学全校范围内,争取获得"求是奖"已经成为研究生们的热切期望。全校师生一致盼望"求是奖"成为一项常设名牌奖学金。

(原载《中国科大报》2003年6月15日总第478期,作者:朱灿平,王胜平)

两封公开信 "防非"一线牵

目前使用频率最高的词语是什么？对于这个问题，我想每个人的回答都是不假思索的，而且是惊人的一致——"非典"！

但是让我们把目光投向三个月之前，即2003年的2月初，对这个问题的回答，不但不会一致，而且，对"非典"为何物，也许，全国绝大多数的民众会显示出茫然的神情。

我最早知道"非典"这个新词语是2月7日（农历正月初七）。那天，我的一位在深圳工作的同学给我打电话，告诉我："现在'非典'很厉害，赶快上街，多买些白醋和板蓝根冲剂回家，我们这里，白醋已经卖到两百多元一瓶，板蓝根已经脱销。"

我虽然并未按照这位老同学的指点去做，但我产生了一种警觉："非典"非同小可。立即上网进行了搜索，所获无几。在我的印象中，中央主流媒体如人民网最早报道"非典"是2月11日，《人民日报》是次日。今天，我重新进行了检索，确实如此。其时，人们还沉浸在春节的欢庆之中，离"狼来了"还远得很。

2月13日正是新学期开学的日子。此前，我电话联系了校医院陈林义院长，希望我们两部门联合在校园网主页醒目的位置发布一封致全校同学的公开信，旨在引起同学们对"非典"的感性认识，学会基本预防措施。陈院长很爽快地赞同了我的意见，并指派校医院办公室的小刘同志送来了有关医学专业资料，据此，我起草了第一封公开信，标题为"积极预防冬春之交各类呼吸道疾病的传播"，为了慎重起见，公开信的标题有意回避了"非典"的字眼，只是在正文中涉及了。开学第一天，我的第一件工作就是将这封公开信挂网，全文如下：

亲爱的同学们：

寒假已经结束，欢迎同学们返校投入新学期紧张的学习！

目前正值冬春之交，各类致病微生物繁殖活跃，是呼吸道感染疾病的高发季节。此外，因天气还较寒冷，人们往往紧闭门窗，造成室内空气不流通，为各类呼吸道疾病发生与传播创造了一定的条件。从最近就诊的情况统计来看，感冒和重症肺炎的患者增多。

今年的肺炎以非典型性为主，患者一般表现为发热、关节酸痛、干咳、头晕、口干、流汗等。非典型性肺炎具有一定的传染性，患者为主要传染源，发热期间传染性较大，主要通过短距离飞沫、接触呼吸道分泌物等途径传播。过度劳累或体质虚弱者比较容易受到感染。

为了积极预防冬春之交各类呼吸道疾病的传播，建议同学们注意以下几点：① 经常开窗通气，保持生活、工作、学习环境空气流通；② 采用食醋熏蒸室内，对室内空气进行净化与消毒；③ 勤洗手，避免因接触病人呼吸道分泌物而造成感染；④ 注意保暖，避免着凉，注意作息，避免过度劳累；⑤ 多参加体育锻炼，尤其是户外的体育锻炼，增强体质；⑥ 如出现发热不退、关节酸痛、干咳等症状应及时去医院就诊。

最后，祝愿同学们新学期身体健康，心情愉快，学习进步！

学生工作部（处）　中国科大医院
二〇〇三年二月十三日

我校的"防非"工作意识早，行动快，一直在下"先手棋"。先后建立了学校一级领导小组和指挥部，指挥部每天召集例会，汇总一线情况，研究解决具体问题，部署下一步工作，从组织上抓落实；加强门卫制度，严格流动人员的管理，重申校规校纪，严格师生请销假制度，从制度上抓落实；开展卫生大扫除，实施公共场所定时消毒，食堂免费提供保健汤，医院设立发热门诊，从措施上抓落实。自4月中下旬起，学校毅然实施外出返校师生集中在东区西门学术接待中心、单人房间"留验"7天之制度，观察是否出现发热症状，有家有宿舍不能直接回，此举前所未有，给"留验"师生的心理带来较大的影响，引起了他们情绪上的强烈波动。

在此情势和情绪下，学工部（处）第二封公开信《阻击"非典"　共赴时艰——致"留验"同学的一封信》适时出炉：

亲爱的同学：

你好！首先感谢你在学校阻击SARS的工作中，能够顾全大局，将自己和他人的健康放在同样重要的位置加以考虑，以一个科大人、一个公民的社会责任感，坚决服从了学校做出的暂时"留验"决定。

疫情就是命令，责任重于泰山。SARS对于我们每个人来说都是一次严峻的考验。我们唯一的选择是共赴时艰,携手"御 SARS 于校门之外"。

我们知道,"留验"虽然是暂时的,但它会给你带来一些不便,生活秩序被打乱,学习、娱乐都不能完全按照自己的意愿自由进行。也许这些不便还在其次,更难以忍受的是精神上的孤独:暂时不能与同学和朋友"亲密接触",缺少沟通交流的直接渠道,独自面对焦躁、不安,甚至恐惧。

在这里,我们想告诉你,我们以及你的同学和老师们都很惦记你们,现在我们 BBS 的"SARS 版"就有人在积极倡议能为你们做点什么,以表达他们的安慰和鼓励之情。我们也希望通过帮助你联络家人,给你送上你最喜爱的书刊杂志,及时与你沟通狙击 SARS 的最新状况,帮助你调整情绪,坚定信心,顺利渡过这个短暂而特别的"留验"期。

目前,全国,以至安徽、合肥、科大,预防和控制 SARS 感染的局面仍然不容乐观,安徽目前的确诊病例为 9 例,更为让人担心的是,合肥也出现了病例,而这一病例发病前仅在疫区北京停留了一天。告诉你这些,是想让你知道你在留验中所忍受的孤独和烦躁,都是有价值的,它最终的目的只有一个,那就是保护自己的同学,保护学校,保护自己。

多难兴邦。经历并战胜 SARS 考验的中华民族,包括我们科大人,一定会更加团结和坚强。"留验"是暂时的,在这份不太愉快的经历中,你也会体会到责任的庄严。困境和挫折是每个人成长、成熟过程中都必然要面对的,艰难时刻,让我们相伴度过。我们相信并也请你相信,你会很快回到同学中来!

学生工作部(处)
2003 年 4 月 30 日

这封信及时送到每一位"留验"同学们手中,他们读后"感觉心里平和了许多","有那么多的老师在关心自己,不孤单了","虽然是被动配合,却也有主动价值"……

从日前校园网上一篇题为《师生携手 共御非典》的报道中,可以读出 4 月将尽 5 月将至,严峻形势得到了缓解,负面情绪得到了消弭,特别是对 SARS 的新解表现了科大人的积极乐观与美好期待:

四月,中国科大的校园里桃红柳绿,情趣盎然。但今年的春末,却让人感觉出了一丝不同:一个女孩从午后的阳光中走过,雪白的口罩提醒大家：这不仅仅是春天，也是校园从未经历过的"非典"时期。

对于有着4个校区，拥有21000余名师生员工的科大来说，"非典"当前，首要任务是保证学校师生的安全，维护学校正常的教学科研秩序。为此，学校"非典"防治工作指挥部开设电话专线，保持校内信息畅通，严格控制外来人员，对学生宿舍定时消毒，对因实习或其他事务外出的师生实行严格"留验"。与此同时，学生工作部门做了大量细致的工作来保证同学理解学校的各项预防措施，4月底分别在校报和科大校园网发表文章《"非典"时期，你恐慌了没有？》。针对一部分同学的过度反应，提出"非典"当前，不轻病，不恐病，承认担心、忧虑等负性情绪的合理地位，接纳、交流，而不作硬性的抵触、控制、各自为政，以此来防止负性情绪的持久和泛化。各院系的学生工作负责人和班主任配合学工部，投入巨大精力，深入学生宿舍，检查卫生，落实各项预防措施，及时了解学生的身体和情绪状况。面对校园的另一个群体——"留验"同学，学生工作部门也做了耐心细致的工作，通过电话联络、传递书报，帮助联络家人，发公开信，帮助他们在短暂的"留验"生活中，减轻孤独感，体会自己的"留验"对于学校、他人和自身的价值，保持身心愉快。

在科大"BBS"的"SARS版"上，有同学提出了他的"SARS"新解：

S——Sacrifice：牺牲，牺牲小我，完成大我，从他人角度多考虑。

A——Appreciation：欣赏，欣赏生命，欣赏别人为我所做的事。

R——Reflection：反思，反思人生的意义。

S——Support：支持，建立支持系统，为他人提供支持。

在科大人的眼中，"非典"迟早会成为过去，有这一段师生携手，共渡难关的经历，今后的校园氛围将会更加温馨和谐，团结友爱。

2月中旬至5月中旬，整整3个月时间，面对"非典"疫情的严重威胁，学工部（处）坚决贯彻执行学校各项工作部署，紧急动员学生工作系统全体同志，投入到学校阻击"非典"的战斗中，周密布置安排院系预防工作，严格执行校纪校规，调查处理多起学生举报或有关部门反映的情况，并作出妥善处理与回应。每一个重要节点都留下了印记：

2月13日 新学期开学第一天，学生工作部（处）联合主动联合中国科大医院，通过校园网，发布了致全校同学的第一封公开信——《积极预防冬春之交各类呼吸道疾病的传播》。公开信介绍了"非典"症状和传播途径，并向同学们提出了预防建议。

2月20日 组织召开学生工作例会,李国栋副书记就做好"两会"期间安全稳定工作,保障学生健康和生命财产安全等提出了要求。

2月26日 根据不断变化的形势,根据学校党委的要求和部署,学工部又发出了《关于做好近期安全稳定工作的紧急通知》,通知要求学生工作系统干部、班主任"指导学生切实维护财物、人身安全,全面把握学生情况,对于学生在外租住房屋、外出等情况要全面掌握,并严格履行手续,教育引导学生安心学习、生活,一切行动以法律和校纪校规为准绳"。

4月22日 向全体学生工作负责人转发教育部《关于高等学校非典型肺炎预防和控制工作若干问题的通知》《广东省学校非典型肺炎防治工作做法》《北京大学防治非典型肺炎工作方案》。

4月23日 紧急召开学生工作暨防治非典型肺炎专题会议,通报全国的疫情发展情况并邀请有关领导和校医院、餐饮中心、总务中心、校团委等有关部门负责人出席会议,介绍布置我校防治工作措施。要求各院系、班主任进一步排查学生外出实习、在外租房、身体不适等情况,及时报告,并采取措施妥善处理。协同总务处学生社区组织学生宿舍卫生大扫除,并对班主任到位情况进行现场监督。

4月24日 学工部(处)工作人员专程赴省卫生防疫站,领取"防非"宣传材料并张贴校园各处。

4月25日 学工部(处)决定:正式实施"学工网讯"制度,即通过电子信箱和BBS向学生工作负责人、班主任快速、准确发布学生工作紧急指令、通知,以适应"非典"防治及其他学生工作对时效性、准确性的严格要求,其效力等同于书面正式通知。当日发布"学工网讯"第1号——《关于做好"非典"防治工作的几点要求》。心理教育中心及时向有关部门建议,在学校主页"非典防治"专栏转贴一些应对"非典"引起的心理健康问题的辅导文章,如《非典时期攻克心理难关:相信科学 相信自己》《北京大学精神卫生研究所致广大公众的一封信》。

4月28日 发布"学工网讯"第4号,组织发放省教育厅下发的《学校防控传染性非典型肺炎宣传手册》,全体学工负责人和班主任人手一册。要求班主任通过各种渠道向学生予以宣讲。学工部(处)召开全体工作人员会议,朱灿平同志强调将预防"非典"列为当前部处工作的重中之重,全处同志必须做到"三不",即"不外出,不接待(亲友),不脱岗",并成立两个专门小组,由学工部副部长赵红军老师牵头负责联系有关部门,共同做好学生餐饮、住宿、学习等公共场所的"防非"消毒等工作,学生处副处长兼心理教育中心主任孔燕老师牵头负责配合有关部门做好学生特别是"留验"学生的心理辅导、外围服务等工作。要求全体同志按照院系联系制度的规定，与自己的联系院系进行沟通，协助该单位的学生工作负责人、班主任做好暂时"留验"学生和其他有心理压力学生的思想引导和心理辅导工作。

4月29日 发布"学工网讯"第5号——《关于几点纪律要求的通知》，明确"五一"不放假、不批假、不准到校外网吧、录像厅等娱乐休闲场所的纪律规定，特别强调，非常时期，违者必究，执纪必严。要求各院系可根据自身实际情况和工作需要，制订、实施本单位的具体规定，学工部（处）将予以支持。

4月30日 发布第二封公开信——《狙击"非典" 共赴时艰》，这封公开信主要是致暂时"留验"同学的，旨在做好他们的情绪稳定和心理疏导工作，以及相关的服务工作。组织发放教育厅下发的体温计400只以及部分"非典"宣传材料。

5月1日 针对蔡某某同学擅自外出，违背《关于几点纪律要求的通知》精神，为严肃非常时期的校纪校规，及时果断给予蔡某某纪律处分和批评教育，以儆效尤。下发《关于给予蔡某某同学严重警告处分的决定》（学字[2003]22号）。学工部向学校"防非"指挥部提出申请并获批，再发放温度计600只。

5月2日 发布"学工网讯"第7号，内容为《教育部对高校五一期间工作安排的指导性意见》《中国科学技术大学非典型肺炎防治工作指挥部通告第2号》《关于近期教学工作安排有关事宜的紧急通知》《关于给予蔡某某同学严重警告处分的决定》。印刷4000份非典防治宣传材料，发放至全校每个学生宿舍。再次发放600只温度计到位，基本满足院系需求。

5月4日 发布"学工网讯"第8号，要求各院系检查、反馈一下班主任近期工作到位情况。转发《关于合肥地区暂停公共娱乐场所经营活动的通告》。

5月6日 召开全校学工负责人会议，部署下一阶段"防非"工作。

此外，整个"防非"期间，学工部（处）主要负责人朱灿平同志全程参加学校"防非"指挥部办公室工作，常军同志抽调参加学校"防非"24小时应急值班工作。整个部（处）日常工作和应急处理，平稳规范，有条不紊，上下联动，左右联手，顺利完成了各项前所未有的艰巨任务，最终为全校"防非"取得决定性胜利担当起了学工部门应尽的责任和义务。

(2003年5月)

回望1997年的中国科大共青团工作

　　由党委办公室转入校团委,是我在中国科大工作的第二站。1992年9月担任副书记,次年11月接任书记,至1999年1月转任党委宣传部长兼新闻中心主任,前后6年又3个月时间。6年多的团干生涯,所得甚多,付出更多,曾戏言:"团干"两个字,好辛苦!

　　完整、精准回忆这段时间的工作全貌几乎不可能。依据创编于1997年的《安徽青年工作年鉴》记载,仅对1997年的中国科大共青团工作概貌做一番回望。

　　1997年,我已在共青团岗位上摸爬滚打五个年头了。

　　这一年,在以前的基础上,全校共青团工作又有了新拓展、新进阶和新气象。自己在工作中和团学小伙伴们也获得了不断的成长与进步。

　　这一年,在校党委和团省委的领导和关怀下,校团委以邓小平理论为指导,贯彻落实党的十四届六中全会精神和党的十五大精神,以爱国主义、集体主义、社会主义教育为主线,引导广大团员青年树立正确的世界观、人生观和价值观,将服务大局与服务青年有机结合,将工作继承和工作创新有机结合,以"布局不变,力抓基础,突出重点,开拓创新,继承深化"为工作思路,全面推进团的各项工作。

　　各项工作的开展,紧密围绕"两个文明"建设和"三项青年工程",紧密围绕学校党政中心工作,紧密围绕高校培养跨世纪的优秀青年马克思主义者和优秀建设人才的方针,在实践中探索,在探索中开拓,使全校共青团组织为校党委做好助手和后备军,为学校的改革、发展、稳定做出努力和贡献。

一、大力加强思想建设

　　继续坚持以学校党政中心工作和团省委"建设安徽,建功成才——跨世纪青年工程推进计划"为指引,制订团的思想教育计划,采取理论与实践相结合、教育与活动相结合的多种形式,对团员青年进行爱国主义、集体主义和社会主义教育。

（一）认真学习、贯彻党的十五大精神，掀起学习邓小平理论的高潮

党的十五大胜利召开后，校团委充分认识到十五大的重要意义和邓小平理论的重要地位和作用。及时落实校党委工作部署，制订计划和要求，发动和带领广大团员青年认真学习十五大精神和邓小平理论，成立学习小组，点面结合，理实结合，通过交流会、座谈会等各种形式巩固扩大学习成果，在全校团员青年中掀起了学习邓小平理论和十五大精神的高潮，以党建带团建，在团学组织内也形成了"讲学习、讲政治、讲正气"的生动局面。

（二）以团校为阵地，切实提高团学骨干和团员青年的理论素质和道德修养

3～5月份，校团委举办了第四期团校培训班，聘请校内外专家和党团干部授课，对全校70余名团学骨干和入党积极分子进行系列的政策理论、时事政治、思想道德教育及团务工作培训和社会实践活动。

（三）抓住热点，点面结合，全面贯彻爱国主义、集体主义和社会主义教育

校团委适时紧扣邓小平同志逝世、香港回归祖国和十五大胜利召开等举世瞩目的重大政治事件和热点问题，组织收看现场直播，召开座谈会，举办"迎港归"万人签名、有奖征文、书画摄影大赛等活动，在深情缅怀和豪迈庆祝中融入生动的爱国主义教育。

校团委在国庆节前夕举行了第三届"祖国在我心中"演讲比赛，12月上旬举行了纪念"一二·九"大型文艺汇演，12月中旬举行了"南京大屠杀遇难同胞60周年祭"系列活动，通过这些活动使青年一代充分认识到肩负振兴中华、建设社会主义祖国的历史重任，充分认识到肩负奋发成才、报效祖国的现实重任。

（四）讲文明、树新风，推进校园精神文明建设

大学生文明素质教育是校团委近年来长抓不懈的思想教育的一个重要方面。校团委积极响应学校和团中央、团省委的部署和号召，动员广大同学投身于轰轰烈烈的"文明校园建设月"和"讲文明、树新风"活动之中，通过"讲文明、树新风"签名承诺活动，设立"青年文明监督岗"，开展"美化、净化、绿化"活动，以及坚持开展大学生"修身行动"、大学生"公德意识教育"等各项活动，提倡新时期大学生做文明人、做文明事，发挥团学组织作为校园精神文明建设生力军和突击队作用，普遍提高广大同学的公德意识、文明意识，促使校园精神文明建设更上一层楼。

（五）加强思政教育理论研究

校团委在注重工作实践的同时，也非常重视思想政治教育理论的研究和工作总结。3月，校团委成立了"团学政策信息研究室"，定期开展思想政治教育理论、政策和信息的研究。一年内团学干部撰写了多篇有关思想政治教育和团学工作的论文，其中《素质教育与高校共青团工作》获得"中华玉泉杯全省青年与青年工作调研论文"一等奖，校团委获组织奖。

二、扎实地抓好组织建设

为了保证各项工作的顺利开展，校团委有步骤地抓紧抓好团学组织建设。1997年，加强校、系、班各层次组织建设力度。

（一）密切校系团学组织联系

为了更好地宣传贯彻工作方针，及时通报信息，相互交流，校团委于1997年制定了两个制度：一是团总支、直属团支部书记例会制度，二是加强校系团组织之间的联系制度。

（二）加强团支部建设

校团委遵照团中央制定的"抓基层、抓实事、抓落实"的方针，制定了团支部工作条例，开展团支部等级评估，在团支部全面推行目标化管理。在过去工作基础上，结合"甲级团支部"的评选，修订完善了《中国科学技术大学团支部目标管理考核条例》和《中国科学技术大学团支部工作手册》。并着重以强化团支部"主题团日"为突破口，加强团组织建设，强化团员意识，增强团支部的凝聚力和战斗力。

（三）大力培养干部队伍

校团委坚持团干和学干的"德才兼备""团结奉献"的选拔和任用标准，要求校学生会、研究生会及基层团学组织通过认真的民主选举，推行综合素质较高的学生干部，并对新干部进行团校培训。校团委和有关党总支还从品学兼优、工作能力强的在读研究生、本科生中选出部分团总支书记，使他们在这个岗位上发挥优势，增长才干。

（四）严格管理制度

校团委要求各团支部严格按照《团支部工作手册》的规定开展团员的注册登记、团费的收缴、团员教育评议与评优等组织活动，加强和完善了团支部目标管理制度。1997年校团委着重指导校学生会、研究生会修订和健全了体育比赛管理暂行条例、学生社团管理试行条例等制度。

（五）积极推优、评优,大力表彰先进

1997年在团校培训的基础上推荐10名学生干部参加校业余党校第十三期普及班学习。"五四"期间,校团委组织开展"优秀团员""优秀学生干部""优秀团总支书记""青年文明岗""优秀系级学生会"的评选表彰活动,9月份校庆大会上"甲级团支部"获得全校性的表彰。此外,1997年全年校团委还推荐中科院杰出青年候选人2名,全国优秀团干候选人1名,推荐建昊奖学金候选人1名,均获得相应表彰。1997年4月份校团委接受团省委对我校团建工作的考评,连续第三次获得了团省委授予的"先进团委"称号。

三、了解社会、服务社会,深入开展社会实践和青年志愿者活动

（一）利用假期全面开展社会实践和志愿服务活动

由于假期社会实践计划完善,组织得力,效果明显,我校团委首次获得暑期社会实践的全国表彰。

（二）组织集中性的社会调研服务活动和"三下乡"志愿服务

5月份校团委和科考协会组织了大别山科学考察和探险活动。6月份,校团委组织以研究生为主的社会调研服务队赴贫困地区临泉县开展调研和科技文化服务活动。7月份校团委与芳草社青年志愿者协会组织招募了由3名老师和18名大学生组成的"中国科学技术大学三下乡志愿服务队",赴金寨县油坊店乡开展服务活动,历时一个多月时间,获得圆满成功。服务队获得团中央、中宣部、国家教委、全国学联等单位和部门授予的"优秀志愿服务队"的光荣称号,受到全国表彰。7月份,我受学校委托,率队前往韩国参加AEARU大学生夏令营。此外,校团委还配合省青联推荐4名青年专家参加1998年元旦前后的"三下乡"服务活动。

（三）开展校内外服务结合的青年志愿者活动

1997年,校芳草社青年志愿者协会有了很大发展,近半数的系成立了芳草社的服务中队。在校内外开展了形式多样的志愿服务活动,青年志愿者人数达上千人。

青年志愿者还走出校门,服务社会。有的服务中队与中学生交流学习经验,有的服务队为聋哑儿童和孤寡老人送去温暖,有的服务队开展利民便民劳动。1997年7月份,校团委在合肥西市区稻香村街道挂牌成立"中国科学技术大学芳草社青年志愿者协会稻香村街道社区援助站",为街道居民开展8个项目的援助服务。

四、开展独具特色的学术科技活动与竞赛

为了突出科大特色,发扬优良校风,校团委强化精品意识,注重开拓创新,开展多种层次和类型的课外学术活动,促使广大同学树立崇尚科学、献身科学、早日成才、自觉成才、全面成才。

(一)发挥学生科技社团的凝聚作用

校团委十分重视学生科技社团的功能,有意识引导同学们以社团为阵地加强交流和学习。1997年,在原有基础上又组建或重建了"大学生科协""飞天科普创作协会"和"科学考察探险协会",并筹建研究生科协。

(二)举行各种科技交流、观摩和比赛

1997年,校团委组织了第四届"优秀学生学术论文交流报告会",第四届"软件大赛"和"97数理化竞赛",制定了"华为学生科研基金"的评审细则,组织1997年度评审工作。10月下旬组织了我校400余名同学参观"97中国(合肥)专利及科技成果展示交易会"。

(三)组织参加第五届"挑战杯"竞赛

在日常性学生科技与学术活动的基础上,校团委在1997年着重组织了第五届"挑战杯全国大学生课外科技学术作品竞赛"的参赛工作,实际准备历时半年,最终我校选手在激烈的竞争中脱颖而出,获得1个一等奖,1个二等奖,我校获得理工类第5名的好成绩,捧得"优胜杯"。

五、开展丰富多彩的校园文化活动

健康向上、丰富多彩的校园文化活动是青年学生愉悦身心、陶冶情操、成长成才必不可少的氛围,对培养和发展大学生的智力和非智力因素都有着不可替代的作用。校团委始终弘扬爱国主义、集体主义和社会主义旋律,大力开展校园文化建设,举行多彩多姿的文体活动和比赛,寓教于乐,促进学生全面素质养成。

(一)均衡部署,持续深入开展文体活动

校团委指导校学生会和研究生会,以文体类学生社团为阵地,均衡地部署各项日常性文体活动。这些社团有:校学生合唱团、音乐协会、飓风棋社、足协、篮协、交谊舞协、荒原文学社、健言社等,1997年开展了第十一届"校园之星"卡拉OK及创作歌曲大赛、第二届西区卡拉OK大赛、第八届辩论赛、第十届"冠军杯"男子足球赛以及"巾帼杯"女子足球赛、"雏鹰杯"足球赛、"科星杯"篮球赛、"东星杯"羽毛球赛等比赛。

(二) 突出重点，寓教于乐

在各类文体活动中，校团委重点抓好那些寓教育于活动中、同学们喜闻乐见的又能够引起同学们思索与觉悟的文体活动。如第八届辩论赛、纪念"一二·九"文艺汇演和第十届"冠军杯"男子足球赛等。此外，校团委与校学生会、研究生会还组织进行"学生生活状况问卷调查""特困生状况调查"，形成了有价值的调查结论。

(三) "五月风"科技文化节的集中展示

1997年第七届"五月风"科技文化节在上一年度确定节徽的基础上又确定了节歌，其宗旨为集中展示科大学子"勃发的青春风采，昂扬的精神风貌，厚实的学业基础，全面的文艺素质"，形成体系、形成规模，是校园文化的大检阅和大演兵。第七届"五月风"科技文化节由"青春篇、热血篇、成才篇、七彩篇"四大乐章共计42项活动组成，包括文、体、哲、思、科几种类型，覆盖面宽广，参加者众多，效果良好。

六、重点活动撷英

(一) 暑期"三下乡"青年志愿服务队获全国表彰

10月15日，中宣部、国家教委、团中央、全国学联在长沙联合召开全国大中学生暑期送文化科技卫生"三下乡"活动总结表彰大会。科大赴金寨县油坊店乡暑期"三下乡"志愿服务队被评为全国优秀志愿服务队，在大会上受到四部门联合表彰。科大暑期"三下乡"青年志愿服务队从7月15日至7月26日深入大别山腹地金寨县油坊店乡开展服务活动。学校党委高度重视"三下乡"服务队的工作。余翔林书记、李国栋副书记不仅在服务队出征仪式上为服务队授旗壮行，而且还于7月20日在校团委朱灿平书记的陪同下，赴金寨县油坊店乡看望服务队全体队员，并对我校青年志愿者及社会实践活动给予现场指导，党委领导热情地勉励队员们走与工农相结合的道路，切实为老区群众做好服务，余翔林书记还亲自为服务队建立的"金寨县油坊店乡共青科技图书站"揭牌。

在校领导、团省委和县、乡地方领导的关心和支持下，科大暑期"三下乡"志愿服务活动取得了圆满成功。

(二) 参加"挑战杯"比赛获得优异成绩

11月13日，科大参加第五届"挑战杯"全国大学生课外学术科技作品比赛的队伍捧着金光闪闪的挑战杯赛"优胜杯"载誉归来。

第五届"挑战杯"全国大学生课外学术科技作品比赛自11月8日在南京理工大学举行,共有来自全国267所高校的942件作品参加了比赛,竞争非常激烈。科大对参加"挑战杯"比赛非常重视,由校领导挂帅成立领导小组,并将参赛办公室设在校团委,经过5个月的精心筹备,经校内三级评审选送了6件作品参赛。校党委副书记、竞赛组委会副主任委员李国栋老师及校团委书记朱灿平老师、副书记赵晓东老师带队前往南京参加比赛。竞赛中,科大8系1995级硕士研究生胡浩同学荣获一等奖,6系1995级硕士研究生刘庆峰同学荣获二等奖,科大取得了理工类第五名的优异成绩,捧得"优胜杯"。

(三)"讲文明,树新风"从我做起——科大举行"讲文明,树新风"签名承诺仪式

9月8日,根据校团委的部署,科大"芳草社"举行了"讲文明,树新风"签名承诺仪式。下课后同学们纷纷走到签名地点,签下自己的姓名,留下一份美好的愿望,签名的人数多达上千人,还有不少同学签过名后向前来采访的省电视台记者和合肥晚报社记者谈起了自己对"讲文明、树新风"的感想。令人十分感动的是,很多校领导对这次活动十分赞成并积极支持,汤洪高校长、余翔林书记以及韩荣典、金大胜、李国陈、朱清时、奚富云等校领导专程来到东区签名处,郑重地签下自己的名字,并且谆谆教导同学们要从自己做起,从身边做起,养成文明习惯,展现科大学子的文明风采,发挥校园精神文明建设生力军作用。此次签名承诺活动得到了团省委的大力支持和关心,团省委副书记唐承沛同志来到东区签名现场指导。签名承诺活动在校内产生了较大反响,给科大的文明创建活动注入了新鲜的活力。

(四)明天会更好——1997科大青年学生"修身行动"

在全国掀起的"讲文明、树新风"的大潮中,提高大学生的全面素质及个人修养已成为高校教育的一个重要任务。科大也积极地参与了这项庞大的系统工程,校学生会在校党委、校团委的大力支持和各系学生会的积极配合下,于1997年5月开始在全校范围内开展了声势浩大、内容丰富的以"树立强烈的公德意识"为主题的"修身行动"。首先是社会公德意识状况调查问卷的分发。本次调查面向全体在校学生,东西区共发问卷1100份,回收935份,回收率85%,其中男生670份,女生165份。其次是科大人行为规范和文明标语的征集。同学们提供的标语和倡议有些很新颖,有些很实在,这都反映了大家身为科大人的主人翁意识和积极上进的精神面貌。然后是全校性的公德意识状况大讨论。第四是全校性"讲文明,树新风"签名承诺活动。

第五是"惜时守时钟"的图案征集及其他一些具体工作的倡议。征集"惜时守时钟"图案以减少上课迟到现象,在"教师节"发出"尊敬与帮助老师"的倡议,在国庆节前发出"文明旅游"倡议宣传十五大精神等等。

通过这次系列活动,我们了解了科大同学公德意识的整体状况,为今后的团学工作提供了依据,也在更广泛的范围内给我们更深层次的思考。我们知道,这仅仅是一个良好的开端,今后的路还长。提高当代大学生的公德意识以至素质修养,应该被当作一项重要任务常抓不懈,以真正培养一批有理想,有道德,有文化,有纪律的跨世纪人才,担负起中华民族在下个世纪内全面振兴的历史重任。

(五)中国科大芳草社设立稻香村社区援助站

7月,中国科大芳草社青年志愿者协会在合肥市西市区稻香村街道设立了"中国科学技术大学芳草社青年志愿者协会稻香村街道社区援助站",刘颖等7名大学生担任了挂职居委会主任助理。

科大芳草社青年志愿者协会是由团中央和全国学联正式授旗的省内唯一一家青年志愿者组织。他们与稻香村街道联合开展社区援助活动是在立足校园基础上,逐步推向社会的重要举措。"社区援助站"以"驻在社区、热爱社区、建设社区、奉献社区"为宗旨,重点开展了社区文化素质培训、敬老助残帮困、特别家庭助学、医疗保险、社区公益事业和社区科技等8个子项的服务项目,推动了创建文明城市和文明社区活动的开展。促进了社区管理、服务水平的提高和加强城市精神文明建设,并促使大学生们在社区实践中得到了全面的锻炼和提高。

(六)科大第七届"五月风"科技文化节——集中展示丰富多彩的校园文化生活

1997年学校第七届"五月风"科技文化节在上一年度确定节徽的基础上又确定了节歌,其宗旨为集中展示科大学子"勃发的青春风采,昂扬的精神风貌,厚实的学业基础,全面的文化素质",形成体系、形成规模,是校园文化的大检阅和大演兵。第七届"五月风"科技文化节由"青春篇、热血篇、成才篇、七彩篇"四大乐章共计42项活动组成,包括文、体、哲、思、科几种类型,覆盖面宽广,参加者众多,效果良好。其中,规模较大、影响广泛的活动有:第十一届校园卡拉OK大赛、第四届学生学术论文交流报告会、"五月书潮"读书活动、"迎港杯"英语演讲比赛、"雏鹰杯"足球赛、"我们美丽的家"宿舍文化评比、爱校周——修身行动,等等。

(2020年1月)

附录一 跨世纪的乐章
——中国科学技术大学校园生活见闻

当尘世的喧嚣与浮躁呛得你喘不过气来时,蓦然间你会发现,校园是个依然美丽的所在。中国科学技术大学,这个造就未来科学家的摇篮,在它那恬静的背景之下,无数热血沸腾的时代骄子正用青春与智慧弹奏着跨世纪的乐章。

刻苦攻读,永远没有休止符

走进科大校园,你便会被那紧张、浓烈的学习氛围所包裹。肃静的教室、阅览室,繁忙的资料室、实验室,无处不闪动着刻苦攻读,孜孜以求的莘莘学子的身影。来到这里,你不禁会怀疑那曾闹腾得沸沸扬扬的"下海热""打工潮""追星热""股票热"等是否真的发生过。事实上,社会上的各种"热"风无一不吹进校园,只是与科大已成传统的刻苦攻读之校风相比,那些都形成不了气候而已。学习,才是科大校园永恒的主题。

要说对科大产生过影响的,就该提"出国热"了。不过,科大的出国热与社会上曾"火"过很长一阵的出国"扒分""洋插队"是有区别的。尽管科大人出国的动机也各有不同,但主要的目的还是为求学、深造。他们把目光都盯向科技发达,科研条件优越的美国,不少同学一跨进科大校园就编织起美丽的"美国梦",所以有人戏称科大为"留美预科班"。改革开放十几年来,科大每届毕业生中出国人数均超过11%,甚至达18%,这个比例在全国高校中是无可比拟的。

强烈的出国欲望,刺激着大学生们锲而不舍的拼搏、孜孜不倦地攻读。白天黑夜,寒冬酷暑,他们一放下专业科目,就抱起 TOFEL 和 GRE 词汇。这股出国的浪潮无疑也促进了校园好学之风的兴盛。受此感染,每个科大学生在学业上都有强烈的竞争意识。在科大,"60分万岁"从来都是被鄙视的口号。人人都看重自己的成绩,你追我赶争夺第一。科大是全国数学、物理学科的基地,在纯理论科学方面有独特的优势,科大人普遍重视这些基础学科,该校近年开展的非数学系高等数学竞赛及普通物理竞赛活动,参加者都相当踊跃。

作为全国名牌学府,科大在应用科学上的成绩同样是出类拔萃的。"全国大学生学术科技作品大赛"和"全国大学生实用发明大赛"是对大学生综合能力的最权威的检阅。在强手如林的激烈竞争中,科大学生屡获大胜。这是他们用勤奋换来的圆满的答卷。扎实的基础使他们的学识在转化为生产力过程中也显示出强大的后劲。一位计算机行业人士称,如果把科大、北大、清华在深圳的毕业生抽去,深圳的计算机系统将会瘫痪。

校园文化,荡起青春的旋律

勤学是科大人的传统,但并不意味着这些科技大脑的生命之河如死水一潭单调、呆板。恰恰相反,风华正茂的科大青年,正用青春的热血与朝气,调制着异彩纷呈的校园生活。

这是科大博士生创新协会组织的一个辩论会:宽大的阶梯教室,所有的座位都被占满了,过道里、窗台上、讲台前全是人挤人,门外还有一大堆人在努力地想挤进来,这场面颇有点类似股票市场上的人头攒动,但他们所关注的是与"钱"绝对无关的题目。黑板上写着醒目的大字:世纪末的困惑。为世纪末将要发生或正在发生的一切而困惑、忧虑,岂不是有点杞人忧天?当你面对这群衣着朴素大学生,看他们却为一个关系人类命运的哲学的命题争辩得面红耳赤时,你是感到可笑,还是会被感动?大学生们决不计较你的态度,他们在为自己感到自豪,因为他们的精神是富有的。他们争先恐后迈上讲台,神采飞扬地侃侃而谈。他们引经据典,论古道今,恣意挥洒着学识与才情。置身这样的辩论场所,你会呼吸到一种自由的学术空气,这里没有师生之别、长幼之分,观点相左即成辩论的对手。你更惊异的是,科大学生何以对这种与学业无关的辩题投以如此大的热情,而这还只是科大社团活动中一个小小的镜头。

科大的社团活动不仅活跃,且多姿多彩。围棋、桥牌,向来是科大人的拿手好戏。值得一提的是,近些年,科大人的兴趣更偏向文学与艺术。科大是培养科学人才的,科学注重严密的逻辑思维,但科学更崇尚艺术,艺术是一切科学的最高境界,科大人正着意追求这样的境界。为此,他们首先寻找着充满情趣、诗意盎然的人生。他们请来一批又一批著名音乐家、书画家、作家来校开讲座,接受各种艺术的熏陶,与此同时,校园内的荒原诗社、百草园书画社等社团活动也开展得有声有色,青年大学生们的创作欲望皆相当强烈。

荒原诗社在科大已有相当的名气,《荒原》诗刊主编岫云是位女才子,这个数学系硕士生不仅学问做得深,诗文也做得非常出色。诗是想象的产物,若把科学也插上想象的翅膀,必会看到更高妙的宇宙风景,大凡伟大的科学家都有如此的胸襟。

科大每年一度的"一二·九"文艺汇演是展示各系文艺水平的盛大聚会,可谓好戏连台。每个系都会全力以赴拿出最高档次的节目出来亮相。在科大,凤毛麟角的女生组成了服装仪态表演队一展青春风采,1993年11月首次登台就在全校引起轰动。此外,科大传统的辩论比赛每次都能把大学生们的兴奋点调到最高潮,它是科大校园文化中的保留节目。最近,在校团委书记朱灿平领导下创办了《科大人》校刊,这份高品位、高格调的杂志无论形式还是内容都体现了科大青年奋发、奋进的精神风貌,因为它正是他们用青春与智慧凝聚而成。

心理障碍,正待抹去的灰色音符

每个进入青春期的青年或多或少会出现一些无以名状的烦恼,进了科大的学生,又多了一层烦恼,即紧张学业造成的心理压力。能考入科大的,一般来说都是一定范围内的拔尖人物,但各方尖子济济一堂,又有个高低之分了。那些被比下来的,因为一直一帆风顺而不具备面对失败的心理承受力,突如其来的心理失衡使他们深感压抑,甚而丧失了自控力。有些学生一无来由就把自己的吉他砸掉,有些毫无道理就将别人狠揍一顿……这些反常的行为其实都是心理长期受压抑的结果。如何帮助他们解除这层心理的障碍?科大校方已在着手这方面的工作。新生一入学,就给他们进行如何度过大学第一学期"断乳期"教育,还通过新老生的座谈,帮助新生提高承受挫折的能力。1992年,该校从安徽师范大学调来一名心理教师,对学生进行健康的心理教育。目前,该校又准备请心理医生来校开设电话咨询,为同学们解除心理的障碍。相信卸去心理包袱的科大青年,将会拥有一个更光彩更绚丽的青春年华。

(原载《安徽日报》1994年2月21日,记者:何华,黄晓红)

附录二　与热血青年同行
——记全国优秀共青团干部、中国科大团委书记朱灿平

朱灿平习惯于默默无闻地耕耘,而他的工作性质却要他经常抛头露面,面对难题,他有他自己的处理方式:对待工作满腔热情,涉及个人低调处理。这不,5月份共青团中央在全国范围内表彰了66名优秀共

青团干部,我省唯一获此殊荣的就是他。可这一消息却被他雪藏了一个多月,才在不经意间传了出来。问及原因,他憨厚地一笑,说:"这固然是团中央对科大共青团工作的肯定,但成绩是大伙儿做出来的,宣传我一个,不妥。"话很中肯,但其淡泊名利的精神境界也是显而易见的。

朱灿平是个地地道道的农家子弟,1961年出生于庐江县,自幼勤奋好学,刻苦自励,从小学到硕士研究生毕业,成绩一直很优秀,先后担任过班长、学习委员、团支部书记、学生会主席、研究生会副主席、宣传部部长等职务,使他从小就得到很好的社会工作锻炼,为他现在从事的高校共青团工作打下了良好的基础。1991年,朱灿平毕业于中国科学技术大学基础物理中心,获得理学硕士学位,因成绩优秀而留校工作。在这所国内外著名的高等学府里,潜心学术研究,做一个有功于世界科学领域的科学家是大多数人的理想,朱灿平的许多同学走的就是这条路,他自己当然想这样。但1992年秋,学校党委任命他担任科大团委副书记时,他二话没说,立刻上岗,次年被任命为团委书记。这一干就是5年时间,他像一只上紧了发条的闹钟,喀嚓、喀嚓,不知疲倦地运转着。这5年里,科大的共青团工作又有新的进步,他本人也先后获得中国科学院"首届十大杰出青年"、中国科学院优秀教育管理干部、安徽省优秀团干等称号,并担任了安徽省学联副秘书长、安徽省青年志愿者协会理事等职。

朱灿平说:"共青团工作强调'服务大局、服务青年',要紧密围绕培养合格人才这个中心,真正发挥作为党的有力助手和后备军的作用,为青年人的健康成长做贡献。"因此,他上任后狠抓全校团的思想建设和组织建设这个工作环节。经过一番紧张筹备,于1994年春成立了中国科大团校并担任校长,使学校团干、学干、团员青年的培训工作走上规范化、制度化的轨道。3年来,已培训500多名青年团干和学生干部。1996年9月,针对大学生对"钓鱼岛事件"的极大关注和情绪激荡,在校党委的正确领导下,他带领一班人及时召开座谈会,组织了大规模的签名抗议活动,成功地主持召开了"科大师生纪念'九·一八'研讨会",既正面引导和保护了青年学生的爱国主义热情,又防止了因处理稍有不慎可能对学校和社会产生的负面影响,受到中央领导和上级主管部门领导的充分肯定。

朱灿平荣膺中国科学院"首届十大杰出青年",出席中国科学院跨世纪年轻人才代表会议(1997年3月)

这几年,在校团委的组织下,科大校园文化和科技活动开展得红红火火,既丰富了大学生的课余生活,又为学校赢得了荣誉。先后获得"挑战杯"全国大学生课外科技作品大赛、美国及全国大学生数学建模比赛等优秀名次。由朱灿平领导筹建的科大青年志愿者协会——"芳草社",因其开展了一系列具有较好影响的社区服务、扫盲与科技文化服务等活动,于1995年获得团中央表彰,被授予"优秀志愿者服务队"称号。如今,走进科大校园,时时处处都能够感受到清新健康、昂扬向上的校园文化气息。

(原载《安徽日报》1997年7月21日,作者:曲辰)

中国科大 2004 年夏季学生工作一瞥

◆ "诚信教育""认识两性"系列活动圆满结束。该两项活动是学工部（处）本学期道德素质教育和心理健康教育的重头戏，涉及面广泛，参与者众多，内容丰富多彩，形式多种多样，同学们在参与之中受教获益。

◆ 班主任：选新与评优。2004 年新生班主任遴选依然坚持自荐与推荐相结合的原则，强调素质和责任心，优秀研究生担任班主任的政策依然不变，必须经过严格选拔，总数量不超过 20 名，经遴选或选拔的班主任均需参加学校班主任培训并结业，由学工部（处）代表学校颁发班主任聘书。学工干部评优包括"优秀学生工作干部"6 名、"优秀班主任"34 名（含华为优秀班主任 20 名）、先进班主任 40 名，7 月初评定结束。

◆ 创新案例讲座。6 月 9 日下午，中国科学院创新案例系列讲座 2004 年第三讲（总第四讲）在上海分院举行，中国科学院院士何祚庥、中国科学院上海分院院长、中国科学院院士沈文庆应邀做报告，题目分别是《做人·做事·做学问》和《纵观科学大师历程，走"奋发成才"之路》。我校分会场设在基础科学教学实验中心会议室，以理学院为主的 300 多名师生通过视频会议系统收看了报告会，王一、李碧娟等同学参加了现场互动提问。学工部（处）参与了前面所有四场报告会的组织工作。

◆ "优秀毕业生"表彰。根据学校优秀毕业生的评选条例（校学字〔2004〕14 号），经各院系认真评选、学生处资格审查和校园网公示，近日，经学校批准，王少明等 362 名学生获得"中国科学技术大学 2004 届优秀毕业生"荣誉称号。我校今年共有各类毕业生 3536 名，按 10% 的评选比例评出的"优秀毕业生"在过去的几年中品学兼优、全面发展，获得师生的广泛认同。362 名"优秀毕业生"中有本科生 260 名，研究生 89 名，专科生 15 名；男生 270 名，女生 92 名；党员 131 名；在校期间获得各类奖学金的 310 名，其中 28 名获得学校最高荣誉奖——郭沫若奖学金，155 名获得"求是""三星""张宗植""光华"等专项奖学金，127 名获得校优秀学生奖学金；获过省级三好学生、校级优秀团员称号的 95 名；同时获得"安徽省'品学兼优'毕业生"称号的144名；两次（本科、研究生）获得"优秀毕业生"称号的5名。

◆ 招生宣传与咨询。自4月初以来，我校有200余人次携带学校各种招生宣传品，奔赴18个省、市开展招生宣传；目前，学生处招生办公室组织以安徽招生组为主的力量，全力投入报考咨询工作，今年除接受电话、网络咨询外，还由程艺副校长带队参与省教育厅在安徽会展中心组织的规模宏大的现场咨询。

◆ 毕业生工作全面启动。5月27日，学校召开毕业生工作会议，程艺副校长主持，李国栋副校长、鹿明副书记、汪克强秘书长、尹登泽校长助理以及党政办、学工部（处）、教务处、研究生院、学位办、财务处、保卫处、后管处、校产处、校工会、校团委、校医院、后勤集团等部门负责人参加会议，会议主要讨论《毕业生工作日程表》和《毕业生离校指南》等，根据会议的意见，会后学工部（处）对这两份文件进行了仔细的修订，现已发布在校园网络以及BBS的显著位置上。与往年相比，今年的毕业生离校手续由学生服务中心组织协调各有关职能部门，在东区图书馆和西区活动中心集中办理，旨在方便同学们，另一点不同的是，今年的毕业纪念册融入了科大的历史、人物以及文化，旨在使同学们留下对母校的温馨记忆。

◆ 刘庆峰报告。5月27日，经学工部（处）推荐，安徽省教育厅、团安徽省委邀请，讯飞信息科技有限公司总裁刘庆峰博士在"安徽省高校毕业生就业、创业先进事迹报告会"上作题为"走着弯曲的直线"的报告，引起与会大学生们的强烈反响。

◆ 解决就业难点问题。6月3日，针对我校应届毕业生中存在的专业名称、学制年限、提前或延期毕业等难点问题，学生处处长朱灿平带领有关同志前往省教育厅，向学生处、毕业生就业指导与服务中心递交了《关于我校应届毕业生就业派遣工作有关问题的报告》，请求考虑我校的个性化问题并予以理解与支持。燕贵忠处长和鲍勇主任表示，对科大的问题，他们会用足政策，尽量为学校提供方便，同时他们也希望学校各部门之间要协调一致。

◆ 新增助学项目。"唐仲英奖学金"签订协议，生活困难学生"预警与援助体系"正式启动实施，"周虞康奖助学金"正在进一步磋商之中。

◆ 校园安全，群防群治。5月中旬，在鹿明副书记统一部署下，保卫处和学工部（处）严密组织，保卫人员、学生工作队伍与广大同学众志成城、协同作战，成功防范了一起恶性"网络诈骗案"，维护了校园的正常秩序和学校的声誉。最终，学校配合公安部门将犯罪嫌疑人擒获。

◆ 案例教育与社区安全防范。为加强学生的法纪安全教育和防范意识,学生处本学期精选校园内发生的典型案例,已经编印两期在学校四个校区张贴,起到很好的教育警醒作用,在期末考试时计划再编印一起考试违纪案例宣传张贴。此外,5月30日下午,程艺副校长考察了西区学生7~11号公寓楼,对如何做好学生公寓安全工作提出要求:学生社区办公室要加强学生公寓门卫管理,协同保卫处和其他有关单位做好周边环境内的夜间巡逻,同时加强对学生安全防范意识的宣传和教育,齐抓共管,努力把学生社区的工作做好,共同营造一个舒适、优美、安全的学习生活环境。他建议,加高部分围墙,消除由此引起的安全隐患。

◆ 学生社区楼管员选聘。6月5日,学生社区举行楼管员公开招聘,全校有31名同志报名参加竞聘。9名评委[由学生工作部(处)、人事师资处、后勤管理处、后勤集团、继续教育学院等部门负责人和有关负责人组成]认真听取竞聘报告后进行了评议和无记名投票,确定的聘用人员将报人事部门下文公布。

◆ 组织"欧洲杯"集中收看。与世界杯足球赛、奥运会一样,"欧洲杯足球赛"同样受到广大同学的喜爱,在学校的统一部署下,学工部(处)、校团委组织协调了东、西、南三个校区集中收看,6月13日至7月5日全程转播,此举得到校礼堂、西活、南活以及现代教育中心的全力支持。

(原载《中国科大报》2004年6月15日总第497期)

聂帅题词祝贺中国大学生
首届足球赛在中国科大举行

1991年7月10日,德高望重的聂荣臻元帅得悉中国大学生首届足球赛将在中国科大举行,欣然命笔为大赛题词"努力促进大学生体育文化的建设和发展",充分体现了老一辈无产阶级革命家对我国大学生体育文化和青年大学生健康成长的亲切关怀和殷切期望。

由国家教委、国家体委和全国大学生足球协会委托我校承办的这次足球比赛是新中国成立以来规模最大的一次大学生足球盛会。7月20日开哨,28日闭幕,来自全国高校的18支代表队参加了比赛。

除聂帅题词外,廖汉生副委员长及国家体委主任伍绍祖、副主任刘吉也为大赛题词,香港霍英东先生于大赛期间发来贺电。赛事同时得到了上级领导部门和合肥企业界的热忱关心和大力支持,由美菱集团独家冠名"美菱杯"。

大赛历时9天,共进行了44场比赛,在紧张激烈的争夺中,东北财经大学代表队以强劲的实力,一路过关斩将,荣膺冠军。青岛化工学院代表队、四川大学代表队分获二、三名。我校代表队名列第八。同时大赛评选出"体育道德风尚奖"代表队2支、运动员34名、裁判员5名,评出最佳教练员2名、最佳射手和守门员各1名。我校代表队荣获"体育道德风尚奖"。

本次大赛是在安徽遭受特大洪涝灾害和持续高温的情况下进行的,这给比赛的各项工作带来许多意想不到的困难,但是全体参赛运动员、裁判员和工作人员克服重重困难,顽强拼搏,奋力进取,严格遵循"育人第一,比赛第二"的竞赛宗旨,团结协作,文明礼貌,赛出了风格,赛出了水平,展示出当代大学生良好的道德水准和精神风貌。

作为东道主的中国科大,成立了以尹鸿钧副校长为组长的工作领导小组,在大赛组委会的领导和指导下,全校上上下下通力协作,精心筹划,合理安排,稳步实施,使大赛的竞赛、后勤、财务、保卫、宣传等方方面面工作都进行得井井有条,细致入微,受到大赛组委会和全体参赛人员的充分肯定和高度赞扬。

针对安徽淮河流域正在发生的特大水灾,大赛提出了"我们和灾区人民心连心"的口号,得到了积极响应,上海城建学院代表队师生自发捐款117元交大赛组委会转送灾区。同时全体参赛人员和工作人员本着勤俭参赛、节约开支的原则,节省经费一万余元捐送给了合肥市人民政府,表达了大赛全体人员对灾区人民的一片爱心。

(原载《中国科大报》1991年9月30日总第276期)

科大人的一次"理性追星"

2005年6月15日,仲夏的科大校园,"杨利伟来了"的消息,骤然掀起了一股灼人热浪:师生员工纷纷加入"追星"行列,翘首企盼与航天英雄零距离接触,争相目睹中华民族飞天第一人的卓然风采。

在科大,部分人"追星"常见,全体科大人同时"追星"则不常见。而这次,却是科大人的一次"理性追星"行动。说"追星"具有"理性",是否牵强附会?其实不然。

首先,科大自诞生就与"两弹一星"结下了不解之缘,几代科大人中不乏为"两弹一星"作出杰出贡献甚至献出生命的佼佼者,而"特别能吃苦、特别能战斗、特别能攻关、特别能奉献"的载人航天精神则是"两弹一星"精神的一脉相承和发扬光大。作为载人航天精神的杰出代表,杨利伟无疑是科大人的知音,科大人对航天英雄的欢迎与礼敬是真情流露。

朱灿平与航天英雄杨利伟合影(2005年6月)

其次，在杨利伟身上，不仅体现了载人航天精神，而且还体现了科学精神。在学校举行的热烈而又轻松的欢迎仪式上，针对"在太空能不能看到长城"的疑问，杨利伟笑答："我很注意地看了，没看到，但我不能肯定别人也没看到。因为这里有一个角度的问题，我们的飞船没有一个直接对地的窗口，科学要实事求是。"这段出自航天英雄之口的话，应该最能契合科大人心跳。同时，我们从杨利伟为科大的题词"弘扬航天精神，勇攀科学高峰"中，也能解读出他对航天事业和科学事业相同的情愫。

第三，杨利伟的幽默、智慧与执着令科大人感佩。在报告中，杨利伟讲述了"超重耐力训练"时，超重值将达到 8.5 个 g，"每次都会把面部肌肉拉变形，眼泪禁不住掉出来。但是，训练中没有一个人按下过那个红色报警按钮"！对杨利伟坚强的意志，良好的心理素质，近乎完美的考核成绩，出色的载人航天飞行，科大人报以经久不息的热烈掌声。

第四，杨利伟的朴实、真诚与谦和赢得科大人赞许。"我深深感受到科大人敢于创新的精神，这是我们国家的希望，民族的希望。我相信青年朋友们一定比我飞得更高、飞得更远。"

短暂的一天，杨利伟不仅参观了同步辐射、微尺度、火灾科学等实验室，还为获得第三届军事装备人才奖学金的国防生们颁奖，并为近三千名师生做了关于中国载人航天工程的报告。所到之处，杨利伟微笑之中所包蕴的朴实、真诚与谦和，如同强力磁场一样，吸引了科大人的目光，科大人深深折服于航天英雄的人格魅力。

（原载《中国科大报》2005 年 7 月 10 日总第 523、524 期合刊）

无眠的三天两夜

——西昌卫星发射基地参观纪行

甲申年的春天,我才有机会与"天府之国"近距离接触,领略"蜀道难"的真实。

2004年4月17日,由合肥驱车抵达南京,再由禄口国际机场飞赴成都双流国际机场。这一天,阳光灿烂,成都平原在鸟瞰之下,如同一块点缀五彩的地毯,金黄色最为夺目,那是油菜盛开的花海。

只在成都逗留四个多小时。在"愚头记"领略了川味火锅麻辣之后,即登上了西去的列车,正赶上新一轮的铁路提速,飞快的列车一路驰桥穿洞,这是在著名的成昆线上行驶,巨大气流的瞬间变化,使得耳膜承受了未曾有过的考验,不由得想起诗人贺敬之先生的抒情长诗《西去列车的窗口》,同时惊叹多少英雄儿女为着这一奇迹的实现付出多少血汗甚至年轻的生命。此行的目的地是凉山彝族自治州的州府所在地、享誉世界的卫星发射基地——西昌,应总装备部邀请现场观摩"钠星"和"探索一号"的"一箭双星"发射。抵达西昌已是18日的东方拂晓,朝霞渐渐映红天际,基地殷勤的主人早已迎候在接站处。

下榻远望楼。放下行李,简单洗漱,便去早餐。上午主人安排我们先参观彝族博物馆,接着泛舟琼海,既真切感受凉山地区民族的悠远历史,又赏心悦目于湖水的纯净澄澈,一夜劳顿与困乏已被涤荡无余。

下午进沟参观剑指蓝天的卫星发射塔。近距离感受了几十层楼高的发射架扶持并呵护着即将发射的火箭,它们的身躯真是庄严伟岸,伫立之前,唯有仰望。晚上再度进沟,赴卫星发射指控大厅,从楼顶平台和屏幕上观看了"一箭双星"从点火到升腾到消失于茫茫的夜空的整个过程。发射的最初十几秒,火光照彻深沟,雷鸣震撼山岳,我们目送着火箭由体而线、由线而点地融入无垠的苍穹。指挥大厅内仪器仪表跳动闪烁,接受着火箭运行的动态数据以及各个观测点实时测量数据,同时传达着各种指令至四面八方。……助推器分离,火箭一级二级分离,整流罩分离,星箭分离,卫星入轨,太阳能电池帆板展开……午夜,当发射总指挥宣布"一箭双星"发射成功后,大厅内外一片欢腾,广场上更是锣鼓喧天,隆重庆祝活动拉开了序幕。而我们却不能再贪念"此处乐"了,送站的车子已经打火发动。

19日凌晨三时登上西昌至成都的列车,两天之内再一次体验"象征20世纪人类征服自然的三大奇迹"之一的成昆线。虽然困倦至极,但驰桥穿洞的气流变化导致耳膜痛胀如此频繁,竟不能有片刻打个盹。晨光熹微,视线越来越清晰,心越来越往嗓子眼吊,崇山峻岭,深涧湍流,真是天堑险途之旅!

抵达蓉城已是正午,成都铁中的邹校长一行已迎候于站台,下午在该校举行了座谈会并隆重地举行了两校合作培养的协议签字仪式,至此,此行的全部任务完成。好客的主人在"肥牛城"举行晚宴,款待来自中国科大的我们。

当晚,在双流国际机场候机时,购《1688年的全球史》,写下扉页笔记以纪念这无眠的三天两夜。同行者程艺副校长、张淑林副院长、薛劲松主任。踏上合肥的土地,已是子夜,夜深人静。

(2004年4月)

"我们要培养世界一流水平的博士"

1991年3月27日下午,虽然室外春寒料峭,但校办公楼第一会议室内却是鲜花争妍,春意融融,我校1990秋和1991春博士生开学典礼暨研究生颁奖仪式正在这里隆重举行。

副校长、研究生院副院长史济怀教授主持会议。校党委书记、常务副校长汤洪高教授代表学校向博士新生和获奖的研究生们表示热烈祝贺!

我校1990秋和1991春共录取博士生37名。

汤书记在致辞中首先对博士生们提出了两点要求:第一,坚定正确的政治方向,树立共产主义的人生观,胸怀爱国心,报国志,发扬献身科学、为人民服务和为"四化"建设服务的精神,坚持"红专并进、理实交融"的科大校风。第二,要珍惜时光,很好地完成学业,一要读好书,二要做好论文。读好书包括听好课,学会看书和善于查阅文献专著,做好论文就是要做出第一流水平的论文。汤书记勉励大家在今后三年学习中要像蜜蜂酿蜜那样博采众长,要像春蚕吐丝那样一气呵成。汤书记最后说:"我们科大要培养世界一流水平的博士!"

汤书记的讲话赢来阵阵掌声。

博士生导师代表李敦复教授、冯玉琳教授也参加了开学典礼。冯玉琳教授和博士生代表关胜晓同学先后在会上发言。

开学典礼后,汤洪高、史济怀、周光泉等领导还为9名荣膺国家教委"作出突出贡献的中国博士学位、硕士学位获得者",19名"中国科学院院长奖学金"、20名"大恒光学奖"和15名中国科大研究生院"1990年度优秀论文奖"获得者颁了奖。

(原载《中国科大报》1991年4月30日总第270期)

9系建系十四周年科技成果荟萃

1992年是精密机械与精密仪器系(9系)建系14周年,该系于校庆34周年之际,在水上报告厅展览厅举行了"科技成果展览",展出成果33项,包括机械、微电子、计算机技术等方面的综合科技及技术应用领域。学校以及各系、部、处、开发公司共22位主要领导参观了展览,各省、市的20家大中型企业也派人专程前来参观,其中安徽省轮胎总厂等还与9系进行了业务洽谈,并签订了合作意向书。参观人数达1500人次,展览获得了圆满成功。

谷超豪校长参观了展览并题词勉励:"艰苦创业,成绩斐然;奋进开拓,前程似锦。"中科院副秘书长兼副校长刘乃泉参观后的题词是:"精仪系的科研成果卓著,希望全系同心协力培养更多的人才,出更多的研究成果,力争形成一批拳头产品,把精仪系办成一流的系。"校党委副书记兼开发院院长王学保题词为:"预祝九系教学、科研、开发取得更大发展。"

9系建系时间短,底子薄,但经过系领导和教职员工的共同努力,发展迅速,成果显著,目前已形成了一支以中青年教师为骨干的教学、科研队伍,建立了"超精密技术研究所"和"克来明精密工程公司"等科研、开发实体,坚持科研开发并举,科技面向国民经济主战场的方针,推出了一批以机、电、光综合为特色的高新技术产品,截至展览时为止,全系共获包括科学院科研成果奖在内的各种奖励23项,通过校级以上的成果鉴定38项,获专利10项。国际生产协会在9系设有亚太地区秘书处,受该协会委托,1991年8月9系成功地举办了第十一届国际生产研究学术大会。

关于举办这次展览会的意义,第一,提升了9系及"克来明"公司的知名度;第二,展览开辟了一条与企业界沟通的渠道,为科技成果转化为生产力提供了一条切实可行的途径;第三,由展览反馈回来的信息也使9系科技人员了解了企业对高新技术产品的具体需求,有利于形成正确的科研导向,同时也使他们认识到高新技术商品化的艰巨性;第四,这次展览举行期间,我校在校的主要领导基本上都前来参观并给予赞扬和肯定,这件事本身就说明了一个重视技术科学,重视科技成果商品化的良好外部环境已初步形成;最后一点,但绝不是无足轻重的一个效果,就是增进了9系学生对专业的兴趣和了解,这将会对他们今后全身心地投入各个方向的科研工作产生深远的影响。

(原载《中国科大报》1992年10月25日总第294期)

唱支山歌给党听

——"庆七一联欢晚会"侧记

6月28日夜晚的校工会活动室内,彩灯闪烁,笑语阵阵,呈现出一派欢乐喜庆的热烈气氛。由中老年教工俱乐部和青年教工俱乐部联合举办的"庆七一联欢晚会"在这里汇聚了一个强劲的主旋律,那就是"唱支山歌给党听"!看:以德高望重的钱临照先生为代表的老一辈来了,年富力强的中年一辈来了,朝气蓬勃的年轻一辈也来了,数百名教职员工济济一堂,他们把对党的深厚感情融入了歌声与舞姿之中。

党委副书记王学保同志带领党委部门干部率先登台演唱,一曲高亢激昂的《没有共产党就没有新中国》拉开了晚会的序幕。

接着8系的几位老师打着手鼓,跳起了欢快的新疆舞;中老年俱乐部的张谦林和青年俱乐部的余斌演出了西藏舞;还有校机关表演了长裙舞、结构中心表演了扇舞等;他们优美的舞姿以及浓郁的民族风情,迎来了片片喝彩和阵阵掌声。

在典雅悠扬的中国古典乐曲的伴奏下,物教的苏昉老师和中老年俱乐部的6位老师先后表演了综合太极拳和太极剑,他们的一招一式有如行云流水,舒缓自然之中刚柔并济,他们的表演获得了极大成功。

各种形式的演唱,也深受欢迎。7系徐果明教授抑制不住内心的激动,当场即兴演唱了《唱支山歌给党听》来表达他对党的无限忠诚和热爱,数百名观众对他的演唱报以热烈的掌声。老干部处王世俊等同志的京剧唱段字正腔圆,颇具功力;校医院宋振玉大夫的弹词开篇清新细腻,吴侬软语声声悦耳;小合唱《歌声与微笑》是由青年俱乐部演出的,他们的歌声返璞归真,令人青春永驻;生活处高雅芳、出版社张春瑾等同志的卡拉OK演唱具有专业歌手的风格,声情并茂,纯厚明亮。时装表演把晚会推向了高潮,4位男士风度翩翩,神采奕奕,13位女士一一登台亮相,展示她们自己设计制作的旗袍、长裙等时装,典雅得体的服饰使这些中老年俱乐部的老师们怡然自乐、青春焕发。接下来青年俱乐部的9位姑娘迈着训练有素的台步,相继展示了新潮、艳丽的夏令时装,她们轻松自然,她们活泼清新,她们为人们带来了对生活美的追求与向往。

在优美旋律声中我校中青年教工们翩翩起舞放声高唱,尽情抒发对党的一份衷情,对校园生活的无限赞美,他们将带着又一份热情,走向美好的明天。

(原载《中国科大报》1992年7月10日总第291期)

学生工作应向"学生发展"的方向漂移

大家上午好!由仲春至初夏,校园峥嵘葳蕤,生机勃勃!今天,来自各地的同仁们会聚我们中国科学技术大学,参加"学生就业辅导与职业生涯规划培训",首先,我谨代表学校,代表鹿明副书记,代表我们党委学工部、学生工作处,向各位表示热烈的欢迎和崇高的敬意!

本次参加培训的代表包括安徽省多所兄弟院校的同仁、我校学生工作负责人以及相关的班主任,近200人。共同的事业,让我们走到了一起。学生就业辅导与职业生涯规划教育是新时期学校就业工作发展的必然趋势,也是对传统就业指导思想的超越。就业辅导与职业生涯规划教育是一个全程、全员、全方位的过程,这个过程通过科学合理有效的途径,帮助每一名大学生充分展现自我,形成极富个性化的规划,达到自我发展的最优化。这项工作并非可有可无:无论对于学生工作的深入开展,还是对于学生个体素质全面发展都具有极其重要的价值和意义。

本次培训活动,我们非常荣幸地邀请到了香港城市大学资深就业辅导与职业生涯规划教育专家陈棨年先生和张伟良先生,他们专程来到合肥为我们作主要的培训讲座。我们也荣幸地邀请到了安徽省大中专毕业生就业指导与服务中心的鲍勇主任莅临指导。这一切势必将对于我们提升学生就业辅导与职业生涯规划教育的专业化水平,起到积极的引导和推动作用。陈棨年先生和张伟良先生现供职于香港城市大学学生发展处,长期以来一直致力于学生就业辅导与职业生涯规划教育方面的实践和研究,他们学识渊博,经验丰富,将以自身在该领域的工作经历与感受与大家分享,我们有理由相信,这将是一次内地高校与香港高校之间难得的相互交流、相互借鉴和相互学习的良机。

我个人认为,学生就业辅导与职业生涯规划教育是一个复杂的系统工程。因此,本次培训的组织者出现了一个很罕见的组合,既有心理教育工作层面,又有就业指导与服务工作层面,还有综合思想政治工作层面。也许,在我们每个人的主观认识世界里,高等学校由"学生工作"的概念向"学生发展"的概念已发生了悄然的漂移。这种漂移,一定不是简单的平移或位移,而是在教育引导和服务帮助学生成长成才方面,与时代发展的一次贴身跟进。

(2007年5月10日,在"中国科学技术大学学生就业辅导与职业生涯规划培训"开班典礼上的致辞)

我们赞同思科"网络与教育双核心动力"理念

值此中国科学技术大学"思科实践与创新俱乐部"成立之际,我谨代表学校表示诚挚的祝贺!并对思科公司致以真诚的感谢!

中国科大是新中国成立后由我党亲手创办的新型理工科大学。近半个世纪以来,中国科大肩负着党和国家的重托,矢志"创新报国",与共和国同呼吸共命运,始终坚持"红专并进,理实交融"的优良校风,一直秉承"全院办校,所系结合"的办学方针,在较短的时间里实现了跨越式发展,走出了一条独具特色的"精品大学,英才教育"的内涵式发展之路。目前,学校已经发展成为一所以前沿科学和高新技术为主、兼有特色管理和人文学科的全国重点大学,被誉为"科学家的摇篮",其五十年创新跨越的办学历程已成为新中国高等教育改革发展的一个缩影。

中国科大的发展进步,一直仰赖社会各界的鼎力支持。这其中当然包括目光远大、励精图治的思科!"网络和教育是推动社会经济文化发展的两个核心动力",这是思科的理念,我们非常赞同,非常钦佩!并乐意与思科的同仁们,特别是今天莅临成立仪式的阚世基总经理、董长晖副总经理、张慧媛总监等一同探寻前行的方向与道路。

思科将我们中国科学技术大学作为国内顶尖高校之一,依托我校充满活力、蒸蒸日上的软件学院联合成立"思科大学实践与创新俱乐部",并且采用一校两地框架,为广大同学搭建接触和学习尖端技术、增加实践创新机会的平台,我们深信,这一举措,必将对校企的强强携手,缔造双赢发挥积极的推动作用,必将为培养更多更优秀的高级管理与技术人才作出贡献!

(2007年11月7日,在中国科学技术大学"思科实践与创新俱乐部"成立仪式暨思科中国研发中心校园招聘会上的致辞)

网络信息安全：在博弈中提升

当我校还沉浸在 50 周年校庆喜庆的时候，很高兴迎来"2008 教育网络与信息安全大会暨校园网安全联动机制研讨会"在我校召开。首先，我谨代表中国科学技术大学向莅临会议的教育部科技发展中心各位领导、全国高校的专家和同仁们表示热烈的欢迎和崇高的敬意！

互联网是科技发展带给人类的一份信息化厚礼，但它同时也是一把"双刃剑"。网络安全始终是"道高一尺，魔高一丈"的博弈。众所周知，信息化持续发展至今，所面临的安全问题日趋复杂，我们高校是首当其冲的层面之一。如何切实有力地保障学校的网络安全，已越来越凸显为我们运行管理工作的重中之重。为构建安全可信的教育网络，增强网络和信息安全防范和应对能力，教育部科技发展中心运筹帷幄、审时度势，决定自今年起，9 至 10 月期间连续在全国 4 个地区举办"2008 教育网络与信息安全大会暨校园网安全联动机制研讨会"，这项举措的实施，非常重要，非常必要；我们有理由相信，这项举措实施的结果，必将在这场博弈中，抢占先机，遏制问题于萌芽之初，防范恶意攻击于校园网之外。我们中国科学技术大学将与许许多多的兄弟院校一道，不但拥护赞成，而且积极参与，特别是能够继北京、大连之后作为大会的第三站承办学校，我们深感荣耀，这不仅是对我校网络和信息化工作的鼓舞和鞭策，更是前行的动力！

中国科学技术大学作为 CERNET 主干网 38 个主节点之一，我们的网络信息中心除负责学校内部网络的日常维护外，同时还负责管理和运行 CERNET 合肥主节点、中国下一代互联网示范网 CERNET2 合肥主节点以及安徽省教育科研网。为保障校内和安徽主节点的网络安全，我们力所能及地做了一些工作，可以概括为：健全机构，责任到人，防范有预案，应对有措施。但我们深知，网络已不能"独居小楼成一统"，任何偏安一隅的侥幸都是再危险不过的念头，网络安全需要联动联防。因此，今天的会议可以说是搭建了一个很好的交流平台,有助于我们校际之间的积极沟通,互相学习和借鉴,必将有力推进校园网络安全、教育网络安全甚至推进全社会的网络安全。

(2008年10月17日,在教育部"2008教育网络与信息安全大会暨校园网安全联动机制研讨会(第三站)"开幕式上的致辞)

生于忧患,死于轻慢

在"11·9"全国消防安全宣传日前夕,由学工部(处)、校团委、保卫处和火灾实验室联合举办的科普教育宣传、火灾疏散演习、消防技能演练等系列活动即将拉开帷幕,我谨代表学校,向这项渐成传统的公益活动的如期开展,表示热烈的祝贺!

作为学生工作战线上的一员老兵,我想借此机会表达自己的三点认识与体会。

第一点,顺应自然,趋利避害。人类是自然界的一个组成部分,人类可以通过科学技术进步等手段认识自然,利用自然,改造自然,但任何时候人类都不可妄言做自然的主宰!自然的力量从来都是双刃剑,既可以用来造福人类,同时也可能给人类造成灭顶之灾。地震、海啸、台风、森林火灾等自然灾害总是与人类的文明进步相伴,一刻也没有停止过。因此,我们在自然面前,是人定胜天,还是束手无策?都不是,我认为正确的观念应该是"顺应自然,趋利避害"。

第二点,防患未然,意识与技能同等重要,缺一不可。先看汶川大地震中的一个例子:四川省绵阳市安县桑枣中学,与汶川大地震伤亡最为惨烈的北川县紧邻。地震发生的那一刻,正在课堂上的师生进行快速而有序的紧急疏散,31个班级的2300多名师生在1分36秒内从不同的教学楼和教室中冲到操场上,并以班级为单位站好。全校学校师生在地震中无一伤亡,创造了一大奇迹。这一奇迹的出现,不是偶然的。叶志平校长从2005年开始,坚持每个学期在学校组织一次紧急疏散演习,针对可能发生的各种灾情强化师生们自救自保的能力。大地震发生后,叶志平校长被网络称为"史上最牛校长",他的这种做法,在风平浪静的日子里,未必就那么一帆风顺,没有任何阻力和冷嘲热讽,但正是他的坚持,昭示了我们一个往往需要以无数生命为代价才能换取的结论:防患未然,意识与技能同等重要,缺一不可。

第三点,以人为本,关爱生命,培养体魄健全的人才。中国科学技术大学是一所对学生充满爱心、倍加呵护的学校。早在2002年,就开始建立"预警与援助体系",全方位地关怀每一位学生,"学生人身财物安全"就是六套"预警与援助体系"其中之一,今天所开展的这项渐成传统的活动,自2005年就已经纳入学校的"学生人身财物安全预警与援助体系"。学校防患于未然的强烈意识以及组织的技能演习,只能是外因和条件,如果要达到显见成效,还需要广大同学的积极参与,自觉增强忧患意识,锻炼避险自救技能,希望同学们成为体魄健全的人才。

预祝本次演习活动取得圆满成功!

(2008年11月8日,在中国科学技术大学2008年"11·9"火灾疏散演习启动仪式上的致辞)

做光大中华文化的薪火相传者

首先请允许我代表学校、同时代表鹿明副书记向专程莅临我校颁奖的曾达梦先生表示热烈的欢迎和衷心的感谢,对"光华教育基金会"给予祖国教育事业及我校人才培养工作的鼎力支持表示由衷的钦佩和深切的感谢。向各位在座的和更多不在座的老师们不辞劳苦,辛勤培育英才表示深深的敬意!也向今年全体275位获奖的同学表示真诚的祝贺,因为各位同学勤奋刻苦,珍惜光阴,德才兼备,立志高远,敢于担当中华民族伟大复兴的重任。

朱灿平在光华奖学金颁奖仪式上致辞(2007年12月11日)

各位都十分清楚,成立于1989年的"光华教育基金会",由著名国学大师南怀瑾先生发起,由台湾润泰集团出资设立,以"光大中华文化"为宗旨,长期以来孜孜不倦地奖掖提携优秀学子,为祖国的教育事业做了积极的贡献。及至今天,已捐助6亿多元人民币奖励了大陆10余万"穷且益坚,不坠青云之志"的有为学子。此时此刻,让我们向以南怀瑾先生为会长的所有"光华人"表示崇敬与祝福,祝愿南先生健康长寿,祝愿光华教育基金会的事业蒸蒸日上!

南先生是我所敬仰的前辈和宗师。在此,我愿意和各位分享我本人的一点感受。自1995年以来,我就一直拜读南先生的著作,迄今为止,我已经收藏了南先生三十几种著述,2002年本人应邀访问台湾大学,在台北墩南路的诚品书店,发现了南先生的一部诗词集刚面世,如获至宝,不惜以480元新台币的昂贵价格购得,一般不肯轻易示人,今天我带来了南先生这部著作,也让各位饱饱眼福。

也许,有的年轻同学还不十分清楚南先生为何许人也,我只能这样说,南先生是一位始终不渝践行知行统一的人,是一位不遗余力贯通中国优良传统与现实生活的人,是一位诗书自华、经纶满腹,具有强烈社会责任感的学者,是一位充满爱心、关怀青年成长,对未来充满希望的和蔼长者。在此,我真诚希望同学们以南先生为人生楷模,爱国家,爱民族,勤奋学习,发奋成才,不辜负"光华教育基金会"的殷切期望,做光大中华文化的薪火相传者,做中华民族团结统一的促进者,做科学技术进步的推动者,做社会事业的建设者,做美好未来的开创者!

(2007年12月11日,在中国科学技术大学2007年度光华奖学金颁奖仪式上的致辞)

师 友 素 描

"三人行,必有我师",至理名言。

老师,既有狭义的,亦有广义的。狭义的一般指授业之师,广义的则是凡对自己有教益和帮助的,都是老师。狭义之师一般自己选择的余地较小,而广义之师基本上是由自己"择善而从"的,因此,拜广义之师更能测试或考验学生的识见和智慧。

从垂髫到斑鬓,仰承师恩无数,领受友情无数,拙笔难以穷尽,未完待续。

师长风范　温润如玉

汤洪高书记自 1990 年 5 月至 2003 年 5 月在科大主政的 13 年,正是我在科大成长的 13 年,从一名研究生成长为一名处长,其间还有一年多就在汤书记身边工作。将汤书记当作自己敬重的师长,应该是名副其实而不被认为是刻意攀附吧？汤书记自科大的工作岗位上转任全国人大常委时起,屈指算来已有十多年了,我调离科大也有六七年了,但时至今日,影响我在科大成长的好多因素依然还在影响着我。

我第一次见到汤书记并聆听他的讲话是 1990 年 10 月 6 日下午,在科大业余党校第四期培训班的开学典礼上。其时距汤书记从"科学岛"调任科大党委书记兼常务副校长刚刚 5 个月。我是那一期培训班 110 名学员之一,开学典礼的报道稿是我写的,发在《中国科大报》第 263 期头版,所以印象极其深刻。

第一眼见到刚过知天命之年的汤书记,知识分子的儒雅自不必说,他的讲话音调不高,略带山东口音,很简练。他说,我校的业余党校始建于 1985 年,为全国高校首创。到目前已培训 3 期共计 1500 多名党员骨干和以青年学生为主体的入党积极分子。实践证明,经过党校的学习,学员的思想理论水平及对党的认识有很大提高,对端正党风、校风、学风起到了积极作用。汤书记对我们新学员提出了三点希望和要求：第一,认真学习马列主义理论和党的基本理论,坚定共产主义信念,坚持四项基本原则,反对资产阶级自由化；第二,坚持理论联系实际的学风,继承发扬科大的优良传统,为精神文明建设和学校的稳定起模范带头作用；第三,珍惜这次集中学习机会,又要处理好党校学习与专业学习之间的关系,力争在政治理论水平上有一个新的飞跃。

汤书记的讲话很有针对性,很有感染力。我们这期学员中的大部分都是经历"八六"和"八九"的本科生或研究生,理想信念在形成过程中或多或少地受到了不正确思潮的影响,亟待正本清源的教育引导。以汤书记为班长的科大党委决定举办这期党校培训班,其目的意义应该是非常明确的。

汤书记这次讲话以及整个培训班学习给了我们全体学员极大地影响，澄清了我们许多认识上的模糊，更加坚定了对共产主义的信仰。结业后，我再一次向党组织递交了入党申请书，并在党组织的培养下，于1991年6月成为了一名预备党员。

这期党校培训始终把科大"红专并进，理实交融"的校风有机融入，所产生的效果与影响，远远超越了预期。理论学习外，还组织了主题鲜明的大规模社会考察活动，就是赴当涂县考察"两个文明建设"，为期两天的考察结束后，使我们这些走出象牙之塔的学员亲眼目睹了党的十一届三中全会之后农村发生了一系列翻天覆地的变化，思想上得到了一次洗礼和升华，深切地感受到"我们需要这样的一课"！

时任安徽省委书记的卢荣景同志得知科大这期党校的情况，不顾自己刚刚动过阑尾手术，于11月22日专程来到学员们中间，与大家面对面展开座谈，汤书记亲自主持了这次座谈会。卢书记与汤书记一样，草根出身，朴实本色。进入位于机研所对面的西门接待中心的二楼简朴会场，卢书记热情地与学员们握手打招呼，一下子拉近了感情距离。简单的开场白之后，汤书记鼓励同学们踊跃发言，谈真实感想，先后有14名学员发言，完全是自发的，事先没有任何安排或暗示，这样纯粹与真实的科大令我怀想无限。我是第一个发言的，发言毕，卢书记和汤书记带头鼓掌，对于一名热血青年，满腔热血仿佛都在燃烧，至今想起，师长的真诚鼓励，是一种何等珍贵的成长力量啊！

1991年夏，我研究生毕业留校工作，第一个岗位是党委办公室秘书。当时党委领导除汤书记外，还有王学保、宋天顺两位副书记，科大老一点的人很自然地称呼他们为"大保""老宋"。办公室5名工作人员，李国栋主任，丁毅信副主任兼汤书记秘书，大保秘书张黎明老师，我是老宋秘书，还有行政秘书鲁晓清同志。党办的分工其实是形式的，有事一起做，关系很融洽，很清爽。领导们很平易近人，很平等待人，没有大声疾呼，更没有颐指气使，有的只是关心、帮助和鼓励。

1992年春，我的家庭发生了一件不幸的事，处理完返回岗位，汤书记见到我，紧握我的手，没有多少言语，眼神传递了所有的关怀和安抚。其实在我返回前，领导们就指示党办为我申请了特殊补助。比较之下，汤书记的老母亲在山东老家去世，他谢绝我们前往吊唁，也不许我们声张，待人之宽，律己之严，窥见一斑。

我的预备党员转正是在党委办公室党支部。支部书记丁毅信老师主持支部大会，三位党委领导都以普通党员身份参加。党员领导干部参加双重组织生活，在那时的科大，就已经是常态了。汤书记在支部大会上的发言至今记忆犹新，还是那么简洁：灿平同志虚心、好学、负责，对自己要求严格，同意转正，希望继续努力。

在党办工作的一年多，没有为汤书记等三位领导做过一件"私事"，也没有登过一次他们的家门。因为他们从来没有吩咐过，加上自己在这些方面大体是木讷的，不会"来事"。至于同事们之间，也是淡淡若水，只在学校的接待中心聚过一次餐，名曰"吃报纸"（就是用卖废旧报纸的所得做餐费），领导们也受到了邀请，但他们都没有参加，只是轻描淡写地说一句，你们年轻人乐和乐和吧。

这一年，太匆匆！

1990年代，过"洋节"在大学校园渐渐风靡。汤书记也留过学，但更注重中国传统和传统节日。他曾亲自向我强调过，你们团委、学生会不要组织过"洋节"活动，我们中国的大学提倡我们的优秀传统文化、先进文化，我们不过"洋节"！自那以后，我所领导的团学组织和部门没有批准过、组织过一次过"洋节"活动，从科大到安建大再到巢湖学院，莫不如此。

1999年二三月份，汤书记在中央党校参加省部级领导干部培训班学习，我在中央团校（中国青年政治学院）参加十四届团中央委员培训班学习。一个周末傍晚，我两手空空跑去看望汤书记，那是我第一次进中央党校大门，汤书记电话里仔细叮嘱到了门口，从门卫处用座机打他宿舍内线电话，他接了方可进入。我按照汤书记的指点顺利进校并找到宿舍楼，没想到汤书记已经在楼下等着我，我还来不及感动，汤书记就像见到自家的孩子那样亲切与随和，说，先吃饭，再散散步。我随汤书记来到党校食堂，自助餐，汤书记请客，刷了两次卡，每人5元。就餐中，汤书记劝我多吃点，说年轻人消化快，晚上别饿着，关切之情溢于言表。

餐后汤书记领着我在初春的校园里散步，一边走，一边介绍周边的环境与景点，为我一个晚辈当起了"导游"，令我很是忐忑。好在汤书记没有涉及太严肃的话题，最严肃的话题就是，宣传部长很重要，干好不容易，先要把握好政治原则，再就是熟悉业务。汤书记这番话是针对我一两个月前刚刚从团委书记转任到宣传部长岗位上说的。我也坦诚地讲了自己转到这个岗位上的一些忧虑，汤书记摆摆手说，别着急，干中学，学中干，相信你会干好。汤书记这几句看似不经意的安慰话，在我确实起到了神奇的功效，这段时间心中萦绕不去的担忧，一下子释然很多，那次散步，也是第一次单独与汤书记一起散步，真是轻松惬意又难忘。2015年秋季，我有机会到中央党校学习，每天傍晚散步，都不自觉地循着汤书记16年前领着我散步的路径，并不自觉地回忆起彼时彼刻彼情彼景的如沐春风。

汤书记对年轻一辈的关怀和提携是一以贯之的。2009年5月，我挂职宿州，5个月后的10月22日，他还专程到宿州看我。宿州市委李宏鸣书记在南苑宾馆迎接汤书记，李书记满面春风地说："终于把汤校长盼来了！"想来李书记是汤书记在1993年至1998年担任科大第六任校长期间就熟识了，所以还是亲切的老称呼。汤书记笑容可掬地对李书记说，再过一个月，我就彻底退下来了。灿平在你这里，我来看看他。请你们支持和帮助，为我们学校培养锻炼干部，锻炼合格回去就是栋梁之才了。接着李书记把我一顿夸，汤书记自然很是高兴，嘱咐我要好好学，好好干，把市里领导和同志们的好作风好经验学到手，带回学校。我直点头，不知如何表达自己的心情，其实，那时真有一股暖流从心涌上头。2011年初，两年的挂职即将结束，汤书记仍在挂念我。2014年秋，我到巢湖学院新岗位工作还不到一年，汤书记又一次专程来看我，所有的交流虽是拉家常，但勉励和鞭策之情，依然殷殷切切！

岁月乾坤流转不居，师长风范温润如玉。不知不觉，汤书记将届八秩，唯愿尊敬的师长福寿康宁，过了米寿过茶寿！

（原载汤洪高《走过的路》第269～274页，2018年1月）

记忆中那些令人感佩的科大前辈

流年似水,离开科大转眼已近十载,母校的历程由50周年即将迎来一个甲子,而有些往事却栩栩如在目前。

记得2007年5月下旬,校党委刚刚任命我为学校秘书长,时任学校党委书记郭传杰先生嘱我协调联系郭永怀先生的夫人李佩先生,具体落实三件事:一是捐赠积蓄补充"郭永怀奖学金"本金;二是商定郭永怀先生塑像设计方案;三是签订郭永怀先生手稿出版协议。

很快,我就电话联系妥了李佩先生,李先生一直说,30万元的捐赠实在不多,只是一点点心意。当我将李佩先生的话语汇报给郭书记时,郭书记感叹道:"是的,面对这样的长者,唯有钦佩、感动、学习!"

次日,我即与时任出版社社长郝诗仙、化学物理系主任陈旸、学生处副处长尹红等一同赴京拜会李佩先生,就捐赠、手稿、塑像等事宜具体落实。

那天上午,我们一行4人前往中关村李先生寓所拜会。李先生极其认真地签署了捐赠协议和出版授权书,对塑像的设计方案,只提出与中科院力学所的那一尊郭永怀塑像相同就可以了。事妥之后,我们请求合影留念,李先生欣然同意,并让保姆帮我们拍照。李先生的寓所属老旧房子,客厅朴素狭小,我们5人站成一排,必须非常紧凑才能全部装进取景框,所以拍了好几次才成功。最满意的一张合影,竟就是把瘦小的李先生紧紧挤在中间的那张。

临近中午,李先生执意要今日事今日毕,把30万元人民币当即汇到科大账户上,我们便陪李先生同赴附近的工商银行营业所转账,因恰逢双休日不能办理大宗转账,需待工作日,只得作罢。本来想请李先生一起共进午餐,李先生说,下午已约好了大专家来中关村作报告,需要自己亲自张罗和主持,不能在外耗时吃饭。恭敬不如从命,我们送李先生回到家中,便告辞离开。回到住地,随即电话向郭书记作了汇报。

随后,又临时接到学校一项新的指令,去看望刚出院的科大老书记杨海波先生。下午,便与尹红一同赴大木仓胡同看望杨书记。杨老虽刚病愈出院,但红光满面,精神很好,谈锋健旺,只是有点耳背,还有些重听。所以我们的交谈一直是我在不断提高音量,有的话还需要笑着重复好几遍。告辞时,杨书记坚持要送我们到门口。

在北京节奏快,完成任务的第二天是5月27日,星期天。上午,我用短信向郭书记汇报了看望杨书记情况,短信内容至今还原原本本地记在日记里:"郭书记,昨天获悉杨海波老书记冠心病初愈,我们略备薄礼(一束鲜花,一篮水果),以学校的名义前往大木仓胡同34号拜慰,年届八四的老书记高兴异常,对学校的发展十分关切,特别强调'全院办校,所系结合'的办学方针是法宝,不能丢。我顺便汇报了不久前在科大成功召开的'全院办校,所系结合'工作会议的盛况以及50周年校庆筹备概况,老书记表示,明年一定回科大参加校庆!我们告辞时,老书记坚持将我们送到大门外,殷殷之情,感人肺腑。"

2017年1月12日,被誉为"中科院最美的玫瑰""中关村的明灯"的李佩先生走完了近百年的人生长路,安然仙逝。杨海波老书记则于2016年3月9日仙逝,享年93岁。如今回忆与缅怀那些已经远去的科大前辈,敬重、钦佩、感恩依然萦绕心头。

(原载《中国科大报》2018年6月30日"孺子牛特刊"总第891期)

忆王明方同志一件事

2016年9月16日，正值中国传统佳节中秋节假期中。

白天听几位曾在宿州工作的同事和朋友说，王明方主席在上海病重。我的心一下子就沉了下来，可能是因为自己孤陋寡闻，此前没有一点这方面信息的铺垫，所以感到非常突然。

此后内心只有默默地祈愿，祈愿明方主席逢凶化吉，遇难呈祥。

可是，噩耗当天夜里就铺天盖地传来：安徽省政协主席、党组书记王明方同志因病医治无效在上海不幸逝世，享年65岁。

其实，明方主席1952年11月生人，在这个岗位上尚未到退休年龄啊！

随后，我发朋友圈以志悼念："八月十五云遮月，秋雨随风身心寒。人生世事谁逆料，长泣英灵泪满襟！"

我与明方主席并没有太多的工作交集，只有几次零距离接触，就是这几次短短的接触，他给我留下了深刻印象，他是一位值得敬重的领导、师长。

那是1999年的秋季，中国科大"三讲"教育全面铺开后，校党委书记汤洪高教授邀请时任安徽省委常委、省委宣传部长的王明方同志拨冗来校做关于"讲学习"的首场辅导报告，他愉快地接受了汤书记的邀请。随后汤书记嘱咐我负责联系明方部长，我当时是校党委宣传部长。

我及时先电话联系明方部长。联系之前，心中很有些忐忑，心想他是省领导，我只是基层的小字辈，千万别因为自己在科大环境里待惯了，与领导说话一般较随意，不知高低轻重惹领导不高兴。其实我的忧虑完全是多余的，接通电话，我自报了家门，说明了用意，明方部长在电话那头，声音爽朗洪亮地说，汤书记交给我任务，到科大去交流学习体会，我哪敢怠慢啊！我正在备课呢，灿平同志，你的电话来得正及时，什么时候有空，请你来当面谈谈情况。我接着说，我怕直接闯去拜见您不礼貌，就先打个电话，我现在就行，不知您忙不忙？明方部长很干脆，说，来吧，科大到我这，大概半小时能到吧，那我们待会儿见。

我如约赶到明方部长的办公室（位于省委机关大院北楼），第一眼就能感受到他是一位和蔼可亲、平易近人的领导,清癯干练,看不出有"官架子"。握手、简单寒暄就示意我坐到他办公桌对面的椅子上,直接切入正题,他希望了解一下科大师生员工近期的思想状况,对"三讲"教育特别是"讲学习"有什么期待和需求,余下的时间是他听我说为主,并且边听边记,不放过他认为是重要的任何细节。近一小时时间,我觉得自己既是在接受一场考试,又是在接受一场教育。

1999年9月29日上午,明方部长关于"讲学习"的辅导报告会在东区水上报告厅如期举行,全体学校领导和全体中层领导干部参会,汤书记主持。在两个半小时的报告中,他理论联系实际,贯穿"三讲"教育的宗旨,融入所了解的科大情况,贴近老师们的期待和需求,精神饱满,声情并茂、文理交融,例证生动,丝丝入扣,切中肯綮,掌声不断响起。汤书记在主持总结时说:明方部长的报告全面、深刻,对我校"三讲"教育工作是及时的指导和推动。我个人的体会则是:明方部长的报告是科大讲坛上不可多得的精彩报告之一,他以平易近人的态度和学者的严谨把"讲学习"的重要性、必要性和目的性用"内化"和"外化"两个观点阐述得丝丝入扣,起到"登高而招""顺风而呼"的功效。引入"方法论"的观点,既于科学上有理有据,又非常适合于科大听众的口味,针对性极强。

报告后,明方部长又让我帮助听取与会老师们的意见,我遵照执行,整理了一份由18名与会老师的意见和建议,打印成了7页文档,于10月下旬的一天如约当面呈送给他,那一天我熟门熟路地来到他的办公室,诧异的是,与前次大不相同,书橱空无一册书刊,办公桌空无一页案牍,他看出我的诧异,笑着说,哦,我岗位换到秘书长了,办公室要移走,今天在这里办公的最后两件事,一是等你来,二是等新部长骆惠宁同志来交接。我再一次被他的平易与亲和深深感动!

此后,再也没有重现这样零距离接触这位可亲可敬的领导、师长的机会了,但希望总是在,没承想的是,2016年9月16日,这点希望被击得粉碎!

明方主席,今天是与您告别的日子,您西行一路走好!

(2016年9月20日)

先生之风 山高水长

2004年11月6日,张宗植先生驾鹤大行,身后留下了九十载传奇性的足迹和不可磨灭的人生丰厚遗产。噩耗传来,中国科学技术大学师生以各种不同的方式深切缅怀可亲可敬的张宗植先生!

一位获奖的学生sungo(9706人生如茶)在中国科大"瀚海星云"上发出了广大学子的共同的心声:"一直感谢张先生的奖学金,鼓励我走了很远很远。我会永远心存感激,并更好地为社会尽自己的力量。"

笔者也抑制不住内心的思绪,代表学生工作处在校园网和校报上撰文,沉痛悼念张宗植先生:

惊悉旅日爱国华侨、新加坡石油公司日本分公司前总经理、咨询事务所所长、清华大学顾问教授、清华大学海外校友会日本分会名誉会长、清华大学"一二·九奖学金"和中国科学技术大学"张宗植科技奖学金、奖教金"基金捐赠者张宗植先生,因心脏病突发,经抢救无效,于2004年11月6日在东京医院逝世,享年90岁。

张宗植先生一贯勤俭简朴,淡泊名利,对祖国的科技教育事业鼎力支持,特别是对青年大学生充满着关怀和期望,先生为人处世的高远境界,提携后进的高风亮节,永远值得我们崇敬和学习。

学生处全体工作人员并代表全校广大同学特别是全体获得"张宗植科技奖学金"的同学对张宗植先生的不幸逝世表示沉痛悼念!并向张老先生的亲属表示深切的慰问!

笔者虽负责学生处工作特别是组织"张宗植奖学金"评审工作有年,但一直未能亲睹先生的风采、亲炙先生的教益,至今引为人生的一大憾事。尽管如此,笔者对先生其人其事并不十分陌生。

1987年,先生怀着情系桑梓、关爱学子的拳拳之心,不惜变卖部分家产,将50万美元捐赠中国科学技术大学和清华大学设立奖学金和奖教金,鼓励青年师生为祖国的科教事业发奋拼搏。

1988年我校将先生所赠的20万美元作为专项基金,设立了"张宗植科技奖学金"和"张宗植科技奖教金"。该项奖学金、奖教金是我校最早设立的专项奖之一,迄今亦为我校40余项专项奖学金中个人捐资总额最高的奖项之一,目前已连续评定了18届,获奖师生已达1450余人次。

　　1987年至2004年十几年间,先生先后5次将自己多年的积蓄和养老金连同变卖家产所得,均逐次捐赠给清华大学和我校,增加奖学金、奖教金的基金额度。不久前,笔者在查阅我校奖学金档案材料时,惊喜地发现了一封先生致我校主要领导的亲笔信,这封信写于2002年7月17日,是老人家米寿之年,将变卖家产所得和自己的养老金10万元美金再次捐献给我校用作扩充该奖项基金时,所表达出来的由衷情怀:

尊敬的朱清时校长和汤洪高党委书记:
　　您们好!
　　科大近年的耀煌扩大和发展,至深钦佩,也至深庆贺,这也正配合着中国近年的空前的建设和经济繁荣,使海外华裔兴奋欢跃。
　　2001年以来,随着世界的不安定,美金利率不断跌落,念及在贵校所设的"张宗植奖学金"受到利率下降的影响,不断缩小,现决定略效微力,由银行汇奉基金增加额拾万美元,使基金总额增加为三十万美元,虽不能恢复为原先的收入,亦可略补不足。涓滴之水,仍望不弃微薄,惠予收受应用,至深感幸。汇单复本附上。
　　专此,敬颂
　　钧安,学校日益昌隆!
　　　　　　　　　　　　　　　　　　　　张宗植谨上

　　透过清整的法书和恳切的言辞,吾辈所读到的岂止是一封来自异国他乡的普通书信,简直就是一颗滚烫的心!

　　先生生前对科大年轻师生的成长十分倾心倾力,每年颁奖之际,都要来函来电甚至亲临学校表示祝贺。1988年,已逾古稀之年的先生由东邻专程飞回祖国,准备参加科大首届颁奖仪式,后因航班取消,只能在北京中国科学院会议室里亲自为首届获奖的科大师生代表授奖;1990年10月,先生更不顾年迈和公务繁忙,亲临科大为当年获奖师生颁奖,情绪饱满地参加获奖师生代表座谈会,并欣然为学校题词:"发扬科学精神,培养建国人才。"1991年10月,先生又致信学校,对国内安定团结的局面表示欣慰,希望学校珍惜这种局面,重视科学,重视技术,坚信"中国的前途是无限光明的"。1992年

11月,年近八旬的先生偕夫人再次来校,亲自为当年获奖的师生颁奖,并深入学生宿舍、实验室看望获奖师生,与他们亲切交谈、为他们签名留念。参观火灾科学实验室后,先生为科大的快速发展感到高兴,欣然命笔题词:"万分佩服科大师生,永远攀登科技高峰,贡献科技建设。"2003年9月,先生再次为我校获奖学生题词:"祝愿科大优秀的学子们不断追求宇宙的真理,开发高峰的技术,造福中华,增进世界繁荣和平。"

1998年6月,学校专函诚邀先生作为四十周年校庆嘉宾,先生因耽于公务,无法亲临学校,但一往情深,不仅专门从江西景德镇订制了一对高1.8米的青花山水画大花瓶以及题词"探究宇宙真理,增进世界繁荣"作为贺礼,还写来亲笔贺信:

尊敬的朱清时校长及各位筹委:

您们好!接诵六月二十三日校庆通知及招待状,至深感荷,也觉得万分光荣。

贵校创立以来四十年间,为国家培养多数科技建国人才,并在世界学术界做出了辉煌贡献,衷心感佩,趁此盛大的庆典,亟望能前来参列庆贺,倾聆教益。只恨以俗务羁身,九月间无法离日,心向往之,歉难成行,尚乞惠予鉴愿,深为憾然。

兹附上祝词一纸,又另有小儿张宏就近献呈区区贺品一件,聊表祝贺期望之诚,幸祈哂纳。

专此,敬颂

弘扬伟业,学术昌隆!

张宗植
1998.7.17

如果说设立奖学金、奖教金主要是从物质方面体现了先生对年轻一代无微不至地关怀的话,那么,作为一位早在20世纪30年代就为鲁迅、茅盾等所注目和嘉许的进步青年作家,而又能在往后数十年商海生涯中笔耕不辍、著述丰赡的先生,更是悉心将自身的人生感悟与心得分与年轻一辈共享,其文笔清新、情理交融的《樱花岛国余话》《比邻天涯》《海天一色》等著作,皆为吾辈珍爱,先生的每一篇文章,无论是写景状物,无论是怀人忆旧,无论是阐发事理,不啻为吾辈开启了一扇又一扇的心灵窗户。

光阴荏苒,18个春秋春华秋实。翻开获奖名册,1450多名获奖的青年才俊已经或正在成为我国科教战线上的生力军,他们感念先生的义举与期望,奋发进取,其中许多人都已成长为出类拔萃的精英。

2006年11月6日,先生仙逝两周年纪念日。上午九时许,仲秋季节的合肥大蜀山西麓文化陵园,朝阳明艳、空气清新、山林静谧,"爱国华侨张宗植先生及夫人纪念碑揭幕仪式"在这里隆重举行。墓碑的基石上镌刻着先生的哲嗣张宏先生亲撰的墓志铭:"文坛儒商情系中华,无私奉献遗爱人间。"真是言简意赅,准确写照!参加仪式的除先生的亲属外,还有安徽省以及合肥市的政府官员,清华校友分会的代表,中国科学技术大学有关领导和师生代表……人们向先生鞠躬并敬献鲜花,以寄托思念与敬仰!

笔者肃立于先生墓前,心中涌起的只有这样八个字:先生之风,山高水长!

(原载张宏、郭胜利主编《桑梓明月:张宗植纪念文集》第35～38页,2007年5月)

唐仲英先生耄耋之年的朝阳事业

一、唐仲英先生的情怀

"吾十有五而志于学,三十而立,四十而不惑,五十而知天命,六十而耳顺,七十而从心所欲,不逾矩。"这是《论语》中的夫子自道,极其简明扼要地描摹了人生自然充实的知行节点。

我曾经不止一次地想过:此寥寥数语的夫子自道,作为唐仲英先生的写照,不是也非常贴切吗!

唐仲英先生20世纪30年代出生于富庶丰饶人文荟萃的吴江盛泽镇,弱冠之年远涉重洋赴美求学,"而立"之年即兴办实业,独资创设了第一家钢铁服务中心。及至1980年,正值"知天命"的唐先生,在美已拥有30多家大小企业,建立起唐氏工业公司,一跃而跻身于年销售超10亿美元的私营企业之列。"耳顺"之年,唐先生麾下的唐氏工业公司高居美国"福布斯"杂志全美私人公司排名第一百五十七位。

事业鼎盛、业绩辉煌的唐先生,并未折进人生的世俗甬道,如同绝大多数人那样,荣身而退,颐养天年,而是继续一边参与全球经济活动,一边致力于社会公益事业。

唐仲英先生于1995年独立出资在美国成立了唐氏基金会。从1997开始,唐仲英基金会已在中国大陆的18所知名高等学府和1个地区设立了"唐仲英奖学金",迄今已有2800多名品学兼优、家境清寒且热心社会公益的大学生获得了奖励和资助。这些学生自发组成爱心社团,开展了各类社会公益活动,播撒爱心种子,传递爱心火炬,忠实践行"服务社会,奉献爱心,推己及人,薪火相传"的宗旨。

由实业家到慈善家,唐先生所走的道路既传统又现代。实业兴国,是清季民初多少仁人志士"中学为体,西学为用"以及"师夷长技以制夷"的梦想,科教兴国,新中国建立后尤其是改革开放以来,乃为我国实现中华民族伟大复兴所施行的一项基本国策。唐先生在这两点之间,做出了一条完美连接,并给出了社会效益的最大值。

2004年4月,由美国知名华人组成的"百人会"在洛杉矶举行的第十三届年会上,唐先生荣膺首次设立的"人道主义奖"。这是否可以看作是对唐先生"七十从心所欲"地支持祖国科教事业发展、奖掖后进学子传承爱心的一次具有代表性的肯定?

二、唐仲英先生的睿智

记得2004年5月初第一次有幸见到唐先生,是在唐先生的家乡吴江。

唐氏基金会中国办事处的徐小春主任、孙幼帆副主任与我们商谈在中国科学技术大学设立"唐仲英奖学金"并签署协议之后,唐先生会见了我们。是年已七十有四的唐先生依然精神矍铄,思维清晰,谈吐儒雅,既有西方文化弥久熏染的直率,又有中国传统文化涵咏的温蕴,一位德高望重的长者对教育事业悉心支持和对青年才俊的殷切期望,溢于言表,唐先生郑重嘱托我们要将奖学金奖励那些"优秀而能帮助他人"的贫困大学生。唐先生的真诚,令我们感佩,令我们动容!

唐仲英先生一贯认为,一名真正优秀的人才,不仅要学有所成,更要学会做人,并且首先学会做人,然后才学做事和立业建功。只有深谙"得诸社会,还诸社会"的道理,方能立足瞬息万变的社会,方能实现人生最理想的价值。一个社会的进步,不仅要靠社会成员健康的体魄来搭建,更需要社会成员健全的人格去推动。在2004年10月举行的"唐仲英奖学金"第三次交流会的座谈中,唐先生意味深长地说:设立奖学金,仅有爱心只是完成了三分之一,另外的两个三分之一还需要唤醒和激发接受爱心的人对他人的爱心,并通过自己的努力影响身边人和全社会也能够献出自己的爱心。

唐先生的睿智不仅包含在他朴实的话语中,还包含在奖学金奖励对象的选择上,甚至对奖学金的名称也作出深刻内涵的规定。自2006年起,"唐仲英奖学金"更名为"唐仲英德育奖学金",据我所知,在国内高校所有的奖学金中,以"德育奖学金"冠名的还是绝无仅有的一家!

从中,我们如何去解读老人的心曲才是没有曲解?

二、唐仲英先生的执着

已经步入耄耋之境的唐先生,在独立斥巨资支持中国的教育事业之后,并没有停下脚步,依然奔波于全国各地,且将目光投助于更广泛的公益事业,尤其是启动了造福贫困农村的"薪火"计划。

自2004年始,基金会对乡村教育所实施的"薪火"援助计划,已在江苏、陕西、安徽等省共遴选了四个乡镇作为实施点。"薪火"计划旨在捐助贫困农民适龄子女接受九年义务教育,不因无力缴费而失学;捐助青壮年农民接受劳动力转移培训,使其掌握一技之长,顺利就业;捐助在家务农的农民参加农业技术培训,使其掌握农业生产技术,进行科学生产,提高效益;捐助当地中学加强基础设施建设,添置实习实训设备,提高装备水平,扩大培训能力,增强培训功能,以适应社会发展的需要,加快培养面向生产第一线的适用型技能型人才。

安徽舒城县舒茶镇是基金会设立在全国的第四个"薪火"乡村教育援助计划实施点。唐先生仍然像对待前三个实施点一样,亲临实地进行考察,与各方广泛接触,研讨实施方案,并不失时机地交流基金会的宗旨。

此外,基金会还在十余个省份援建"CTF小学",资助困难地区小学建设和发展。援建南京大学的"南京微结构国家实验室"大楼(唐仲英楼),援建南京中医药大学"江苏省中医药研究和新药创制中心暨唐仲英科技楼",援建苏州大学"炳麟图书馆"……

唐先生的这一系列善举,在世俗的眼光里,是无论任何也给不出准确的诠释,如果一定要给出一种诠释,我能想象到最好的一句话就是:唐先生正在执着地开创着一项朝阳事业,让世界充满爱!

按照中国的传统习惯,"大恩不言谢",这里援引一位获奖学生的感言作为对唐先生的祝愿:

> 今天,在为新一批唐仲英奖学金获得者颁奖之际,唐先生又来到了我们学校,我有幸第三次见到了他。笑容依旧,伟岸依旧。那个身影在我脑海中已如此熟悉,每次见到他,想到他,我都有一种不寻常的心情,是激动,是感谢,是崇敬,每种都有,每种都很深。
>
> 接触了三次,我更加了解唐先生,熟悉唐先生,他也逐渐认识了我,记得了我。可以说是唐先生用他那博大而宽容的爱触动了我的心,给我无限前进的动力。
>
> 三月的江南用那最深情的春雨迎接着尊敬客人的到来,而含苞欲放的樱花又用那淡淡的馨香恋恋地送走远方的朋友。一位爱心社的同学祝福道:"唐先生,祝您永远健康快乐!"
>
> 是的,唐先生,祝您永远健康快乐,好人一生平安!

(原载"唐氏基金会"网站,2006年10月)

文理交融的探索者

——记我国首批博士学位获得者范洪义教授

（一）

梦入解题觅思路，孤萤化星，依稀有灵悟。睡里缺笔无记处，觉来朦胧追忆误。惆怅梦境难复苏，铁鞋未破，尚须费工夫。莫怨花径有迷雾，雾中看花有似无。

（二）

挑灯抱影复攻书，天涯有穷，阅识无尽处。夜深神凝思绪殊，易添彩笔题新赋。遥望太空不觉孤，星月无眠，无意诉清苦。休悔年青曾虚度，夜兼日作勤拙补。

一位颇具诗词功底的八旬老者读罢以上两阕题为《蝶恋花·静夜思》的词，搁下报纸，吟味良久，不禁赞道："文情并茂，好词！"老者原以为这必出自于专攻文学的人之手，后经了解，才知作者的真实身份——他，就是中国科学技术大学的一位物理老师、我国首批十八名获得博士学位之一的范洪义。

讲范洪义的故事，不能不讲他在物理学领域的成就和贡献，但仅限如此，仿佛画家只画红花而未添绿叶，使得整幅作品不协调、不美观。范洪义的"绿叶"就是他对文学的情愫以及对文学与理学关系的参悟。

范洪义16岁步入中国科大读的是物理，调回母校教的是物理，研究的也是物理。他在理论物理迷幻的海洋中游弋俯仰，收获丰硕——他已发表SCI系统检索的论文330篇，在我国科技论文个人排名榜上，范洪义1989年就名列第五。据权威的SCI检索统计，他在1992年到2003年之间共有10次名列前三名，其中大多名列第一，他被引用论文的篇数也是近年来在全国排第一的。

在众多的研究成果中，最突出的是他在量子力学理论研究方面的贡献。诺贝尔物理学奖获得者狄拉克是量子力学的创始人之一，早在1930年就希望他所建立的能深入表现量子力学本质的q数理论（亦称符号法）能在将来得到发展,但是如何发展呢?

范洪义从平凡中看出不平凡,从常识中悟出奇崛来,另辟蹊径开拓研究方向,发展、丰富和完善了这一理论,使得量子力学的数理基础有了一个别开生面的进展,并在量子光学等多个领域有广泛的应用,从而在观念上深化了人们对 q 数理论的物理内涵与应用潜力的认识。

国内外同行评论他的系列工作有美感(beauty),又富原创性(highly original),在物理学上具有长远的国际影响。他先后被邀请到美国、加拿大等多所大学讲学,1993 年在美国召开的国际相干态会议上,他被遴选为国际顾问,并作特邀报告,受到与会者尤其是该领域权威人士的赞扬。不少与会者与范洪义打招呼后的第一句话就是:"我读过你的文章。"最近,他的一篇评论文章(Review Article)在国际重要杂志上发表,文章总结了他的部分成果,以醒目的标题"……发展狄拉克符号法"吸引了不少读者,因为狄拉克是公认的最伟大的物理学家之一,其对物理学的贡献仅次于爱因斯坦。

在科研的同时,范洪义越来越体会到应该向文理两方面充实自己,努力做到文理相浸,涵化交融,这样才能视野开阔、更有作为。范洪义在理论物理的原野上辛勤劳作的同时,赏析中国古典诗词,并用撰写科研论文的笔赋诗填词作文,就是基于这种认识。

"物理学家是描绘自然规律的画家,是注意聆听自然韵律的音乐家。"这是他常讲的一句话。他也常告诫他的研究生们,在学习英文的同时勿忘了学习博大精深、魅力无穷的中国文化,尤其是古典诗词。范洪义说:"它们与理论物理有异曲同工之妙。"他对这句话的诠释是:中国古诗词与理论物理的思维方式是相通的,都具有凝练、简朴的特征,都具有和谐对称的美感,都需要有丰富的想象力,都强调善于捕捉灵感。物理学家面对的是自然的大图像,诗人则要有宽广豁达的胸怀。

就这种意义上来说,范洪义认为本文开头所引的两阕词作与其众多的学术论文没有多大区别,他同样地珍爱。从中我们读出了由凝练、清新、优美的诗的语言所勾勒出科学工作者追求自然真理的执着与艰辛:

"挑灯抱影复攻书""夜深神凝思绪殊"——这就是范洪义的自画像,也可以说是所有科学工作者孜孜矻矻、焚膏继晷的真实写照。

"铁鞋未破,尚须费工夫""休悔年青曾虚度,夜兼日作勤拙补"——这是范洪义的自勉自励,更可以说是对年轻人尤其是许身自然科学的年轻人所喊出的加油号子。

"星月无眠,无意诉清苦"——给人以想象驰骋的广阔空间,灵感在宁静恬然中萌生。

一次，范洪义参加学术会议，途经葛洲坝水闸，他注意到坐在船上经历几十米高度的"跨越"，却没有坐电梯那种超重或失重感，而船的吃水线却始终不变。于是即兴写了一首《夜过葛洲坝》：

> 船歇水闸里，客随乘水梯。
> 升降浑无觉，浮沉亦不计。

同行旅伴评论这首诗中既所含着物理学上浮力原理，又隐喻着作者不计名利、默默耕耘的恬淡人生态度，范洪义能够在寻常中见奇崛。

说到"寻常中见奇崛"，范洪义就曾写过一篇《寻常与奇崛》的千字随感，他从爱因斯坦由引力质量与惯性质量相等这一"平常"事实出发，首创出广义相对论，麦克斯韦注意到电磁方程组不够对称而引入位移电流项而导致了令人赞叹的电磁振荡理论的建立，普朗克只是认为能量的辐射不连续而奠定了量子力学的理论基础等典型的科学史实，说明了寻常中寓有奇崛，奇崛又回归寻常的道理。文章虽短，意味却长。

范洪义写诗作文题材广泛，但都与现实联系紧密，是有感而发的，体现了"诗言志"的宗旨。因此，关于他的故事，有些就是包蕴在他的文学作品的背景之中。

《梧桐赞》这首诗是这样写的：

> 灼光梧桐截，成荫招人歇。
> 常恐遮不严，努力展枝叶。

范洪义写这首诗的背景是这样的：据说法国梧桐的飞絮对人体健康不利，因此，街市或校园的梧桐遭到砍伐。范洪义对于梧桐挺拔的枝干、巨伞状的树冠、浓密的绿叶挡住盛夏的骄阳，给行人带来清凉，是大加赞颂的。不仅如此，"常恐遮不严，努力展枝叶"难道不是为人师表的教师们敬业精神的体现吗？

在《梧桐赞（二）》中，他又写出了梧桐的另一种品质：

> 夏洒清爽密密荫，秋折黄叶枝枝轻。
> 非为冬来添萧瑟，不与行人争暖晴。

"红绿灯是交通安全的保障，是交通法规的执行者，是行人过马路的保护神。"这是《红绿灯》这篇杂文的开篇，可是，"一部分机动车司机藐视它，不遵守'红'的指令"，文章呼吁人们要维护"'红'的尊严，珍视'红'的光彩"——范洪义关注社会问题于此可见一斑。

接触过范洪义的人都有这样的印象,他是一位坦诚务实的人,具有从事科学研究的一丝不苟的严谨气质,但范洪义却很有幽默感和浪漫情怀。一次赴四川出差,见到乐山大佛,他诙谐地写下一首诗,把西游记的故事与当时看到的场景联想起来:

毕竟乐山大佛工,浑然一体与山融。

登上攀下观光客,如来掌中孙悟空。

范洪义发表的《某君十六快》可以进一步作为他诙谐与正直的印证,需要首先说明的是,"某君"者,范洪义本人也。仅录其中"六快"如下:

之一,与一色盲学生下象棋。彼执黑,攻势凌厉。眼看几乎要输,急中生智,用黑马"踹"了黑车,竟未被察觉。反败为胜,不亦快哉!

之二,近月底,工资将尽。忽见审稿费挂号寄到。即蹬自行车直奔邮局领出。于卤菜摊购得鸡小半只,猪尾巴一条,另沽黄酒二两,与家人共享,不亦快哉!

之三,学校家属区铺设煤气管道,见挖沟人掘出小树三棵,弃之于道。暴殄天物,于心不忍,捡来栽于家门口。历半月,见有青翠嫩叶绽出,生机勃勃,不亦快哉!

之四,夜自习后回寝室,从咖啡厅传来被唱走了调的卡拉OK流行歌曲,失谐的音波在万籁俱寂的夜空中回荡,令人哑然失笑,不亦快哉!

之五,暖暖阳光下挤在人圈里看校运动会比赛,见一戴眼镜学生穿皮鞋跳高,颇觉新鲜,又见一胖乎乎学生着长裤助跑后在杆前奋力腾身一跃,恰把横杆坐断,众皆乐之,不亦快哉!

之六,初春见喜鹊一对,在艺术楼前衔枝筑巢,叽叽喳喳,亲昵异常。想到不久将可见到小喜鹊在树间飞来飞去,伴奏助兴,不亦快哉!

读了以上"六快",是否忍俊不禁?是否对范洪义的幽默感与浪漫情怀有认同?

关于"之六",还有续编,与"不亦快哉"形成强烈对比,可曰"不亦悲哉"进而可曰"不亦愤哉"!从中看出范洪义的认真劲儿、执着劲儿——小喜鹊的确应运而生,但竟有人仿效"杀鸡取卵"的方式来了个"锯树捕鹊",硬是要将鹊雏变成下酒菜。范洪义看到巢倾鸟失后,立即向有关管理部门反映。管理部门还真不含糊,给肇事者以应有的处理。

近年来,范洪义发表的诗文作品虽不及他的学术论文多,但也有百篇以上,加上一些还未拿出去发表的文稿,已是一本不薄的"作品集"了。

当别人谈到他的诗词细腻、读后可回味时,他却说:"我只是学着写写,看看学物理的人写诗的意境有无特色。"而我们知道,他在理学与文学两方面都善于思索。

关于脑力劳动,他曾写道:"思径崎岖难通幽,几番冥想却归谬。独踽柳暗恼柳丝,霎见花明喜花秀。"

关于文理交融,他又写道:"闲情难挽思潮留,一波方平,风来又吹皱。驾轻就熟漾扁舟,荷叶深处有肥藕。……"

有人曾问起范洪义对名誉的看法,他读了首诗:

> 爱绕竹林行,追寻糊涂难。
> 望竹慕板桥,抚笋欲冒尖。

其实作为范洪义多年老朋友的我,也深知他的工作辛苦,有诗二首为证:

(一)
> 稿投已三月,构思近半年;
> 水到渠成后,月望晓星前。

(二)
> 日积千缕思,夜辗反侧寝;
> 一篇精湛文,几回梦里醒。

一位理学博士、物理学家注意培养自己的诗词情趣,而又能在"责任田"与"自留地"之间勤耕不辍、相得益彰,仅此一点,对于正在成长过程中的年青学子们该是不无启迪意义的吧。

(原载《中国科大研究生教育》2004年第1期)

心韵赋翰墨　诗情寄丹青

——"张方书画展"观后访张方先生

　　画中有诗,诗画交融。这是"张方书画展"观后很自然的感觉。

　　这一幅长卷,没有标题,也可以说标题极长,与长江一样长,与华夏历史一样长。"滚滚长江东逝水,浪花淘尽英雄"是其吟咏,"青山依旧在,几度夕阳红"是其底蕴。

　　江南、春色、杏花雨是艺术家穷究不尽的素材。张先生从浙江的田园中走出来,画中自然有江南的韵律。《江南细雨》轻轻地弹拨着吴越丝竹,在酥润的雨帘中,款款地流泻出一个梦幻的田园。那房舍的粉墙瓦顶,那溪畔的垂柳杏花,那远山的苍黛碧翠,带给人的除了柔柔的美感以外,还能有什么?

　　美学家对美的粗略分类有两种,形象地说,"杏花春雨江南"是柔美,"骏马秋风塞北"是刚美。凡刚美总脱不了阳气和峻峭。一幅泼墨《雨后黄山铁铸城》,仅就画题,何其铿锵,更有毫端粗犷潇洒的线条勾勒出的峰峦挺拔,松石兀立,黄山的阳刚之美,顿时溢出画外!

　　果真只有这两类美的话,《梅花》就不知该归属哪一类更为合适了。一轮满月,清辉普洒,一株梅花勃勃舒展的枝丫占据画面,喧妍盛放,暗香浮动,找不出半点"病梅"的影子。假若宋人林和靖《山园小梅》写绝了逸者之梅,那么张先生此画则画活了梅之逸者。

　　大凡上得画的都是些可以入画的物件,最多莫过于名山大川、田园秀色、花鸟虫鱼。张先生呈现给我们的却有《聊斋志异》。驻足《青凤》之前,我领略到了"美目盼兮,巧笑倩兮"是何种神态,禁不住轻轻赞道:"美哉,小狐仙!"

　　举办个人画展,在科大还属首次,前来观看的人络绎不绝。为了让更多的人了解他,我采访了这位把艺术和美献给大家的张先生。

　　现已退休在家的张先生,在他的居室接待了我。张先生初看上去,没有一点艺术家的表象,既没留长头发,也没蓄大胡子,衣服也很普通平常,倒像是一位清癯干练的科研工作者,说话声音不大,语调不高,语速不快,非常的平易近人。环顾室内，壁上的字画，几上的花草，案上的工艺摆设，无不给人以清新高雅的感觉。科大的师生员工也许对张先生并不陌生，大家经常可以从每年的贺年卡、科大画册和学校许多公共场合的画品中，领略他的艺术魅力。不仅在科大，他的画已流传海外三百余幅，真可谓"名扬四海"。

张先生原是校报《中国科大报》的美术编辑。退休后的生活对他来说并不寂寞，反而为他的艺术创作提供充足的时间和安静的环境。不过，他仍为学校承担许多美编工作。这次画展的作品，就是他近年以来陆续创作的。

源于生活，高于生活，这是张先生创作的准则。"为了作好这些画，我曾多次深入九华山、黄山、齐云山、天柱山，做了大量写生稿。"沉吟片刻，张先生有些感慨的神情："大自然为我提供了创作的源泉。画展中的许多作品就是根据写生稿加工提炼而成的。"

张先生告诉我，这次画展得到了学校党委宣传部的大力支持。科大的老师、同学工作学习都很忙，难得有机会参观正规的画展，这次画展意在活跃校园文化生活，也是一次向大家汇报和求教的机会。

从题材上看，张先生这次展出的作品可分为名山大川、江南小景及古代仕女等几类，这是否体现他的绘画风格呢？

"是的。"张先生肯定地说，"我深受传统文化的熏陶，古代的诗词曲赋给我教益颇大。我的画境力求体现诗境，这种诗境基本来自祖国的大好河山，人物故事。"

张先生的画技令我倾倒，我自然想了解一些他的艺术历程和借鉴之处。

说来有点意思，张先生在大学读的是化学，只是自幼爱好绘画，到了高中，寒暑假完全沉溺其中。但父母极力反对。庆幸的是毕业后，被分配在报社当美编，自此才正式走上绘画的道路。"选择自己有特长而又喜爱的专业学习"，是我从张先生的经历中得到的一点深刻启示。

（原载《中国科大报》1990 年 5 月 15 日总第 255 期）

杨振宁看家乡戏

"淝河充满情和爱,振宁博士回乡来,欢聚一堂庆华诞,科学巨擘好风采……"饱含浓郁地方韵味的庐剧唱腔从稻香楼宾馆礼堂飘出。这是1992年6月19日,安徽省暨合肥市为庆祝杨振宁教授七十寿辰举办的专场家乡戏晚会中的一个节目。

今晚,杨先生显得格外兴奋,当他在傅锡寿省长、谷超豪校长等人陪同下来到礼堂时,人们纷纷起立鼓掌致敬,一名年仅4岁的小演员向杨振宁爷爷献了花,杨先生俯下身子与这名小女孩握手并亲吻她的小脸蛋。

演出开始后,杨振宁先生情绪饱满、兴致勃勃地观看着每个节目。每当演员演完一个节目谢幕时,杨先生总是带头热烈鼓掌,并与身边的人交流欣赏、品评称赞。

几天前,杨先生在中国科大的报告会中介绍说,他祖籍是合肥,青少年的美好时光在这里度过,留下了难忘的记忆。这次应邀在合肥,主要集中在中国科大开展为期5天的访问和讲学,是他第四次返回故乡。他虽身处异国,却总是心系祖国振兴,心系家乡发展,特别是科技事业的振兴与发展。他曾数次回国访问,除开展高水平的学术活动以外,还致力于中国与其他国家国际间的学术交流与合作。

家乡人民对这位世界上杰出的科学家充满着崇高的景仰和深深的爱戴,同时也感到无比的自豪与骄傲!举办专场演出晚会为一位科学家祝寿,这在安徽的历史上还是第一次,杨振宁先生是享此殊荣第一人。

当融杂技的精彩奇妙、黄梅戏的清新酣畅、庐剧的质朴醇厚于一台的晚会结束时,杨先生健步走向舞台与演员们一一握手,他动情地说:"我从小就喜爱家乡戏,今天我又听到了家乡戏,倍感亲切,感谢家乡人民对我的深情厚爱!"

(原载《中国科大报》1992年7月10日总第291期)

小记孙立广教授

——写于《南极100天》的扉页

今天是周日,上午,本欲赴办公室加班,在阳台上见到了孙立广先生这部日记体的科考纪实著作《南极100天》(中国科学技术大学出版社1999年10月1版1印,"这一本"是夫人最近刚带回家的),遂改变了主意,坐下来读起来,从"南极钓鱼",到季羡林先生的"序",再到"引言:极地回眸",再到"后记:回到人间",之后则跟着孙教授的镜头和笔触,将正文一页一页地翻读,直到最后一页。此时已经过了午夜,进入凌晨一时。

这一天,孙教授与南极是我生活的全部。合上书页,眼前总是浮现孙教授的形象:睿智、刚毅、轻易不肯言败;幽默、豁达,不时也讲俏皮话,偶尔还会忽悠一下。虽是自然科学家,并颇有建树,但其人文素质与人文关怀毫不逊色于任何一位以人文为专业的人。关于这一点,季羡林先生在"序"中有精到的评述,不妨直接援引,表达同感:

"……这是一部空前的书。不但文采斐然,而且内容也极有意义。孙立广教授是自然科学家,当今之世,自然科学家而能有如此的生花妙笔者实如凤毛麟角。只是这一点就不能不令人敬佩了。孙立广教授对文学极有兴趣,而且也有造诣。不然的话,这样的文章是写不出来的。他的"引言"如吸铁石,一旦被它吸住,就再也摆脱不掉,我只能如饥似渴地读下去,一直到把他寄给我的稿子全读完。"

其实,我这已经不是第一次通读了,早在1999年该书刚出版时,孙教授即送我签名本,我就一口气拜读了一遍,而今天再读,与8年前初读时感觉则不完全一样。初读时,注重南极自然景致的瑰丽,科考工作的新鲜与神秘;再读时,体味到了字里行间的人生感悟,远离尘嚣的洒脱与沉思。

该书出版不久,应在1999年12月上中旬,则被推荐为"全国青少年新世纪读书计划"的新书目之一,我在《安徽日报》上看到这则消息后,立即告诉了孙教授,听得出来,电话那端的孙教授声音还是有些激动。性情中人从来就不太掩饰自己的真情实感。

(2007年11月4日)

学思漫录

应邀来科大讲过《历史的底牌》的易中天,曾说过自己是为了人生而学术,有的人是为了学术而学术,还有的人为了职称而学术。他最看不起最后一类。

与易中天有同感的人应该很多,但是并不能减少最后一类人的存在。原因很简单,人,都是脚踏着大地,饮食男女多,不食人间烟火的毕竟少。联系到自身,就有些口难开了,不知归属哪一类妥当。

那就看文字本身吧。这里的篇什是自己在刊物上发表的和没发表过的一小部分文字,基本上属于"干啥吆喝啥"的东西,尽是"下里巴人",全无"阳春白雪",承蒙拔高一点,叫作"理论联系实际",或者"学以致用"。

眼下,破"五唯"(唯论文、唯帽子、唯职称、唯学历、唯奖项)风头正健,不提倡"SCI论文至上"的评价导向紧随其后,或许这些会使我们的学术和学术界别开生面。

熏陶·濡染·浸润

一、优良环境与大学生创新素质培养之间的关系

自从培根说过"知识就是力量"这句话,这个伟大的命题就一直产生着世界性的影响,并成为了人们在知识海洋中遨游奋进的一座航标灯。

但是当今这句至理名言却受到了质疑和挑战。

面对信息时代知识呈指数方式激增的状况,有人不禁要问:"知识真是愈多愈好吗?"有识之士的回答是:单纯的、堆砌的知识不是力量,反而是包袱,"知识变成能力才有用,能力作用于知识才有力量",我们现在追求的是"知识的应用",并且是"创造性应用"与"知识创新"。

与此相应,新的时代呼唤新的教育理念,"素质教育"就是一种新的教育理念。它要求我们不应把学生看作贮存知识的"容器",而应视为亟待被点燃的"火炬";学习不仅仅是学会"回答",而且要学会"质疑",更要学会"学习";教师授予学生的不仅仅是"鱼",更要是"渔"甚至是"渔场";要彻底把以教师为中心、以考试为指挥棒的教育现状,转变为以教师为主导、学生为主体、重点培养学生全面素质的教育模式。

一言以蔽之,素质教育的理念之新,亦即根本理念就是:以培养学生的独立人格、创造创新能力为本。由此,我们会自然而然地引出另一个问题:创造力能不能"教"? 回答是:创造力不是靠"教"出来的,也不能被"教"出来,学校可以开设"创造学"之类的课程,教给学生一些关于创造的一般规律,这些规律都是对人类历史上曾经有过的发明创造的经验总结,可以激发学生的创造兴趣,增强和启迪学生的创造意识及创造思维。但这些都不是创造本身,"创造学"之于创造,犹如"兵法"之于实战。创造是前不见先例,后无需来者的工作。所以,课堂上,可以教授"创造学",而创造能力和创造本身只能通过环境对学生的不断熏陶、濡染、浸润,唤起他们的内在自觉性和独立主体思维意识,并经过反复体悟,方能得到培养和实现。所以,营造宽松的、交流式的、和谐民主的育人环境至关重要。

这里,我们要谨防一个认识上的误区,即学校所开展的素质教育只重视创造创新能力的培养而将知识的传承置于次要的地位。笔者认为:素质教育就是试图在知识与能力和创新之间架起一座桥梁。第一,强调知识一定要有积淀,"不积跬步,无以至千里",知识是一切创造和创新的基础,而且只有当知识积淀到一定的程度,创造和创新才有实现的可能性;第二,即使知识积淀到一定的程度,创造和创新也并非水到渠成,要有一个酿化的过程,才能将知识变成创新的能力。如果说"知识的积淀"相对较为容易,那么"酿化的过程"则要困难得多,前者依靠认知能力即可以或快或慢地达到目的,而后者则需要有缜密的思维习惯、高度的综合分析判断能力,甚至要有另辟蹊径的胆识、别出心裁的灵感等。"酿化的过程",即由知识向能力和创新的过渡,包含了人的诸多的非智力因素,这些非智力因素也不是由"教"的方式就能产生发展的,同样需要有优良的育人环境不断地熏陶、濡染和浸润。

二、优良环境与大学生人文素质培养之间的关系

"近朱者赤,近墨者黑""蓬生麻中,不扶而直""橘生淮南则为橘,生于淮北则为枳",说的都是环境的重要性。

育人环境的优化,使人向善去恶、学业精进,最终达到境界升华、事业大成、人生辉煌的例证,古今中外真是不胜枚举。"孟母三迁"的故事早已妇孺皆知。无独有偶,国外也有这样一位"孟母",她因儿子交友不慎、沾染恶习、贻误学业而一连三次为孩子更换学校,最终找到了适合孩子潜心向学的理想环境,这位可敬的母亲从不为世人所知,但是她幸运的孩子却是因为她的环境育人意识而成长成才,为世人瞩目,他就是后来获得诺贝尔奖的物理学家沃尔顿。

在这里,我们需要明确,广义的育人环境应该包括学校、家庭、社会等多方面(本文只限于讨论学校的育人环境),这些环境构成一个人一辈子成长发展的整体环境,是一个完整的链条,假若其中的任何一个环节存在故障或缺失,都将会对身处其中者产生由"橘"而为"枳"的变化。当然,身处同一个育人环境,其人生结果不可能达到完全一样,"世界上不存在两片完全相同的树叶"。环境决定论不可取。育人环境,其实是人成长的外因,人还存在着自身的内因(主要由智力因素和身体素质组成,并非是一成不变的),内因是决定因素,外因是催化剂、是条件,外因通过内因而起作用,只有当内因具备了"橘"的特质,合适的阳光、土壤和气候才能使其成为好"橘",不合适的阳光、土壤和气候只能使其成为不好的"橘"直至成为"枳";相反,

内因只具备"枳"的特质，再合适的阳光、土壤和气候也无法使其变成"橘"，而只能是"枳"。

车尔尼雪夫斯基曾说过："要使一个人成为真正有教养的人，必须具备三个品质：渊博的知识、思维的习惯和高尚的情操。知识不多，就是愚昧；不习惯思维，就是粗鲁和蠢笨；没有高尚的情操，就是卑俗。"其中"渊博的知识"主要是通过书本和课堂教学获取的，而"思维的习惯"和"高尚的情操"仅靠学习是不能毕其功于一役的，它是要在优良的育人环境中不断熏陶濡染浸润方能久炼成钢。

有学者认为："一个大学其实是一种氛围，一种文化。一个学生进入大学学习学到什么当然重要，但更重要的是受到一种熏陶，被浸泡成一种人才。"因此，作为高等学校，在实施全面素质教育的过程中，正确处理好知识的生产、传承、积累与有意识地凸显环境的育人功能，应该相得益彰，不可偏颇。

如果以获取知识为唯一目的，在当前的形势下，一名智力正常的青年可以不必花数年的时间来上大学，因为其获取高等教育的全部知识的途径是多种多样的，如可以通过网络的远程教育、广播电视教育、函授教育、甚至青灯伴孤影式的自学教育来完成（古今中外自学成才的例子比比皆是）。

但经过大学校园氛围熏陶濡染的人，其人格塑造、思维方式以及言行态度，相对那些未经大学校园氛围熏陶濡染浸润的人来说，显然是有较大区别的。其中的理由我们可以通过一个日常生活的例子来加以类比。我们大凡都有这样的经验，当我们要做一道菜肴的时候，主料是必不可少的，但只有主料的菜肴通常是乏味的，必须要有油盐酱醋的调和及其他辅料的佐制，唯其如此，这道菜肴才能达到真正的色香味形俱佳的境界。知识之于受教育者（无论何种途径）则是"主料"无疑，而在大学校园里接受高等教育，校园的环境提供给受教育者的则有多维的"辅料"，环境的育人功能，可以实现使受教育者不仅仅是一个知识的拥有者，而且最有可能成为具有强烈社会责任感、较高文化品位、易于与人善处合作、富有较强能力、勇于开拓创新的人才。这样（"主料""辅料"兼备而调和）的教育在诸多的教育途径中应该是最符合素质教育的宏旨要义的，这一点也集中体现了大学存在的价值。

这里要特别注意，我们说受教育者在大学校园接受高等教育要优于通过其他途径接受教育，并非是扬此抑彼或厚此薄彼。因为我们深知，在财力物力尚未充分发达丰富的当今中国，有限的教育资源还远远不能满足人民大众对教育的现实需求，因此，多途径多形式办学（包括高等教育）应该是一条"穷国办大教育"的实事求是、行之有效的道路，也是实施"科教兴国"战略对人才广泛需求的有力补充。如果我们再把眼光放远一点，在知识经济时代，每个人都必须树立终身学习的观念，那时，学习就不仅仅是在学校里完成的事，而必须是随时随地的了。

因此，实施全面素质教育，我们需要做的就是：第一，进一步提高对环境育人功能的认识和重视；第二，积极致力于营造优良的育人环境，使我们所实施的素质教育呈现出立体的、全方位的和形神兼备的生动局面。

三、营造优良育人环境的三个着力点

无论何人何时何地，均处于某一特定环境，无论你主观愿望如何，都无可逃遁，亦必将受制于环境，问题的关键是怎样的育人环境称得上优良（或曰符合素质教育的要求）？优良的育人环境如何营造？这些问题尚在探讨之中，见仁见智，不一而足。笔者认为：优良的育人环境应该是这样的一种环境：它能够潜移默化地引导学生树立正确的价值观念、锻造健康的体魄和独立的人格、增强创新意识、活跃创新思维、乐于融入群体、易于相互合作。说它潜移默化，是指环境的影响作用是通过熏陶、濡染、浸润的方式不断地悄然地完成的。基于这样的认识，笔者认为：营造优良的育人环境至少应该有三个方面的着力点，即：科学先进的思想政治环境、文明祥和的物质文化和精神文化环境、以科学精神为核心的学术创新环境。第一，科学先进的思想政治环境有益于学生坚定信念、明辨是非、树立正确的价值判断、强化社会责任意识；第二，校园物质文化环境的昭示力与精神文化环境的感染力有益于学生锻志砺品、陶冶情操，最终达到培养学生健康身心和独立人格的目的；第三，实事求是勇于创新的科学精神与诲人不倦的师表风范有益于学生崇尚科学报效祖国贡献人类远大目标的确立。

四、营造优良育人环境的关键是建设好的校风学风

总的来说，一所大学长期形成的校风学风传统以及与日俱新的校园文化氛围是这所学校育人环境的最重要的组成部分。营造优良的育人环境，必须抓住校风学风建设这个关键，校风学风搞好了，育人环境也就得到了优化。如北京大学源于五四运动的"爱国、进步、科学、民主"的校风，几乎成为中国大学精神的缩影和代名词，每当论及，总是令人肃然起敬。再如著名的哈佛大学，对独立思想的鼓励和培养以及对学术弄虚作假的憎恶和反对是其根本的教育理念，该校把这种教育理念鲜明地写在自己校风学风的旗帜上，并以这种严谨的科学精神贯穿于对莘莘学子教育引导之始终。

我们中国科学技术大学也同样具有令人称羡的优良校风和学风,由首任校长郭沫若先生亲自倡导的"勤奋学习、红专并进、理实交融"的科大校风和学风,在最初为我国研制"两弹一星"争分夺秒地培养人才的火红的岁月里,"不要命的上科大"就是这一校风和学风的最直接的诠释和最直白的约定俗成,经过四十余年的栉风沐雨、前后三次艰辛创业,随着学校正式步入世界知名高水平大学建设目标的行列和在国际教育及学术领域影响的不断扩大,这一优良的校风和学风同时声名远播,甚至于有一位著名的信息产业领域的实业家在把支持和合作的目光投向中国科大时这样说:今天中华之大,只有在科大才能安得下一张平静的书桌。这句对科大倍加赞赏的话,虽然带有一己情有独钟的偏激,未必能得到广泛的认同,但无疑是来自外部对科大良好校风学风的一种肯定。有了良好的校风学风作为基础,我们相信学校一定能够营造出更加优良的育人环境来。

(原载《教育与现代化》2002年第1期总第62期,原标题为"熏陶·濡染·浸润——试论优良环境育人功能及其营造重点")

校园文化建设管窥

一、导言

我国高等学校根本任务就是培养有理想、有道德、有文化、有纪律的社会主义事业建设者和接班人。《中共中央关于进一步加强和改进学校德育工作的若干意见》明确指出:"现在和今后一二十年学校培养出来的学生,他们的思想道德和科学文化素质如何,直接关系到21世纪中国的面貌,关系到我国社会主义现代化建设战略目标能否实现,关系到能否坚持党的基本路线一百年不动摇。"

如何培养"四有"人才,一直是广大教育工作者不断探索的一个大课题,社会的发展与进步总是不断地赋予它鲜明的时代特征。随着我国改革开放的不断深化扩大、社会主义市场经济体制的逐步建立完善、国际竞争日趋激烈,我们培养的大学生必须既具备坚定的政治方向、宽厚的理论基础、坚强而又健康的身心品质,又要有时代使命感、社会责任感、环境保护和社会公德意识,既能公平竞争又能精诚合作,既能继承发扬又能开拓创新。

校园文化建设旨在为高等学校创造育人环境,它一直受到多个阶层的重视并着力开展,其作用与地位将越来越显著,值得我们加以认真探讨。

二、校园文化的内涵

文化的概念,其涵盖面非常广泛,对文化的定义有很多。我们认为,文化是由社会制度、知识、信念、价值、象征符号系统和实践组成的多层次体系;它既是发展人的道德价值、美感、智慧以及性格的条件,又是认识自然、改造自然的条件。大学校园文化是一种区域亚文化,是指学校在其历史发展过程中,在本民族传统和各种社会因素影响下逐步形成的反映学校师生员工特色的整体素质、行为规范、思维习惯以及社会形象等。校园文化涵盖着校园环境、设施、方式、制度、课程和组织形式等一系列内容,它通过文学、艺术、科学、体育、卫生、思想品德修养、社交等多种形式表现出来,并由文化圈层、文化活动、文化制度、文化心理四个基本要素构成。校园文化反映着整个学校的风貌、办学内容、办学精神,体现着学校在教书育人过程中的整体氛围。

校园文化对整个学校教育的影响及对社会的辐射是举足轻重的,具有熏陶、导向、促进教育、社会化、社会整合等多项功能。同时,高校校园文化作为一种区域亚文化,不管表现了怎样的独立性和校园特色,它都不能摆脱社会的客观现实环境而独立存在,正如马克思指出的那样:"物质生活的生产方式制约着整个社会生活、政治生活和精神生活的过程。"因此,受这种规律制约的校园文化,即体现着学校的精神风貌和价值观念,融思想性、教育性、艺术性、学术性、娱乐性和群众性(所谓"六性")于一体的内容丰富形式多样的文化艺术和学术科技活动,只有依赖于一定的经济基础才能得以顺利实现。

三、校园文化在高校整个教育环节中的作用与地位

我国目前有1080所高等学校,如果作一个横向比较,我们可以得出这样的结论,没有哪两所高校具有完全相同的基本特征:系科设置、地理位置、校风校史、师生员工结构。每所高校基本特征的差异就决定了这所高校区别于其他高校的个性的不同,因此,与基本特征紧密联系的校园文化也就自然而然地各具特色了。

尽管如此,校园文化在每所高校的整个育人环境中具有的地位和发挥的作用却是基本一致的,这一点可以称之为校园文化的共性吧。其理由是,无论各高校的基本特征多么千差万别,其培养人才的途径和环节总不外乎由"课堂教学+环境熏陶+习惯养成"三个部分有机构成,形成育人的三足鼎立的支撑构架。其中"环境熏陶"的主体就是校园文化,其载体就是一系列具有明确主题、内容健康向上、形式生动活泼、能起正面导向的文艺、体育、科技、修身自律、演讲论辩等活动,使置身其中的广大青年学生得到性格的陶冶、意志的锻炼、审美趣味的升华、竞争意识的养成、集体主义精神的培养等等;"课堂教学"主要指"两课"(即"马克思主义原理课"和"思想政治课")、基础课程和专业课程的教学,并且也包含辅助性的第二课堂如参观、实习、讨论、社会实践、自我教育等项内容;"习惯养成"则是指学生要在遵守国家法规法纪的前提下,还须严格遵守校规校纪,要模范地遵守社会公德,要从我做起,从现在做起,从小事做起。在"课堂教学"和"习惯养成"两个环节之中也不同程度地有着校园文化的渗透作用,如"课堂教学"中可以昭示

教师为人师表的道德风范,科学发展历程中宝贵的探索精神等,而优良的校风学风对"习惯养成"也具有"近朱者赤"的感染力。

总之,作为社会主义高等教育重要组成部分的校园文化建设,对于实现教育发展战略,对于全面提高青年学生的思想道德修养、科学文化水平和身心素质,培养适应社会主义市场经济建设需要的"四有"人才,都具有重要的现实意义。合理的、有效的校园文化不但可以与思想政治工作形成互补的强劲合力,驱动高校德育工作的展开和推进,在"润物细无声"的教育境界中完成文化育人的目标,而且还将对整个社会发展起到积极的作用。

四、我校进行校园文化建设的原则和实践

中国科学技术大学是中国科学院所属的一所理工结合、文理渗透的多学科、综合性重点大学,1958年建校于北京,1970年迁至安徽省合肥市。在短短的38年校史上,已经历了前后两次艰苦的创业,现在正在进行第三次创业,目前中国科大率先进入了国家"211工程"建设规划的行列。

中国科大一贯倡导"勤奋学习、理实交融、红专并进"的优良校风,为了与这一优良校风相适应,学校正在逐步为营造一个健康向上、生动活泼的校园文化氛围进行不懈的努力,具体地说,就是在保持校园文化"思想性、教育性、艺术性、学术性、娱乐性、群众性"等基本特征的前提下,结合我国高等教育改革的现状及发展趋势,坚持做到"三项结合"原则和开展"四个重点"实践。

(一)坚持"三项结合"原则

所谓"三项结合"就是突出校园文化的思想性教育性与加强社会主义精神文明建设、弘扬主旋律相结合,突出校园文化艺术性学术性与素质教育相结合,突出校园文化的娱乐性群众性与大学生健康体魄和理想人格的锤炼相结合。

坚持"三项结合"的原则,其实是我们对把握社会主义高等学校校园文化建设的方向和实质的一种理解。

第一,社会主义精神文明是社会主义社会的主要特征,高等学校是社会主义精神文明建设的一个重要阵地。社会主义精神文明建设的根本任务和目标是适应改革开放和社会主义现代化建设的需要,培养有理想有道德有文化有纪律的社会主义新人,提高整个中华民族的思想道德素质和科学文化素质。21世纪的竞争,归根结底是人才的竞争,我校担负着培养优秀科学

研究人才、高层次科技应用人才及高级管理人才的重任,把在"环境熏陶"这一育人环节中发挥主体作用的校园文化建设定位于精神文明建设的高度,应该说是十分必要的。

第二,高校对大学生施行素质教育是时代发展所提出的必然要求。这项工作在我国仍处于试点阶段,没有更多的规范和经验可供借鉴,我校被国家教委列为50所试点高校之一,有责任有义务进行多方位多层次的探索。素质教育,实际上就是以人的身心发展为目的,提高他们的独立性、积极性、自主性和创造性等主体性品质,使其在德、智、体、美、劳等方面得到全面发展的教育。校园文化的功能中存在着与素质教育内容中契合的成分,将二者有机结合,应该说是能够相得益彰的,即校园文化建设拓展了素质教育的空间,素质教育赋予校园文化建设以新的内容。

第三,当今时代的每个人都必须面对竞争的挑战,而且,未来的国际间甚至各行各业之间、人与人之间的竞争将愈来愈激烈,这些都将成为人们不容回避的客观存在。在激烈的竞争中成功者固然欢欣,但有成功者必然有失败者,失败者中是否人人都具有面对事实的承受力?中国科大1994年对955名当年入学新生进行的"大学生心理健康"调查表明,18.86%学生有明显的心理问题,甚至有12人在"想轻生"一栏中画了圈。大学生心理障碍为各高校越来越普遍关注,要解决这个不容忽视的问题,一要靠及时的心理咨询;二要靠活泼清新的校园文化活动的影响,使大学生们能在充满朝气的集体中认识自我价值,能在寓教于乐的活动中放松绷得过紧的心理琴弦,达到增强体魄、塑造完美人格(主要是心理稳定、意志顽强、性格豁达)的目的。另外,校园文化中含有较多的竞赛类活动,如体育、论辩、科技比赛等,这些竞赛其实是有意识地为增强大学生心理承受力而进行的"实战模拟"。

(二)开展"四个重点"实践

以上篇幅着重阐述我们对校园文化的理性认识,下面将对中国科大近年来开展校园文化建设的具体实践作一归纳介绍。

道德的升华——校园文化建设实践重点之一。其体现在热爱党、热爱祖国、热爱人民、热爱社会主义、弘扬正气、奋发进取等方面。这类活动有每年一次的教工大合唱或学生大合唱(轮流进行),记忆犹新的1993年"纪念毛泽东100周年诞辰"大合唱,全校40多个系处组队参加,2000余名教职工登台演唱,抒发了他们对老一辈无产阶级革命家的崇敬与缅怀之情,歌颂了中国共产党领导中国人民革命所取得的丰功伟绩，一时间在校内外引起强烈反响。1994年和1996年全校学生"高唱正气歌"大合唱，1995年全校教职工"纪念世界反法西斯战争胜利暨中国抗日战争胜利50周年"大合唱等都收到了很好的效果。另外，在学生中广泛开展的"修身自律行动"、"祝你平安"普法宣传、"爱我科大，美化净化校园"文明监督岗以及"祖国在我心中"演讲活动等，都反映了道德与自律意识的回归与升华。

美感的升华——校园文化建设实践重点之二。此类活动丰富而又广泛，中国科大近年来先后邀请了音乐理论家、演奏家、指挥家、画家、书法家、戏剧表演艺术家、戏剧理论家等十余人来校作艺术欣赏讲演或表演，如周荫昌、闵惠芬、朱修立、龚一、严良、余秋雨等名家教授的每次讲演、表演、画展，都激起师生员工热爱艺术的兴奋点。1996年4月，二胡演奏家闵惠芬应邀到校演出，前后3场，能容纳2400多人的礼堂场场爆满，《人民日报》《光明日报》对此报道说：闵惠芬科大喜遇知音。在学生中开展的旨在增强艺术鉴赏力、提高审美趣味的经常性活动有："东方神韵"书法绘画摄影大赛、"校园之星"卡拉OK大赛、火花邮票展览、"五月书潮"读书评书、"周末音乐厅"、女子时装表演等；另外，校园中还活跃着学生艺术团（包括合唱队、舞蹈队、铜管乐队）和教工艺术团（包括合唱团、京剧社、舞蹈协会、乐队）两支队伍，为全校师生员工在实践中领略艺术魅力、愉悦身心提供了广阔的舞台。

近年来，以"五月风——中国科学技术大学科技文化节"为龙头的校园文化的广泛开展，使以理工科见长的中国科大在全国高校文化类竞赛中也具有了竞争力。如1995年11月参加全国首届"飞驰杯"校园民谣大赛，中国科大报送的由学生自创自唱的5首作品全部获奖，其中《请到我们校园来》获一等奖（最高奖，两首之一）、《成长》获二等奖（五首之一），《紫车座》在《中国青年》杂志公开发表。1996年4月，《请到我们校园来》被选中参加首届全国大学生文艺调演，共获得优秀节目三等奖、表演奖、创作奖三个奖项，并被挑选为颁奖晚会的表演节目。1995年12月参加"可蒙杯"首届中国名校大学生辩论邀请赛，也获得第三名的成绩。

智慧的发展——校园文化建设实践重点之三。智慧是个体认识、辨析、判断处理和发明创造的一种能力，"智慧的发展"就是增强运用知识解决实际问题和发明创造的才能。这类活动的主体是组织开展多种层次和类型的课外学术科技活动与竞赛，给广大学生提供尽可能多的发展智慧的条件，也有利于他们树立崇尚科学、献身科学、报效祖国、贡献人类的远大志向。另外还辅之以人文科学、自然科学、国际关系、军事战略等为主题的系列报告会,科技文化服务,社会实践等内容。

课外学术科技活动与比赛作为中国科大校园文化的一个重要方面,近年来取得的成效也相当明显。1989年以来,中国科大组织参加了所有前4届"挑战杯"全国大学生学术科技作品竞赛,取得了第二届第二名、第三届第三名、第四届第六名的成绩;在前两届中国大学生应用科技发明大奖赛中,申报的13件作品全部获得不同等级的奖励。从1991年起,中国科大每年均组队参加"美国大学生数学建模竞赛(MCM)",迄今为止,已获得特等奖1队次、一等奖4队次、二等奖4队次;参加所有前4届"中国大学生数学建模竞赛"成绩一直名列全国前茅。上述成绩的取得,源于常抓不懈的校内科技活动与竞赛。几年来,学校的共青团学生会组织积极联合学生科技社团如"博士生交流创新协会""研究生发明协会""大学生课外学术科技协会"以及"飞天科普创作协会""电脑爱好者协会"等,以"科技文化节"为龙头,开展高等数学、普通物理、普通化学、计算机软件等多项基础性的竞赛,开展学生优秀学术科技论文交流报告会,开展科普创作与科技知识普及活动,等等。

性格的陶冶——校园文化建设实践重点之四。现代科学的发展,几乎完全淘汰了那种"单兵作战"或"个体户"的工作方式,因此,今天的大学生既要具备独立思考的能力,又要具有善于与他人友好合作的态度,这就是校园文化活动对大学生性格陶冶应起的作用。中国科大开展"青春形象设计"、演讲会等就是充分展示大学生的个性特征,开展宿舍文化评比、辩论赛等就是展示小范围的群体特征和合作意识,开展各类球赛、青年志愿者行动、社会实践活动等就是展示较大范围的群体特征和合作意识。

五、结语

校园文化的功能决定了它在高校育人环节中的作用和地位,这是共性;而一千所学校,就有一千个校园文化模式,这是由学校的基本特征所决定的,也是校园文化的个性。另外,同一所学校的校园文化也会随形势变化而不断赋予它新的内涵,一成不变的校园文化将失去其生机与活力。

校园文化对人才培养的影响是广泛而持久的,但不是万能的,首先要完全服从于学校育人的总体目标,其次要与思想政治工作产生互补效果,不能顾此失彼或越俎代庖。

校园文化建设与校风学风建设要形成相互孕育、相互激励的良性机制，单方面强调校园文化作用的重要性，会在不知不觉中形成表面上的热闹和繁荣景象，其背后往往会导致校风学风的浮躁，这是一项必须慎重处理的事情。

校园文化建设是一项复杂的系统工程，学校党政应予以充分重视和高度把握，各部门之间既要分工明确、各有侧重，又要通力协作、互相配合，树立"一盘棋"的思想，在活动开展上减少不必要的简单重复，以节约宝贵的人力物力资源。

（原载《教育与现代化》1997年第1期总第42期，原标题为"校园文化建设的探索与实践"）

校园创新文化与高校学生工作

高等学校实践"三个代表"重要思想,至少应该有两个聚焦点。

聚焦点之一就是要致力于培养和造就高素质的创造性人才,为全社会先进生产力的发展提供强劲的智力支持,这是高等学校的社会价值和传统要义所在。

聚焦点之二就是要致力于形成自身独特的价值观念和精神品格,这一点集中体现在校园文化建设上。校园文化虽属区域亚文化圈层,但其具备较强的辐射张力,高校有时能够成为引领社会思潮的桥头堡,就是校园文化的这种辐射张力使然。源于北京大学的五四运动,就是最好最有力的例证之一。步入21世纪的中国,改革开放的基本国策继续深刻变革着社会的各个方面,归结为一点,就是社会经济成分、组织形式、就业方式、利益关系和分配方式日益多样化,最终必然会导致人们价值观念的多元化。面对这样的新形势,为了确保共产党执政地位的牢不可破和社会主义国家的长治久安,必须树立全社会的主流价值观和共同理想信念,因此,高等学校依然承载着为全社会先进文化发展提供精神动力的历史使命。

高等学校的学生工作,是人才培养和校园文化建设两大聚焦点的叠汇之处。本文试图从校园创新文化的视野中探讨一下高等学校的学生工作,以期抛砖引玉。

一、文化、创新文化及其功能

广义来讲,文化是人类社会实践过程中所创造的各种文明的总和,总起来说无非是物质的和精神的两大类,再加上在物质和精神中间,还有用来规范人们行为方式的制度,所以一般而言,文化主要包括"物质文化、精神文化和制度文化"三个层次,当然,现在又普遍认同还应该加上一个"行为文化"的层次。

那么,何谓创新文化?在回答这个问题之前,让我们先做一个简单的类比,我们已经对茶文化、酒文化、饮食文化、服饰文化等等概念耳熟能详,这些文化都是与特定的对象紧密地联系在一起的,或是礼仪的约定俗成、或是程序的内禀规范、或是行为的公共准则。应该说,创新文化之于创新亦然,即创新文化是与创新紧密联系在一起的,它应运而生于我们所处的这个创新时代。创新文化就是一种有助于激发创新思维、鼓励创新行为、规范创新模式、提高创新水平的氛围和理念,是科技活动中产生的与整体准则相关的群体创新精神及其表现形式的总和。园区建设、整体形象和规章制度是创新文化的外在表现形式,创新精神、科学思想、价值导向、伦理道德、爱国主义精神是创新文化建设的核心内容。在我国,创新文化的概念最早是由中国科学院于1999年提出的,按照该院党组2001年初关于中国科学院创新文化建设的指导意见的表述,创新文化是"我院知识创新工程的重要内容,对推动知识创新工程顺利实施和健康发展至关重要。实现科技创新目标,建设国家创新基地,不仅需要有利于创新的体制和机制,需要创新的队伍和人才,也需要有利于创新的文化。建设与知识创新工程相适应并能促进知识创新工程实施的创新文化,有利于激发个人的创新思维和提高整体的创新水平,这是我院建设创新文化的基本目标"。

此后,有关创新文化的论述不断见诸各种媒体。科技部部长徐冠华院士说:"创新不仅是科技发展的主题、体制改革的主题,而且也是社会文明进步的主题。这个主题中一个至关重要的问题就是大力培育和发展具有中国特色的社会主义创新文化";"观念的创新、科技的创新、体制的创新都要回归于文化的创新,出成果要有人才,出人才要有土壤和环境。优秀人才只有在创新的文化环境中才能发挥潜能,完成重大成果,开创卓越的事业。"(徐冠华:大力构建有利于创新的文化环境,《中国软科学》2001年第3期)

中国科学院院长路甬祥院士指出,"创新文化建设有利于形成支持知识创新的文化环境,有利于营造科技人员的精神家园。这是创新文化的价值取向,是创新文化的核心";"创新文化建设要尊重文化形成的一般规律。制度规范是道德和文化的底线,也是文化建设的起点。实践证明,凝聚于制度规范中的价值取向,只有长期坚持才会形成一种文化深入人们的血脉"。

浙江大学校长潘云鹤院士认为:"创新不仅是行动和方法,而且涉及价值观,所以,创新也是一种文化。一个文明的兴起或衰落自然是诸多因素共同作用的结果,但是其中内在的文化因素无疑起主导作用。而在诸多的文化因素中,创新文化是一个关键因素。历史经验告诉我们,创新文化的缺失必定导致这个文明的衰落。类似的道理也适用于一个区域、都市,乃至大学。"(潘云鹤:《大学应加强创新文化建设》,《光明日报》2001年10月15日)

目前,各行各业的人们对创新的认识都在从感性向理性提升,说"不创新,毋宁死"并不过分,因此,构建有利于创新的创新文化显得尤为重要和迫切。大学集教学、科研和社会服务三项基本功能于一身,是人才培养的摇篮,重视加强创新文化建设更应该走在全社会的前列。但是,一种文化氛围的形成相对于一座大厦的拔地而起,则要困难得多。文化维系着观念和价值标准,更新文化就是更新观念和价值标准,一定要受到"楞次定律"(电磁学的定律)的制约,所以,创新文化建设之路任重道远,崎岖坎坷。有一则报道可以作为例证:创新文化建设是中国科学院知识创新工程试点工作的目标之一,尽管与国家知识创新工程试点其他目标同步,但创新文化在社会上引起的关注仍赶不上知识创新、体制创新、机制创新以及创新队伍建设。不过这个局面正在得到改观(《科学时报》2001年11月19日)。可以肯定,高校的创新文化建设会面临同样的局面。

二、在创新文化的视野中,高校学生工作所面临的机遇与挑战

学生工作是高校整体工作的一个有机的、重要的工作领域,高校自身发展如若顺应形势的发展和时代进步的要求,则必须要进行创新文化建设,在此大前提下,高校学生工作面临的就是一定能够开拓创新的良好机遇。

(一)高等学校开展校园创新文化建设,应该说是顺应社会发展和进步所提出的要求

近年来,江总书记就创新和文化问题发表了一系列的论述,他说,"创新是一个民族进步的灵魂,是国家兴旺发达的不竭动力"。在关于"三个代表"的重要论述中,江泽民总书记提出,我们党应该"代表中国先进文化的发展方向"。按照我们的理解,创新文化是先进文化的重要内涵。因此,创新时代的发展进步、"三个代表"的重要思想,都要求高等学校必须做出积极的回应,而不能采取规避的态度。

(二)高水平大学建设本身就提出了高校需要进行校园创新文化建设的要求

当前,以高水平大学创建为标志,我国高等教育正在进行新的一轮改革创新,高等教育管理体制的改革、院校合并、扩大招生规模、后勤社会化、一流大学的岗位津贴制等一系列改革创新正在迅速开展。对于高水平大学建设,绝不能简单地理解为仅仅是大量资源的注入。其实,高水平大学的创建的根本和核心,是以改革与创新为动力,实现整体办学水平和效益的提高、办学结构的优化,资源的注入只是为实现这一目的提供了强有力的物质支

撑。所以说,高水平大学的创建,关键还是在于改革与创新,要从人才培养的创新、科技创新和管理创新等各个方面,来为创建目标的实现提供保证。也因此,不仅需要有利于创新的体制和机制,需要创新人才和队伍,也需要有利于创新的先进文化。

（三）校园文化建设本身提出了进行创新文化建设的迫切要求

长期以来,高校校园文化是在计划经济体制下高等教育发展的特定时代背景下开展的,因此,在取得了较大成就的同时,还存在诸多方面的问题和弊病。随着社会主义市场经济体制的逐步建立,随着高等教育改革的不断深化,高校文化不适应现代高等教育发展趋势的问题和弊病越来越显现出来,成为新时期高等教育发展的障碍。革除种种弊端的紧迫性同样呼唤着高校需要进行校园创新文化建设。

制约高校发展的因素同时就是我们高校学生工作面临挑战的因素。概括地说,这些因素有:不善于充分调动和发挥社会力量参与高校物质支撑条件的建设,校园园区建设和教学科研等支撑条件长期得不到快速、良好的改善,阻碍了大学整体办学水平的提高;在行为文化方面,"官本位、夫妻店"的现象还很普遍,高校管理延续了行政单位管理模式,高校教学、科研实践长期存在着力量分散、目标庞杂、综合性不强的弊病,制约了高校办学活力的形成;在制度文化方面,"大锅饭、小社会"的现象也未从根本上动摇,管理制度和机制仍从总体上演习了计划经济体制下的一套模式,影响了师生员工创业积极性和聪明才智的发挥;在精神文化建设方面,敢为天下先、善为天下先的创新精神不足,抱残守缺、敝帚自珍的保守思想还有很大市场。

三、积极推进校园创新文化建设:我们的探索与实践

如上所述,文化建设无外乎"物质文化、精神文化、制度文化和行为文化"等四个层次的建设,校园创新文化建设亦然,仍须致力于这四个方面的建设,所不同的是,在进行"物质文化、精神文化、制度文化和行为文化"建设的时候,必须始终将创新的精神、创新的观念、创新的机制融入其中,使得创新成为校园文化建设之魂。通俗地说,就是"旧瓶装新酒"。

（一）在校园创新文化视野中,学生工作要树立"四个观念"

1. 树立"三个有利于"的观念

学生工作的"三个有利于"观念,就是只要有利于学校的整体发展、只要有利于学生的成长成才需求、只要有利于学生工作管理质量和服务效率的

提高(在中国科大,长期以来一直流传着"一流的学生、二流的教师、三流的管理"的说法,说法未必十分准确,但褒贬之意确能一目了然。在兄弟院校,管理的"瓶颈"现象想来也应该或多或少的存在吧),学生工作部门和工作队伍就要仔细地思考对策、认真地制订计划,坚决地实施目标。针对学校在发展中和学生中新出现的一些问题,如,学生自购电脑问题、后勤社会化进程中学生社区管理问题、校园周边环境对学生身心健康影响问题、日益增多的困难学生的助学问题、心理健康教育咨询问题、学制改革后的学生教学计划变化问题、就业竞争日趋激烈问题,等等,我们在工作目标和计划中都作了相应的变化,以适应学校的整体发展和学生的成长成才需求。

2. 树立"三个意识"观念

"三个意识"就是指大局意识、责任意识、服务意识。应该说,高校中学生工作无小事,无视小事往往就会导致"风,起于青萍之末"的后果。我们在工作中总是不厌其烦的要求每一位同志除了在自己工作职责范围内尽可能地做到热情、耐心、细致外,还要求做到"首问负责制",即当学生有所需求和疑问时,虽然不是自己的事,也要给学生提供指导或指引。例如,对 BBS 校长信箱转来的问题和在学工信箱、学生工作部(处)的版块提出的问题以及用来信形式提出的问题,都能做到有问必答,我们的努力得到了学生的认同,也得到了有关领导的赞扬。又如,自上学期末,商学院、人文学院迁往南校区(原合肥经济技术学院,于 1999 年并入我校),学工部门就充分认识到南校区学生工作的复杂性,并做了这样的估计:南校区的稳定关系到全校的稳定。因此,开学伊始,学工部召集了南校区各院系学生工作负责人、班主任、学生代表参加的座谈会,了解情况、倾听呼声,及时将他们的意见与建议整理成纪要,送达到有关领导和相关职能部门负责人手中,并在两星期内组织召开了情况通报和意见反馈会议,起到了令人满意的效果,获得南校区所在各院系的赞同。

"三个意识"最终都要归结为校园稳定意识上来。学校的发展离不开稳定的校园环境,维护校园稳定是学生工作部门最重要的职责之一。每当国际国内发生重大事件或是敏感期间,我们都会绷紧稳定这根弦,保持高度警觉,对可能出现的情况都作尽可能极端一点的预测,并做好应对的预案。如,美国"9·11事件"、国庆节长假、APEC 会议、我国加入 WTO、"法轮功",以及校园内出现的某些突发事件等,都是我们关注的焦点,我们注重网络信息监控、及时解答疑问,并从实际工作中了解全面情况,力争将问题及时妥善解决或加以正面引导。

3. 树立"三全育人"观念

我们在学生工作尤其是思想政治工作中,将过去"三育人"(教书育人、管理育人、服务育人)的观念拓展为"三全育人"(全员育人、全方位育人、全过程育人)的观念,其目的就是要使我们的育人工作由八小时以内延伸至八小时以外、由工作日延伸至双休日和节假日、由具体的管理工作中的为人师表延伸至日常的一切言行举止皆能为人师表,这样做,就是自加压力,时刻警醒,提高育人自觉性和育人的质量。

4. 树立"以人为本"的观念

学生工作树立"以人为本"的观念就是要树立"以学生为本"的观念,学生工作部门和每一位工作者要坚决做到"目中有人",把学生当作教育、管理和服务的主体,绝不能将学生看作驯服的对象,要把对学生的教育、管理和服务工作建立在科学化、制度化、规范化的轨道上,决不能把对学生的态度建立在"看我今天的心情好不好"的情绪化上。要努力减小学生工作渠道中的"黏滞系数"和"摩擦系数",全力改善教育效果、提高管理效率、讲求服务质量,在我们的工作中,既要使学生得到充分尊重、感到心情舒畅,同时也能使我们的学生工作者得到自身价值体现、富有成就感,最终使得学生工作步入良性循环的轨道(即取得"相互尊重、相互理解、相互支持"的效果)。

(二) 在校园创新文化视野中,学生工作要紧抓队伍建设不放

1. 紧抓学生工作部门和院系学生工作负责人队伍建设

通过建立院系学生工作负责人例会制度和部处全员例会制度,把学生工作作风建设寓于日常管理、教育、引导之中,做到工作作风建设"常流水、不断线",常抓不懈。每次会议上除了工作的总结交流和安排布置以外,还就一两个"务虚"的问题进行研讨,主要负责同志会前做好准备、做主体发言,引导大家思考,旨在统一思想、提高认识。近期以来我们已经研讨的主题有:"相互协作,朝共同目标努力""一名合格的高校学生工作者的评价标准""计划性、前瞻性、严谨性:做好高校学生工作的前提和保证""顺应时代发展,我们应具备哪些基本素质""工作创新与继承之间的关系""分工协作,团队精神很重要""外树形象、内聚人心,努力实现我们的工作目标",等等。

此外,对学生工作队伍进行常规的思想素质、理论素质、业务技能培训,

尤其为了适应信息时代的要求，注重建设网络"快速反应部队"，努力构筑"课内课外互补，网上网下对接"的思政工作体系，将思想政治工作进网络的工作落到实处。

2. 紧抓班主任队伍建设

班主任是学生工作的前沿部队，班主任队伍建设是学生工作整体建设的基础和关键。我们在选拔班主任过程中，要求比较严格，我们提出的标准是：思想上政治上的引导者；生活上的言传身教者；学业上的导师；心理上的辅导员；为人处世的榜样；道德情操的楷模；独立人格、创新精神的培养者；集体和谐气氛的调节者。我们认为，一名优秀班主任应该具备以下素质：高尚的道德情操；精湛的学术造诣；厚实的文化底蕴；丰富的人生阅历；谦和的为人态度；方正的办事原则；热情的助人情怀；循循善诱的表达能力。

我们对班主任的考核是通过全面实施《班主任工作手册》来进行的，对新生班主任或第一次担任班主任的老师，都要进行岗前培训，把住入关口，杜绝滥竽充数现象。

3. 正确把握学生群体与个体的新特征，针对这些新特征，学生工作的整体战略要作适当的调整和转移

在我们的实际工作与调查了解中，目前大学生群体与个体的新特征具体表现在以下几方面：

（1）随着收费制度的实施，家庭经济困难的学生越来越多，这些学生的心理负担越来越重，想"一心只读圣贤书"，恐怕也是很难的了。

（2）离异家庭的子女比例增多，这一社会问题也已经在学校教育过程有所反映，其直接后果就是这些孩子性格较为孤僻，不太合群，严重者将会导致心理疾患。当然，导致学生心理疾患的原因是多方面的，这是一个不容忽视的大问题。

（3）就业机制发生的重大变化，同样会给学生带来巨大的心理压力，就业系统中人情、权利等因素所带来的负面影响，使得新的一轮"学好数理化，不如有个好爸爸"的论调有所浮现，这一点给我们做好学生工作、树立优良的校风学风带来挑战。

（4）价值观的多元化，也给我们的象牙塔投上了阴影，正面引导效果削弱，主流价值观暗淡（如为人民服务、报效祖国等理想信念），不少学生的思想意识及价值判断紊乱。

（5）纷乱的校园周边环境，带给学生的是消极的东西远远大于积极的东

西，一些不健康的影视、网吧、书刊、游戏使得一些自制力不强的学生虚度了时光、荒废了学业，等到家长来到学校或悲天悯地或指责谩骂或痛苦求情，已经晚了，这时候，受到损失的其实并不仅仅就是学生及其家长，学校和国家难道就没有损失？

针对新形势下学生群体与个体的新特征，学生工作应该采取相应的教育引导措施——"四个注重培养"：

（1）注重学生自强自立意识培养：适应市场经济体制逐步形成、我国加入WTO后与国际接轨以及竞争日益激烈的社会环境。

（2）注重学生合群意识和团队精神培养：创新时代同时也是合作的时代，任何单打独斗式的个体奋斗、手工作坊式的研究探索，都已经被这个倚重信息化、智能化、集约化、协同化的创新时代所摒弃。在目前，合群意识是包括科技工作者在内的所有创新型人才的一项基本素质，团队精神是科学进步、技术发展、企业兴旺、事业发达的必不可少的内在支撑力量。

（3）注重学生诚信的道德品格和善于尊重他人的习惯培养。

（4）注重学生法制观念以及良好的社会公德意识培养。

（原载《北京大学学生工作通讯》2001年第6期总第64期，原标题为"试论校园创新文化视野中的高校学生工作"）

全员育人 全方位育人 全过程育人

面对新世纪,我国教育的目标和任务是:全面贯彻党的教育方针,坚持教育为社会主义为人民服务,坚持教育与社会实践相结合,以提高国民素质为根本宗旨,以培养学生的创新精神和实践能力为重点,努力造就"有理想、有道德、有文化、有纪律"的,德育、智育、体育、美育等全面发展的社会主义事业建设者和接班人。要实现这一宏伟目标,完成这一艰巨任务,就必须深化教育改革,全面推进素质教育。江泽民同志在第三次全国教育工作会议上强调指出:"思想政治教育,在各级各类学校都要摆在重要地位,任何时候都不能放松和削弱。要说素质,思想政治素质是最重要的素质。不断增强学生和群众的爱国主义、集体主义、社会主义思想,是素质教育的灵魂。"

针对新形势和新要求,我们中国科学技术大学党委近几年来在开展思想政治工作方面做了一些探索和实践,取得了一定的成效,归纳起来就是:以加强学生思想政治素质为学校整个教育的统领,构筑"三全育人"的思想政治工作体系,其具体内涵是:以思想政治工作队伍为主体,各级党政工团学组织齐抓共管的"全员育人";以"两课"(马克思主义理论课、思想品德课)为主导、"三进"(进教材、进课堂、进学生头脑)为主旨、"两校一会"(党校、团校、学生邓小平理论研究会)为主阵地,以广泛开辟丰富多彩的"第二课堂"、积极引导学生能动参与自我教育为补充的"全方位育人";以"两头抓紧,中间夯实"的正面引导教育为主线贯穿始终的"全过程育人"。

一、全员育人

我校党委充分发挥政治核心、团结核心的作用,对全校思想政治工作从培养和造就一批具有坚定共产主义信念的青年马克思主义者和优秀建设人才的高度上牢牢把握。

(一)从建立"全员育人"的网络系统入手

这个网络系统包括三个层次:① 以党委书记挂帅的校学生工作指导委员会,从全局的高度规划全校的思想政治工作;② 校、院、系三级党政工团学主管部门及群众组织,具体实施学校思想政治工作规划;③班主任和导师队伍,负责日常引导,与个别学生进行耐心细致的思想交流,以及对学生思想状况的收集整理和及时反馈。这个网络系统的建立和逐步完善,旨在做到目标明确、分层负责、三位一体、同心协力,为全校的思想政治工作提供可靠的组织保证。

（二）确保机制和制度上的到位

校党委在每年的工作要点中对思政和德育工作都要作出专门的强调和要求,校学生工作指导委员会则根据党委的统一要求并结合实际情况制定出全校思政和德育工作的年度计划,学年中着重督查各单位各部门的实施情况,年终统一组织总结考评,把实施情况作为优良班级、优秀班主任、优秀德育工作者、优秀党务工作者等评优评奖的重要依据。近几年来,学校不断加大对思政和德育工作的专项经费投入,目前已增加到每年40万元。

（三）"全员育人"还体现在课堂内外、校园处处

学校大力倡导的"教学、管理、后勤服务都要育人"的教育观已深入人心,并变为广大教职员工的自觉行动。不少教师在课堂上既传授现代科学知识,又穿插中外杰出科学家淡泊名利、正直为人、献身科学、求真创新的美谈和史实,使学生在启迪智慧、增长知识的同时,受到了人生真谛的洗礼、科学精神的熏陶、创新思维的激发。校园环境优雅,人文景点饱含时代气息,如,江泽民总书记为我校40周年题词"面向二十一世纪,建设一流大学,培育一流人才"的纪念碑、"勤奋学习,红专并进"的校风纪念碑、校史展览馆以及郭沫若、严济慈、华罗庚、杨振宁等老一辈校领导和著名科学家的塑像……这些都是无声的教科书,对促使学生爱祖国爱人民爱科学爱社会主义,艰苦奋斗,自强不息,积极向上,都起到了耳濡目染、细雨润物的潜移默化作用。

俗话说:"打铁还须自身硬"。"全员育人"的受体是学生,主体是教职员工,主体的思想政治素质如何,将会直接影响"全员育人"的效果。基于这样的认识,学校对教职员工的思想政治工作总是先行一步,抓紧抓实。教职员工的思政工作主要通过校、院、系三级两周一次的党政中心组学习带动面上的理论和时政学习,通过邀请名家学者的形势政策报告,通过新任管理干部、新任教师上岗培训班,通过党校的培训轮训,通过每年一次的思政研讨会(主题有师德、基层党建、班主任工作)等形式和渠道开展。1995、1997年,我校思政研究会被评为"中国科学院思想政治工作先进集体",1996年,我校

被评为"安徽省党建、德育和思想政治工作先进高校",1998年我校被评为"全国党的建设和思想政治工作先进高等学校",呈现出不断上台阶的良好局面。

二、全方位育人

在高校中培养和造就一批具有坚定共产主义信念的青年马克思主义者和优秀建设人才,首先需要解决两个基本问题,第一是理想信念问题,第二是科学真知问题。理想信念是灵魂,科学真知是力量,二者是"德才兼备"言简意赅的诠释,它们构成青年大学生在未来人生征途中驰骋的双轮,腾飞的两翼。

当代青年大学生对理想信念是有追求的,而且较以前更有理性,对于这种积极因素需要学校很好地加以保护并予以因势利导,思想政治工作就会起到更好的效果。"小平,您好!"是20世纪80年代大学生的强烈心声,"用邓小平理论构筑我们的精神支柱"是20世纪90年代大学生的肺腑之言。

(一)在以"两课"为主导、"三进"为主旨、"两校一会"为主阵地方面所做工作

1. 认真实施"两课"改革,把握"两课"建设的各个环节,在"两课"的师资建设和教学改革等方面取得突破

《中共中央、国务院关于深化教育改革全面推进素质教育的决定》、第三次全国教育工作会议、第八次全国高等学校党的建设工作会议,以及教育部《面向21世纪教育振兴行动计划》中对"两课"课程设置的新方案的实施作了新的部署。在实施"两课"建设与改革中,我校针对自身思想政治理论教育的实际情况,在连续五年每年召开一次"两课"研讨会的基础上,紧紧抓住提高"两课"师资队伍的整体素质和教学水平、探索和改革"两课"教学方法和手段这两个重点,取得较为显著的成效。

2. 加快邓小平理论"三进"工作步伐,帮助大学生树立远大理想和正确的世界观、人生观、价值观

"两课"建设以邓小平理论为中心内容,这一点直接体现在《邓小平理论概论》课的建设上。我校以一类课程建设的要求,紧紧抓住教材建设、队伍建设、系统讲授、改进教学方法、理论联系实际这几个基本而又关键的环节,不断提高课堂教学的水平和效果,使得"三进"工作真正起到促进大学生树立远大理想以及正确的世界观、人生观、价值观的作用。有位学生在《邓小平理论概论》课学习之后的总结交流中写道:"邓小平理论是一个博大精深

的海洋,她承载我们的人生航船驶向光辉的彼岸。一路航行,我们真正领略到了邓小平同志的伟大革命风范、崇高的人格魅力、求真务实的科学态度和勇于创新的开拓精神。有人说,毛泽东让中国人民站起来,邓小平使中国人民富起来,而我要说,毛泽东思想和邓小平理论,是中国共产党的第一代、第二代领导集体馈赠给中国人民乃至世界人民的强大思想武器和宝贵的精神财富!"

3. 充分发挥党团支部和"两校一会"的重要作用,全面推进邓小平理论学习工作

我校党委充分重视通过党团活动开展邓小平理论教育这一有效的途径,对党团支部的理论学习内容、方式和进度都要给出了严格的规定,促进党团支部理论学习和教育活动的正常开展;我校党校、团校以邓小平理论为重点培训内容,帮助教职员工及学生骨干和入党积极分子提高自身的思想政治素质和理论修养,使他们成为所在系科、班级理论学习的带头人目前我校有 15 个院系先后自办联办了业余"两校",1997 年培训人数近 900 名,1998 年人数达 600 余名。青年教师和学生要求入党的积极性高涨,有的系三分之一的学生向组织递交了入党申请书,有的系高达 50%。近年来,本科生中的党员比例呈上升趋势,全校平均达 6%,最高的系达 12%,且新党员的质量普遍较高。学校党团组织还特别注意正确引导以学生邓小平理论研究会为龙头的理论学习社团的活动,充分发挥他们在组织群众性的理论学习中的主动参与自我教育的能动作用。我校学生邓小平理论研究会成立于 1997 年底,是全国高校中成立较早的学生"邓研会"之一,随后,各院系又相继成立了分会。1998 年 4 月,我校"邓研会"参与发起了"华东地区部分高校大学生学习邓小平理论交流会";1998 年 5 月参加了安徽省高校大学生学习邓小平理论经验交流会,并获得论文评比一等奖、二等奖各一篇;此外,由该会会长等两名同学撰写的《论培养青年马克思主义者》还获得了"中国改革开放二十年青年思想发展历史回顾征文"一等奖,在 1999 年 6 月举行的安徽省学习邓小平理论电视知识竞赛选拔赛中,我校"邓研会"的同学也取得了较好的成绩。为了更广泛地开展交流探讨学习体会和弘扬主旋律,学校还专门在校园网络 BBS 电子公告站上开设了"邓小平理论""振兴中华"等版块,充分发挥现代电子传媒不受时空限制的快捷宣传手段。顺便提一句,校园网络对宣传舆论是一柄"双刃剑",需要加强严格管理。我校在制定和实施校园网络管理办法的同时,还注重总结研究,目前,已把《因特网与高校思

想政治工作》列为重点研究课题之一。

朱灿平给中国科大学生邓小平理论研究会骨干上课(1997年9月)

(二) 在以广泛开辟丰富多彩的"第二课堂"、积极引导学生能动参与自我教育为补充方面所做工作

1. 积极开展社会实践活动,深化理论学习效果,强化自我教育功能,提高大学生走理论联系实际道路的自觉性

我校把广泛组织大学生参加社会实践活动作为"第二课堂"的一个重要方面,让广大青年学生深入社会,了解国情,在改革开放的主战场中亲身体验十一届三中全会以来党的路线、方针、政策的正确性,坚定走有中国特色社会主义道路的信念。为此,我校多年来坚持组织学生利用寒暑假深入厂矿企业、农村基层进行社会调查,开展"扶贫支教、科技支农",开展"文化、科技、卫生三下乡"等活动,使学生亲身体察到党在领导、号召什么,老百姓在琢磨、忙乎什么,进而启示自己思考:作为被党和人民寄予厚望的大学生应该做些什么。绝大部分学生在流淌了汗水、晒黑了皮肤、磨破了双脚之后,不无感慨地说:"过去我们总觉得自己是'天上的事知一半,地上的事全知',其实我们原来了解的东西实在少得可怜。通过社会实践,我们对中国的国情才有了较深的认识,真正感受到邓小平理论在社会主义伟大实践中的巨大威力。"近几年来,少年班同学赴"两个文明建设"排头兵张家港市的社会调查,哲学社会科学部研究生赴农村改革开放发源地小岗村的参观考察,以

校学生会、研究生会、"芳草社"青年志愿者协会骨干组成的服务队赴革命老区金寨县的"三下乡"活动,都取得了思想上的进步,精神上的焕发。1998年,我校被中宣部、教育部、团中央联合授予"全国高校社会实践先进单位",我校"三下乡"服务队从1995年起先后获得四次全国性的表彰。

朱灿平看望中国科大"三下乡"队员(1998年7月)

2. 丰富多彩的校园科技文化活动寓教于乐,陶冶情操,为学生健康成长成才营造良好的氛围

丰富多彩的校园科技文化活动,对成长中的大学生起到熏陶涵泳的育人功效,其寓教于乐的形式,活泼新颖的内容,是促进大学生身心健康发展必不可少的途经。我校在开展校园科技文化活动过程中主要着力于人文素质的拓展,促进科学教育和人文教育的两极融合,实现高情感与高科技联姻,人文气质与科学精神合璧,改善大学生人格品质培养中的薄弱环节。中国科大是一所以理工结合、兼有文管的大学,客观地讲,开展人文素质教育的条件并不优越。进入20世纪90年代以来,经过不断努力,我们已经逐步形成了"三个模块、三种途径"的人文素质教育模式,为在理工科大学进行人文素质教育进行

了有益的探索。大学生们说:"经过校园文化濡染的我们,今后无论走到哪里,无论功名成败,每当静下来的时候,耳边高山流水,眼前龙飞凤舞,唐诗宋词铿锵,黄梅京昆悠扬,都会激发起我们热切的恋国之情、报国之心。"

(1) 课堂教育模块是实施人文素质教育的主渠道。我们首先从改革课程结构入手,将人文社会科学等课程纳入学校深化有科大特色的教学改革计划之中,适当加大了人文课程的比重,目前,共开设社会科学、经济管理、文艺美育、政治理论等类选修课 90 多门。学校还明确规定将综合知识类课程纳入大学生必修课,从而使文化素质教育得到制度上的保证。在正常的专业课教学中,也强调用全面素质教育的观点来重新审视和改造,将历史、观念、方法等文化内容渗透到教学的各个环节中,使专业课程富含文化底蕴。

(2) 系列讲座、报告构成人文素质教育的第二模块。由于师资力量欠缺,我们把目光投向了社会,有计划地聘请了一大批著名科学家、艺术家、社会学家等担任学校的兼职教授,为大学生开设系列讲座和报告。从 1995 年开始,每年还拨出数十万元专项经费重点予以支持。讲座和报告内容丰富多彩,涉及京剧黄梅戏赏析、音乐美学、文学漫步、雕塑、理想人格塑造、合唱艺术等。闵惠芬、余秋雨、高登义等人的报告、演出等,都在大学生中引起了强烈的反响。

(3) 大学生自我教育是人文素质教育的第三模块。学校充分调动大学生多方面潜能,开展一系列科技文化体育活动,让学生通过自我教育得到提高。以每年"五月风"科技文化节为带动,飞天科普协会、"芳草社"青年志愿者服务队、学生艺术团、双馨书画社、荒原文学社、健言社等学生社团非常活跃,他们组织的"五月潮读书活动"、科技发明大赛、雏鹰杯足球赛、诗歌、散文征文、书法、火花、摄影展览、大学生辩论赛,等等,为丰富大学生业余文化生活、培养全面素质,起到了积极的作用。

广泛的人文素质教育,培养了学生高尚的道德情操、健康的心理和身体素质、良好的文化艺术修养,为大学生的健康成长成才营造了良好的氛围。

三、全过程育人

"全方位育人"着眼于育人的形式多样和内容丰富,"全过程育人"则着眼于育人的阶段连贯、环节紧扣、不留盲区死角。二者既有空间与时间的区分,又有谐调互补的统一。

"全过程育人",我们强调"两头抓紧,中间夯实",其意就是,在学生思政工作开展过程中,对刚入校的新生和即将离校的毕业生不降低教育引导标准,对中间主干阶段特别注重充实巩固提高。

（1）新生入学时,把"志存高远,从零开始"以及校风校纪校史教育作为这一阶段思政工作的重点。新生由中学生成为大学生,其间经过"断乳期",此时的学生一般情绪波动较大。远离父母的悉心照顾而有失落感,此为症状之一;由中学的佼佼者（尤其在重点大学里）、老师的宠儿沦为普通一员而有沮丧感,此为症状之二;从千军万马争过高考"独木桥"中脱颖而出的欣喜之情未褪而产生轻松几天再说的飘忽感,此为症状之三……所有这些,都需要我们关注、关心、关爱,任何冷漠和不经意都有可能使某个学生落伍。

（2）毕业生即将离校时,把"投身事业,而今迈步"以及文明离校早日荣校作为这一阶段思政工作的重点。毕业生离校前,课业相对轻松,与师友同窗的惜别之情油然而生,时间精力大部分耗于留言话别之类的事情上,因而很自然地放松自己的言行,对我校五年制的本科生尤其如此。多年来,我校在毕业典礼上,除对优良毕业班和优秀毕业生进行表彰外,校长及教师代表还要发表热情洋溢的讲话,既殷殷勉励,又谆谆教诲,他们的讲话被很多毕业的校友记忆犹新地称颂为"大学里最后一堂、也是最难忘的一堂思想政治课"。今年,主管学生工作的副校长以朋友兼师长的身份与应届毕业生亲切话别,引起了广泛的兴趣和一致的欢迎。类似这种形式的毕业生教育,我们尝到了甜头,今后将会一如既往地坚持下去。

（3）大学主干阶段的思政工作,除"全方位育人"夯实基础以外,重点突出在关键点的正面教育引导。所谓关键点是指重大庆典、突发事件、政治的大是大非等。1997年香港回归祖国、今年40周年国庆,我们利用有利的时机举办歌咏大赛,全校数千人轮番上台引吭高歌,抒发爱国情怀,台上台下身临其境的每一个人都深受爱国主义精神的强烈感染。在1996年"钓鱼岛事件"和今年以美国为首的北约轰炸我驻南使馆事件突然发生以后,我校迅速组织了合法的示威抗议游行、举办研讨会、座谈会,声讨霸权主义强权政治的罪恶行径,学生们高举旗帜和标语,喊出"从我做起,发愤学习,科教兴国,匹夫有责"的口号,进一步认清了霸权主义强权政治的实质、西方敌对势力亡我之心不死的图谋;充分认识到解决问题的最终办法只能是"稳定压倒一切""发展是硬道理",唯其如此,才能更有效地抵御别国的侵略和颠覆。

四、一点思考

"三全育人"其实是我校在对思想政治工作特征认识基础上的一种探索和实践。处于新时期新形势下的新一代大学生,有爱国热情和报国之志,但容易冲动和偏激,对社会主义、共产主义的理想信念的树立会不断出现波动甚至会产生犹疑;这一代大学生成才的愿望普遍较为强烈,竞争意识也较强,但独生子女的自我优越感和中小学阶段的一帆风顺,自然而然会带来意志磨炼不够,在学习及生活中遇到本来属于正常的困难和挫折,就会灰心丧气,甚至一蹶不振;处于世界观、人生观、价值观正在形成的青年大学生,面对东西文化的相互激荡和价值多元化的取向,必然会受其影响,为祖国、民族和人类奉献的宗旨与极端的个人主义、享乐主义、拜金主义将会在思想意识的深层较量……这些就决定高校的思想政治工作是长期的、细致的、全面的,同时也是艰巨的,而绝不是一蹴而就或一劳永逸的。回顾近三十年来高校的思想政治工作,毋庸置疑,是出现过起伏跌宕的。正如邓小平同志在1989年所说的:十年最大的失误是教育,主要是思想政治教育。为什么会出现这种情况呢?其原因就在于高校的思想政治工作没有做到一以贯之,没有做到全过程、全方位,没有做到细致入微,思想政治工作队伍犹如"季节工""消防队",思想政治工作本身穷于应付,疲于奔命,一遇敏感问题或敏感时期就消极地采用"关校门""查宿舍"等"堵"的方式管束学生,以当时当地相安无事为最大目标,没有从实事求是的角度出发,解开学生思想深层疙瘩,做到正本清源,消除潜在的隐患。这一点,我们同样有着深刻的教训。其实也可以说,"三全教育"是我们在新形势下,在不断总结正反两方面的经验教训的过程中,对高校思想政治工作的一种探索与实践。这种探索和实践还有待于进一步的完善提高。

(原载《教育与现代化》1999年第4期总第53期,作者:李国栋,朱灿平(执笔),原标题为"全员育人 全方位育人 全过程育人——新形势下对高校思想政治工作的探索与实践"。《中国高等教育》1999年第24期总第219期选载,原标题为"坚持'三全'育人,注重思想政治工作实效")

积淀与酿化

目前,在人们谈教育改革的时候,"素质教育"与"应试教育"是出现频率较高的两个概念,而且,论者几乎都将它们对立起来。其实,"素质教育"强调过程,"应试教育"强调结果,不对等的两个概念相互比较而得出结论,其意义就要大打折扣,这应该是不容置疑的。这里只谈对"素质教育"的几点认识。

一、我们必须清楚"素质教育"的概念

"素质教育"的概念至今虽无统一的定义,但所能见到的定义大同小异。有的作者认为,所谓"素质教育",是指这样一种教育,它利用遗传与环境的积极影响,调动学生认识与实践的主观能动性,促进学生生理与心理、智力与非智力、认知与意向等因素全面而和谐的发展,促进人类文化向学生心理品质的内化。也有的作者认为,"素质教育"的核心就是培养学生健全的人格、创新意识和创新精神。

笔者倾向于认为,"素质教育"就是要解决好学生所学知识与能力及创新之间的关系,也就是解决在我国长久存在的学生"高分低能"和"千人一面"的问题。其实,我国的教育传统是极其悠久的,这是值得我们引以为骄傲的,我们决不能言必称国外,搞民族虚无主义和全盘否定,我国现在教育方面需要改革的也只是教育的方法和手段问题,而不是根本的基础。提倡"素质教育"代替"应试教育",就是为了解决那些不适应时代发展的教育方法和手段,其最终目的就是要达到使学生"活跃"起来,在知识与能力及创造之间架起一座升华的阶梯。本文以"积淀与酿化"为题,其意就在于说明"素质教育"还是强调学生的知识积累是十分重要的,没有足够的知识作为基础,如何能够进行创新和创造,就像没有足够的热量积累如何能够达到燃料的燃点而使之燃烧起来?但是知识积累的本身并不能自然而然地导致创新和创造,在这一点上,知识好似粮食和果品,必须经过发酵和酿化才能制造出"琼浆玉液",即创新的能力和创造的成果。

二、推进"素质教育"须明确的几个观念

第一,要重点强调优秀的文化教育。

文化本身是有精华与糟粕之分的。文化精华就是文明,文化糟粕就是愚昧。只认识到这一点是不够的,教育者还必须清楚地知道哪些是精华,哪些是糟粕,然后在进行教育时取其精华、弃其糟粕。试举一例,《易经》是中国传统文化的重要典籍之一,领悟了"易"就是"变易、简易、不易"的宇宙法则和生生不息的宇宙精神,则是扼住了《易经》的正宗宏旨;反之,打着"现代易学研究所"的招牌,行占卜算卦、骗人钱财的勾当,岂不是与海洛因贩子一般无二? 因此,分清良莠,用优秀的文化教育来贯穿"素质教育"全过程,是首要解决的问题。顺便说一句,优秀的文化,应该包括古今中外人类所创造的一切物质文明成果和一切精神文明成果,而不能局限于一个国家、一个民族、一个时代的时空范围,也不能单纯地理解为物质的或精神的任一方面。优秀的文化教育着重弥补学生在知识面和知识量两方面的不足,使他们在知识面上由狭窄变广博、在知识量上由浅薄变深厚。这是学生的基础积淀,它对专业的积淀起"水涨船高"的作用。

第二,要强调学生在学习中的主体地位。

或许在这一点上,"素质教育"与"应试教育"恰好是对立的,因为"应试教育"注重学生的考分并非学生本身,而"素质教育"注重的却是学生在学习过程中的全面素质提高,并非将学生的考分作为衡量学生优劣的唯一的尺子。"不以分数论优劣",最终目的只有一个,那就是要充分调动学生的主观能动性、创造性和创新能力,这应该看成是"素质教育"的出发点和落脚点,也是教育面向知识经济时代培养具有强烈竞争意识人才的现实需求。这里仍应明确一个问题,以学生为教育中的主体,丝毫没有否定教师在教育中的关键作用,相反,教师的作用还会更大,因为他不但需要传授知识,还需要把学生创造、创新的潜能激发出来。试举一例,我们观赏一台精彩的演出后,我们会为演员淋漓尽致的表演喝彩,我们当然也向站在幕后的导演致敬。因为我们知道,没有导演付出的辛勤汗水及高明创意、没有导演对演员的知人善任,就不可能有演出的精彩。反之,让导演走上前台唱主角,效果则未必佳。

第三,要注重加强对学生的情商启蒙。

情商(Emotional Quotient,简记为 EQ)是相对于智商(Intelligence Quotient,简记为 IQ)而言的。IQ 已为人们所熟知并认同,它就像一个人的身

高体重,是可以进行测试的,测试的结果就给出了这个人的"聪愚值"。如对少年儿童进行 IQ 测试,其值大于 140 的就被认为是"神童"(称作"智力超常儿童"是否更合适一些?)。EQ 是什么?一般认为,EQ 是由情绪的自我认知、自我控制、自我驱策能力和对他人情绪的识别、移情及适度反应能力组成。有人给出这样一个公式:20%的 IQ 加 80%的 EQ 等于 100%的成功。对于这个公式,笔者基本同意,但不完全同意。同意的是,EQ 对一个人的成功确实具有重要作用,不完全同意的是这个公式不是经过精确计算得出的,它不是科学公式,只是一种主观的、直观的表达方式,其负面影响是容易对人产生误导,似乎除 IQ 和 EQ 外,对成功就别无其他影响因素,如理想、信念、毅力,甚至合作、借鉴、机遇等。也有论者不同意 EQ 的说法,而代之以 EI(Emotional Intelligence,译为情感智力,简称为情智),其主要理由就是所谓情商无"商",不像智商那样是可测的。对这种说法,暂且存而不论。这里所要讨论的"素质教育"要注重加强对学生的情商启蒙,主要立足于以下几点:其一,增强社会责任感,使学生从"唯我"的意识中摆脱出来,融入社会的"大我"环境之中。现在的学生基本是独生子女,自我意识过强,自私观念较重,"以我为圆心、以个人利益为半径画圆"的现象较为普遍。"拔一毛以利天下而不为"的倾向者嫌多,"天下兴亡,匹夫有责"的实践者嫌少,人生观、价值观、道德意识失衡现象堪忧;其二,增强关心他人、与人为善、团结合作的意识;其三,增强艰苦奋斗、励志进取、百折不挠的精神;其四,增强投身实践、博学笃行、知行统一的意识。也许这里所说的四点已经超出了 EQ 所定义的范围,果真如此,我们姑且将其称为广义的 EQ,想来也不为过分吧。因为我们今天置身于建设有中国特色的社会主义教育事业的大氛围中,一味囿于 EQ 的狭义去坐而论道,似乎缺了点实事求是、开拓创新的精神,而这种精神正是素质教育所提倡的。

第四,要强调个性教育。

这里所说的个性教育有别于前面所说的学生在学习中的主体地位,其区别在于,学生的主体地位指的是在教育过程中学生与教师之间主从关系,而个性教育指的是在教育过程中学校和教师对每一个学生要因材施教,让每一个学生都能够尽展才华,取得相对他来说是最好的进步,享受到接受教育所带来的成功喜悦而不是失败烦恼,这就是教育的"正反馈"效果,也就是真正培养了学生对学习的兴趣,把学习当作一件乐事而不是一桩苦差。相反,要求所有的学生"齐步走",从同一个起点跑到同一个终点,可能是应试教育的最大弊端,说轻点,这是不自觉的在学校里继续上演"龟兔赛跑"的闹剧,说重点,这就是对学生个性的无意识遏制。强调个性教育也许是当今教育呼唤改革的最重要的原因之一。我们这里谈的个性教育是指承认个性,正视个性差异,重视因材施教,即针对不同的个性特点施以有区别的教育,而且要特别注意帮助学生发展优良的个性品质和他们的创造性,给学生个性发展以宽松的空间,在这一点上,教育者要有点郭橐驼种树的超然态度。但"树人"与"树木"毕竟存在着本质区别,同时,还需要我们十分注意抑制和克服学生的那些不良的个性品质。

三、有关"素质教育"实施过程中的认识误区

误区之一,有人认为"素质教育"就是在现有的课程上加一些唱歌跳舞、体操绘画之类的课外活动,好比营养配餐中加点油、加点盐、加点酱、加点醋,再撒点葱花胡椒式的简单调味。

误区之二,还有人认为,素质教育是一种全新的教育方式,现在的一切教育措施都不适应,需要另起炉灶。

上述两种认识都匪夷所思、大谬不然。其实,我们现在所需要做的,既不是形式主义地只增加一些课外活动,也不是另起炉灶,而是在"积淀与酿化"上下工夫。

(原载《教育与现代化》2000年第1期总第54期,《中国教育报》2000年1月15日"教育科学"第195期选载)

青年人才素质面面观

一、人才素质的涵义

依据党的教育方针:"教育必须为社会主义现代化建设服务,必须与生产劳动相结合,培养德、智、体全面发展的建设者和接班人。"我们可以将人才的素质概括为三个方面,即① 德育素质方面,包括思想、政治、品德素质等;② 智育意质方面,包括知识、能力素质等;③ 身心素质方面,包括身体、心理素质等。

按照智力与非智力因素的结构来划分,人才的素质组成有:① 知识结构。即知识体系结构(基本概念、原理、理论掌握程度)、学科体系结构(自然科学、社会科学、人文、艺术等知识具有的广度范围);② 智力结构,即观察力、思维能力(抽象思维、形象思维能力、灵感、直觉与想象能力)、实践能力,知识结构和智力结构组成智力因素;③ 非智力因素结构,包括道德结构(诚实、正义、友爱、勇气)、意志结构(独立性、勇敢性、坚持性、自我平衡力)、审美结构(自然美、社会美、艺术美、科学美)、品格结构(作风、兴趣、爱好)等。

实践证明,人才在培养成长过程中,智力因素与非智力因素在不同时期对人的作用程度是不同的,有时因非智力因素障碍,可能影响智力因素的发展;同样由于非智力因素处于最佳活动状态,促使智力因素超水平增长。

二、跨世纪青年人才的素质

跨世纪青年人才应该具备哪些素质,这将由社会发展的需求与人才竞争的态势来决定。

从社会发展的需求上看,跨世纪人才必须由"传统型"向"现代型"转变。"传统型"人才就是指按照学校规定的课程体系顺利地完成学习任务,其指标体现在考试的分数合格上;"现代型"人才不仅要具备"传统型"人才的基本素质,而且要具有很强的竞争意识和创新精神,能适应复杂的社会环境并在其中大显身手,是"学者+(社会)活动家"的复合人才。

从人才竞争的态势上看,跨世纪人才要有更全面的素质和更强的能力,在知识基础、思维观念、心理品质、道德修养、实践能力、价值取向、审美情趣等方面要全面发展,要富有显著的时代特征。

总之,跨世纪青年人才的意质,其智力因素和非智力因素方面都会有更高的水准,通俗地说,跨世纪青年人才被要求为"通才"或"全才"。具体表现为:

(1)超前性、创造性、开放性的思维方式及强烈的参与意识、竞争意识、质量意识。现代社会具有生活快节奏,经济多元化,资源利用、生产经营、信息交流社会化、国际化,竞争机制广泛用于社会生活各环节,生存与质量相依、发展与效益为伴,"发展才是硬道理"等特点。这些特点要求跨世纪青年人才要有与之相适应的思维方式和社会意识。

(2)广博的知识和合理的知识结构。专业知识要系统精深,力求接近该学科的前沿,掌握反映发展新水平的知识及其他方面的知识。即基础知识、文献知识、社会实践知识、生活知识等广泛涉猎;对古今中外大事、天文地理常识、风土人情特点、名家伟人警句等应有一般了解;特别是应具备现代科技、经济、生活方面的知识,如高新技术知识、计算机知识、财税金融及证券知识、法律知识、市场及商品知识、高品位艺术欣赏知识、交际及旅游知识。

(3)全方位的能力。如:具有将理论和实践有机结合起来,分析和解决问题的能力;使用计算机进行文字处理和桌面办公能力;较强的语言和文字表达能力;至少一种外语的熟练译写听说能力;公关及灵活应变的能力;组织管理协调能力;正确地进行自我评价、自我改造和自理的生活能力;较强的自学和捕捉新知识的能力;参与文体活动的能力。

(4)远大的志向和高尚的道德修养。有符合国家和人民利益的明确而实在的奋斗目标;有强烈的事业心和社会责任感、浓厚的敬业意识和奉献精神;有正确而显著的建功立业意识和进取心理、勇于开拓创新;善于团结协作,作风正派民主;自觉严格要求自己,具备社会公德和职业道德的基本素养。

(5)健康的身体和良好的心理品质。体魄健强、风度文明高雅;意志顽强、毅力坚韧;心胸宽广坦荡、性格豁达开朗、兴趣广泛;具有自尊、自强、自信、自控的弹性化心理品质。

三、学校团组织对培养跨世纪青年人才所进行的工作

共青团是党的助手和后备军,是先进青年的群众组织。这就决定了共青团的任务,一要为经济、社会发展服务,二要为青年健康成长、建功立业服

务。目前,高校共青团的任务,最终集中到一点就是要为培养跨世纪青年人才作出更大的贡献。

中国科学技术大学在确定以培养跨世纪人才和提高学校综合实力为中心的发展目标中,制订出了未来15年左右的发展规划,即第三次创业暨"211工程"规划。提出的总体目标是,把学校办成坚持党的基本路线,质量优异,规模适中,具有中国科学院内跨地域的办学结构和人才培养、科学研究、社会服务三重功能,以自然科学和技术科学为主体,兼有管理和人文科学的多学科协调发展,科学与技术紧密结合,本科生培养与研究生培养并重,拥有一批重点学科、著名学者和重点实验室的国内一流、国际著名的高等学府,成为中国科学院向国家输送优秀高层次研究人才和高新技术发展应用人才的重要基地,成为促进国家科技及经济进步的重要基地,成为国内外有特色的著名学术中心。

关于"人才培养"的分目标是,建立并逐步完善能主动适应21世纪科技发展及社会主义现代化建设需要的人才培养机制,由主要培养研究型人才,转变为培养部分优秀研究型人才和大量基础宽厚扎实、与高新技术背景紧密联系的高层次应用型人才。同时培养少量有较强数理背景,适应社会需要的高级管理人才,努力扩大研究生特别是博士生的培养规模。

围绕学校发展总目标和人才培养目标,针对跨世纪青年人才素质的整体要求,校团委着重做了以下几件工作:

(1) 以团校为阵地,加强全校各级团组织的思想建设,保证跨世纪青年人才的德育素质。

《中共中央关于进一步加强和改进学校德育工作的若干意见》指出:"现在和今后一二十年学校培养出来的学生,他们的思想道德和科学文化素质如何,直接关系到21世纪中国的面貌,关系到我国社会主义现代化建设战略目标能否实现,关系到能否坚持党的基本路线一百年不动摇。"这就明确地告诉我们培养跨世纪青年人才应把德育和思想政治工作放在首位。

我校团委以团校为阵地,对广大团干部、学生干部及广大团员青年进行培训和思想道德教育,1994年和1995年两期培训班,聘请校内外专家教授、党团干部7人次讲课、作报告,给学员们讲邓小平建设有中国特色的社会主义理论和党的基本路线,讲国际形势与政策等;组织学员参观大型企业(荣事达集团)和抗战纪念馆(南京大屠杀纪念馆),进行爱国主义教育和改革开放形势教育,并在面上号召组织全校团员青年学习《邓小平文选》第3卷,配合学校"两课"改革、"德育工程"规划制定实施,使特色理论进教材、进课堂、进学生的头脑。1994年春,我校团委推荐了一名学生参加团中央在上海召开的学邓选座谈会,在会上交流了学习体会,受到了好评。

(2) 以"崇尚科学,追求真知,勤奋学习,勇于创新,迎新挑战"为宗旨,开展多种层次和类型的课外学术科技活动与竞赛,为促进广大学生全面成才,迎接跨世纪的挑战创造更多更好的机遇。

中国科学技术大学建校时间较短,但有着良好的校风和学风,"勤奋学习,红专并进,理实交融"的校风一直激励着一代又一代青年学生。广大青年学生理科基础较扎实,成才的愿望普遍很强烈。校团委一直重视抓住这个有利因素,加以引导,大力开展多种层次和类型的课外学术科技活动与竞赛,给他们创造早日成才、全面成才的机遇,使他们树立崇尚科学,献身科学,报效祖国,贡献人类的远大志向。

1989年以来,校团委组织学生参加了所有前三届"挑战杯"竞赛,取得了第二届"挑战杯"第二名、第三届"挑战杯"并列第三名的成绩;在前两届应用科技发明大奖赛中也表现不俗,除申报的13件作品全部获得不同等级的奖励之外,还获得了第二届的组织奖。从1991年起,我校每年均组队参加"美国大学生数学建模竞赛(MCM)",获得一等奖3队次,二等奖2队次,参加前三届"中国大学生数学建模竞赛"成绩一直名列全国前茅。

参加全国或国际科技比赛所取得的成绩,我们都认真地加以总结,进一步激励学生攀登高峰的勇气。我校有一位被评为"全国三好学生标兵"的1989级本科生,4次代表学校参加"美国大学生数学建模竞赛",是队里的主力队员,后来,担任了学校数学建模集训队的教练,在1994年的总结会上,他深有感触地说,每次72小时连续作战完成竞赛论文,都感觉是一次自我超越,这不仅是智力与体力的检验,而且是意志、毅力、合作的锤炼,同时更是在献身科学、为国为校争光的口号与行动之间画等号的艰苦拼搏。他的话赢得了热烈的掌声,也可以说,反映了同学们的心声,得到了共鸣。

我校学生在国际上和全国的科技比赛中取得的优良成绩应该源于常抓不懈的校内科技活动与竞赛。几年来,先后成立了"博士生交流创新协会""研究生发明协会""大学生课外学术科技协会""飞天科普创作协会"等组织,在校团委的统一安排下,并联合校学生会、校研究生会开展活动。每年以五月份"科技文化月"为推动,开展高等数学、普通物理、普通化学、计算机软件等多项基础性的大奖赛,举办学生学术讲座和报告会,开展科普创作征文与科普知识竞赛,邀请著名专家教授作学科前沿介绍与展望报告会等。

我们还注重利用学校"年轻人才较多"的特点,在青年学生中广泛宣传年轻的教授、博士生导师、学科带头人及其在科学道路上勇于探索、奋发成才的典型事迹。榜样的力量是无穷的,榜样的力量从一定意义上感召了青年学生高标准、严要求,努力使自己成为跨世纪担当重任的合格人才。

(3) 健康向上、丰富多彩的校园文化活动是青年学生愉悦身心、陶冶情操、成长成才必不可少的氛围,是我校团委在培养跨世纪青年人才的工作实战中致力开展的一大方面。

校园文化的涵盖面很广,对培养发展学生的智力因素和非智力因素都有着不可替代的作用。校园文化的主题应该很鲜明,就是要弘扬主旋律,成为德育工作和思政工作在形式上生动活泼的一部分,是其延伸和拓展,起寓教于乐的目的。

针对理工科学生开展校园文化活动,着重注意的是要弥补其人文科学、文学艺术、音乐美术等方面的欠缺或不足,这些都是培养"全才"或"通才"的要求。

近年来我们开展的有影响的校园文化活动主要有两类。一类是学生主动参与的,如论辩赛、演讲赛、书法绘画摄影展览、"校园之星"卡拉OK大赛、"高唱正气歌"大合唱比赛、诗歌散文征文、五月书潮、"一二·九"文艺汇演、女子时装表演、"科大杯"及"雏鹰杯"足球赛、各种棋类比赛、"科大吉尼斯"趣味运动会、越野长跑等。另一类是邀请表演或报告,使学生得到欣赏或启迪,如交响音乐会、画家画展、作家艺术家的讲座或报告等。

科大团刊《科大人》及《荒原诗刊》也是受学生们喜爱的校园文化的一个组成部分。

校园文化对青年学生成长成才的作用和影响是渗透式的,"随风潜入夜,润物细无声"。

我们在引导学生进行社会实践、认识国情,在开展青年志愿者行动、奉献社会,在开展勤工助学、自强自立等方面也进行了一些工作探索。限于篇幅,不再赘述。

(原载《教育与现代化》1995年第4期,原标题为"跨世纪青年人才素质观初探与培养工作")

高举爱国旗帜 弘扬科学精神

——关于当代青年秉承五四光荣传统的两点思考

80年前,处于内忧外患的中国爆发了著名的五四运动。这次运动是一次伟大的反帝反封建运动、一次伟大的思想解放运动和新文化运动。五四运动所高扬的爱国主义鲜艳旗帜和迸射的民主科学精神光芒照彻了当时神州的茫茫暗夜,并一直辉耀着80年以来的中国历史进程,我们坚信,五四精神必将继续昭示着中华民族21世纪的灿烂前景。

五四精神是中国人民的一笔宝贵财富。今天,这种精神被浓缩为"爱国、进步、民主、科学",仅仅八个字,但一字千钧。我们当代青年纪念五四运动,就是要秉承五四的光荣传统,弘扬五四的不朽精神,最脚踏实地的方式就是要仔细咀嚼这八个字沉甸甸的分量,进而身体力行地去实践这八个字的真谛。

一

爱国,是一面永恒的旗帜。古今中外,感人肺腑的爱国故事层出不穷,但爱国的内涵却是不断更新的。爱国,是五四运动的精神内核,其实质是"外争国权,内惩国贼"。今天我们高扬爱国旗帜,最根本的内容就是早日实现祖国的完整统一,实现中华民族在新世纪的全面复兴,努力把我国建设成为富强、民主、文明的社会主义现代化国家。

首先,爱国是一个远大的理想和目标。爱国的根本内容就是我们爱国的远大理想和目标。要实现这一理想和目标,需要我们这一代青年去做不懈的努力奋斗。如何去努力奋斗?江泽民同志在北京大学百年庆典上的讲话,无疑是最有力的指南,让我们再一次重温并牢记"坚持学习科学文化与加强思想修养的统一""坚持学习书本知识与投身社会实践的统一""坚持实现自身价值与服务祖国人民的统一""坚持树立远大理想与进行艰苦奋斗的统一"。

其次,爱国意味着一种责任。当今世界和平与发展是两大主题,世界经济全球化、一体化进程加速,科学技术日新月异,知识经济已见端倪。在这样激烈竞争的国际环境下,我们爱国的责任就只能表现为掌握过硬本领,立于科技发展的潮头,敢做弄潮儿,不当尾随者,因为科学技术只承认第一,没有亚军之说。爱国的责任,对于当代青年中的科教工作者和大学生来说,自觉投身到"科教兴国"战略中去,则是明智正确而又可以大展宏图的事业选择。爱国要从爱校做起,我们爱科大,要爱科大的青春朝气,要爱科大醇厚的校风学风,更要爱科大站在新世纪门槛前所面临的争创一流大学的良好发展机遇,这种爱其实就是要表现为那种"扼住生命咽喉"的牢牢把握。作为教师,要尽"传道、授业、解惑"的职责;作为管理者,要创适应一流大学建设的校园文化氛围、良好的育人环境和流畅的管理机制;作为学生,要珍惜今天这一张平静的书桌,力争成为"四有"英才和未来竞争尤其是国际竞争的佼佼者。

第三,爱国象征着一种执着的依恋。我们的同辈人秦文贵在平凡的岗位上做出了不平凡的业绩,成为中国当代青年的楷模,当荣誉的光环折射他可贵的精神时,映照出的只有少许的注脚文字:对祖国的执着依恋,对事业的执着追求,对人生的不断超越。秦文贵只是当代千千万万有为青年的一个典型代表。青年学子从"校园经商热""出国热"回归到今天的"读书热""实践热"是否可以说是一次理想的嬗变?换言之,这新一轮的"为中华崛起而读书"的趋势可否理解为:青年学子已经将爱国转化为一种执着的依恋、一种隽永的纯真?!

二

从五四时期的热血青年喊出"科学救国"的口号到邓小平同志提出"科学技术是第一生产力"的著名论断,再到以江泽民同志为核心的第三代领导集体提出"科教兴国"的战略,在有着古代四大发明的国度里,每一个炎黄子孙对"科学"都滋生了一个硕大的情结。

科学技术本身对经济发展、社会进步所起到的巨大推动作用已成为全人类的共识。信息时代、知识经济都是科学技术迅猛发展的直接结果。处于社会主义初级阶段的中国要在21世纪的国际竞争中立于不败之地,唯有依靠科学技术的进步和教育事业的发展。但科学技术以人为本,"工欲善其事,必先利其器",如果说,"工"就是科学技术的发展,那么"器"当然就是能转化为人的内在素质的科学精神。

科学精神是五四精神的重要体现。今天我们弘扬五四运动的科学精

神,应该要有以下几个方面的清醒认识:

第一,实事求是是科学精神的基石。这块基石绝不允许掺入伪科学、反科学的杂质。

第二,开拓创新是科学精神的灵魂。实事求是和开拓创新构成科学前进的车之双轮、鸟之两翼。

第三,合作、奉献、牺牲是科学精神的必备条件。

诸如科学方法、科学态度、科学思想、科学艺术等,都是科学精神的组成要素。正确认识科学精神,大力弘扬科学精神,对于我们正在实施的"科教兴国"战略,对于我们青年一代的健康成长都应该具有非常重要的现实意义。

五四运动波澜壮阔已被载入史册,五四精神哺育了一代又一代中国青年,让我们永远高擎五四精神的熊熊火炬,承前启后、继往开来,用我们绚丽的青春和勤劳智慧谱写中国跨世纪的美好篇章。

(原载《中国科大报》1999年4月30日总第406期)

新政策　新机制　新活力

一、我校国家助学贷款工作的基本情况

我校国家助学贷款工作起步于 2000 年，至今已历六年六轮贷款。该项工作启动之初，我们就本着"客观、务实、积极、稳妥"的八字方针，先后与中国工商银行、中国农业银行和中国银行签订合作协议并建立了良好的合作关系。2000 年 9 月我校与中国工商银行安徽省分行签订的国家助学贷款合作协议，是国家助学贷款工作在安徽省高校启动的重要标志。六年来，我校国家助学贷款的审批发放稳步进行，2000~2003 年连续四年贷款审批发放率达到 90%以上，即使在全国助学贷款发放普遍反映很不乐观的 2002、2003 年，我校助学贷款发放率仍在不断提高，分别为 94.0%和 94.8%。

2004 年国家助学贷款新政策、新机制出台后，我校积极与中国银行安徽省分行进行充分沟通与协商，顺利签订了《国家助学贷款合作协议》和《银校全面合作协议》，当年的贷款发放率达到 99.68%。

总之，国家助学贷款的全面实施，为我校建构立体的助学体系增添了举足轻重的权重，发挥了重要作用。

表 1　中国科大国家助学贷款总体情况表

学年度	申请人数	申请金额（万元）	批准人数	批准金额（万元）	未批准人数	经办银行	备注
2000	830	334.7	758	309	72	工行	
2001	829	399	770	339.8	59	工行	
2002	1160	622	1122	585	38	工行	比例上限提高
2003	1127	620	1067	587.75	60	农行	18 岁以下未批
2004	1006	568.5	1003	566.71	3	中行	
2005	1207	700.1	1070	619.70		中行	137 人待批
累计	6159	3244.3	5790	3007.96			

表 2　中国科大国家助学贷款在学校助学体系中的比例表

学年度	2002~2003	2003~2004	2004~2005	2005~2006
助学体系总额（万元）	1313	1314.76	1452.73	1353.25
国家助学贷款总额（万元）	585	587.75	567.71	619.70
所占比例	44.55%	44.7%	39.1%	45.79%

二、新政策、新机制实施以来我校国家助学贷款工作的主要成效

新政策、新机制实施以来,我校的国家助学贷款工作出现了新的生机,主要体现在以下几个方面:

(一)责任义务明确,银行积极性与主动性提高了

过去国家助学贷款实际上是带有政策性的贷款,经办银行通常是指定的,他们的积极性主动性不是太高。现在采取对经办银行招标的方式,标书上对于银行应该提供什么样的服务,承担什么义务规定得非常明确,非常具体,中标银行按时办理手续和发放贷款,是必须履行的责任和义务。此外,银校的两个协议,严格界定了双方的责任、权限及其义务,为双方的合作奠定了更加坚实的基础,特别是银校共担风险的机制,使银行方面的压力减轻,积极性自然高起来了,不再像过去,银行总是存在抱怨和畏难情绪,或消极躲避,而在学校方面,事实上还是年年要"求助"于银行。

(二)还贷压力减轻,学生的贷款积极性提高了

过去,大学生在校期间的贷款利息由政府补贴一半,现在改为由政府全部贴息,过去大学生毕业后必须马上开始还款,现在改为毕业后 1 至 2 年开始还款,还款期限也从原来的 8 年放宽到 10 年,还款方式也有两种选择,使学生的经济负担和思想负担同时减轻,新政策、新机制更符合学生的实际,学生的贷款积极性大大提高。

(三)银校分工配合,贷款办理效率提高了

过去的助学贷款工作,犹如一场"持久战",从学生开始提交贷款申请到完成全年发放任务,一般要 4 个月时间。原因之一是贷款所有的工作,从学生提出申请、填表到审查学生的贷款资格,全部由经办银行完成,手续很繁杂;同时银行也不了解学生实际情况,很难把握好究竟谁该贷谁不该贷,这样就造成发放贷款的进程缓慢。新机制明确了国家助学贷款工作由银校共

同负责。前期的所有手续都由学校审核办理。经办银行根据学校提供的人员名单和表格,不需再审查即可发放贷款,大大加快了发放的速度。

（四）风险补偿制约,高校的主观能动性提高了

由于风险补偿金的设立,高校角色已经转变,从纯粹"介绍人"的身份转变为"介绍人"兼"担保人"的身份,承担一定连带责任和违约风险。同时,因为有了《助学贷款合作协议》和《银校全面合作协议》的双重约束,学校的责任、义务明显加重,需要学校从一定的高度来规划开展助学贷款。新机制为助学贷款开辟了坦途。

三、尚存的一些问题

（一）从学校方面来看

（1）国家助学贷款与奖助学金的"时间差"问题。一般情况下,学生特别是贫困生在确定自己获得的奖助学金数额后,进而确定自己的贷款数额,是理想的和理性的期望。因此,奖学金和助学金的评定在前,国家助学贷款申请在后是学校助学工作开展的一种最为合理时间顺序。然而近年来,像"国家奖助学金""西部助学计划"这种大额的奖助学金指标下达到学校时间都比较晚,给学生申请和学校操作国家助学贷款工作都带来了一定的盲目性。我们希望今后"国家奖助学金"和"西部助学计划"的指标最好能在9月初就下达到学校。

（2）国家助学贷款计划指标与实际需求"逆差"问题。由于贷款计划编制在上半年,下半年新生的情况无法准确掌握,贷款计划也难以准确制订,实际贷款申请额与计划指标额度往往有较大"逆差"。2005～2006学年,我校尚有137名符合贷款条件的学生共申请了80.4万元的国家助学贷款,由于下达给学校的贷款总额度的限制,迄今为止还未获得本学年度的贷款。据了解,还有其他9所学校学生贷款申请超出了计划,而计划远未达到学校可以申请的限额。有鉴于此,我们希望国家主管部门对此要有明确的态度,积极主动与助学贷款承办银行沟通,客观、务实、妥善解决计划与需求之间的"逆差"问题。

（3）中途离校学生的还贷与协议执行之间的"反差"问题。《国家助学贷款合作协议》中规定:"借款学生发生休学、退学、出国、被开除学籍、死亡等其他不能正常完成学业的情况,乙方应及时通知甲方。乙方应在甲方按借款合同采取措施后,方可为借款学生办理相应手续。"该条款规定清晰,并无任何解释上的歧义,但实际执行起来,却存在巨大"反差"。例如,2004年年

底,我校一名学生因为盗窃罪被判缓刑,学校按规定开除了该名学生学籍。由于该学生有贷款,学生处及时将这一情况通知给了经办银行,而银行一直没有如何处置的回音,学生处也就一直未在该生的离校手续单上签字,导致该生的离校手续至今未办。这种现象引起了我们深深忧虑,因为这样拖下去,极有可能带来严重的后遗症。从目前趋势来看,因种种原因,"中途离校学生"没有能力立即还清贷款的情况绝不仅仅是某个学校的个案,学校不能成为这种"反差"的被动受害者甚至是牺牲品。

(二) 从银行方面来看

(1) 毕业生就业去向变动不居,催还贷款有难度。虽然学校在学生毕业前将贷款学生的所有信息包括毕业去向及联系方式等都提供给了银行,但当银行发现学生欠款,其工作人员与毕业生联系时,往往发现其工作单位、联系方式等都发生了变动,找人都成了问题,遑论催还贷款。

(2) 对违约学生的处罚缺乏有效机制和手段。《国家助学贷款合作协议》对违约的规定是:"若借款学生出现违约行为,甲方有权根据有关规定,在公开报刊或媒体上公布违约借款学生姓名、入学前家庭地址、乙方学校名称、毕业后就业单位、身份证号码、拖欠贷款本息金额等信息。"且不论这条规定是否合理有效,单从实际情况看,尚未见到哪家银行真正公布过违约学生的上述信息,因而该条规定的约束作用几同虚设。

(3) 个人征信体系亟待加强宣传。目前由中国人民银行建立、各大商业银行都参与建设和使用的个人征信体系,是培养全体公民诚信意识和良好金融信用的有效途径,但是宣传力度不够,社会上知道的人并不多。

(三) 从学生方面来看

(1) 理财意识和能力缺乏,主动性不够。部分学生不主动关心自己的欠款情况,尤其对于即将毕业的学生,由于毕业前实习或其他原因未能了解还款手续办理信息,造成诸如考上研究生却未能办理贷款延期等困难。此外,已就业的毕业生,变换工作单位、地点以及联系方式后,较少主动与贷款银行联系。

(2) 就业压力带来还贷压力。有相当一部分学生,毕业当年并没有找到合适就业单位,属于挂靠就业(假就业),如2004年,全校本科毕业生416人挂靠,占毕业生总人数的16.44%;2005年挂靠就业460人,占毕业生总人数的26.09%,其中绝大多数是为第二年再报考研究生,但却不能享受当年考取研究生同学的办理展期手续的同等待遇,还贷的实际困难则造成违约。

(3) 少数"连贷"学生毕业后还款压力较大。还款期限虽然有所延长,但相对还是较短。以我校今年毕业的 2002 级贷款学生的情况为例,一名 4 年都连续贷款的贫困学生,毕业后有 24000 元的贷款本金要还,加上利息,每个月的还款额应在 400～500 元。

表3　中国科大 2002 级贷款学生情况表

	4次贷款	3次贷款	2次贷款	1次贷款
人数及比例 (总391人)	70 17.9%	113 28.9%	89 22.76%	119 30.44%
金额及比例 (总514.24万元)	158.11 30.75%	194.25 37.77%	98.7 19.19%	63.18 12.29%
人均贷款额 (万元)	2.259	1.719	1.11	0.531

(4) 极少数学生恶意逃贷。我校曾有一名学生 4 年期间共贷款 2 万余元,后因学业问题面临退学。按规定,退学的学生应该先还贷再办手续,该生坚持说无力还贷,并且咄咄逼人地质问,我不还贷,你们能对我怎样处理?反正我都要退学了。这样的学生虽然是极少数,但足以让人心寒、让人感慨万千!同时,不良的社会风气对已毕业学生也有较大影响,曾有学生反映,他身边的同事、同学对他按期履约还贷行为不以为然,认为:真犯傻,国家的便宜不占白不占。

四、以加强诚信教育为抓手,努力开拓学校国家助学贷款工作新局面

国家助学贷款工作开展数年来,虽然经历了沸沸扬扬的议论和波波折折的坎坷,但其为贫困学生顺利完成学业所发挥的作用是有目共睹的,尤其是新政策、新机制施行以来,为进一步完善这件"善举"更是注入了新的活力。作为高校的教育管理者,我们既担负职责,又组织实施,需要我们尽心竭力地与银行合作,为学生服务,努力开拓国家助学贷款工作良性循环的新局面。

以下是我校有针对性地开展的一些工作尝试。

(一) 加强对学生的诚信教育

(1) 开展"诚信"主题教育。市场经济与信用体系如影随形,国家助学贷款政策的实施不仅是为了适应高等教育改革的趋势,同时也是国家推出的"诚信"改革试验田。大学生年轻、受教育程度高,是试验田的最合适群体。

作为信用贷款方的学生,应该深刻地认识到,个人是否讲求诚信,按时还贷以及还不还贷,不仅仅关系到他个人的声誉和前途,更会影响到国家助学贷款这项政策的有效实施,甚至关系到整个社会对大学生这个群体的认识。"知识决定命运,信用成就未来",诚哉斯言,我们以诚信教育为切入点和抓手,教育引导大学生树立"人无信不立"的基本观念。

(2)举办诚信教育活动。诸如,国家助学贷款培训会、签字仪式以及还款协议签字仪式,请银行相关领导和学校相关领导对学生进行诚信教育。

(3)个人征信体系的宣传。在校园网 BBS 建"奖助学"版,发布贷款、还款相关信息,进行个人征信体系建立的宣传。

(4)严把贷款资格审查关。对有不诚信记录等不符合条件的学生坚决取消贷款资格。

(二)积极配合承办银行切实做好毕业学生的还款管理工作

(1)梳理毕业生贷款信息。对即将毕业的借款学生进行全面调查,了解学生的借款情况、毕业去向、还款能力、信用意识等,针对问题做好学生工作,并将毕业学生的信息及时准确地提供给银行。

(2)印发《国家助学贷款还款指南》。从服务学生的角度出发,编印发放《国家助学贷款还款指南》,帮助指导学生全面了解还款手续的办理程序、制定合理的还款计划、提醒学生妥善保管存折以及经办银行的联系方式;

(3)交流与敦促结合,自律与他律互补。诸如,邀请银行工作人员来校与学生座谈,集中举办还款协议签订仪式,在校园 BBS 公布违约学生的学号、院系、违约金额,提醒学生及时还款,协助银行催还贷款。

(原载《教育与现代化》2007 年第 1 期总第 82 期,作者:朱灿平,尹红,王胜平,岳兴林,原标题为"新政策 新机制 新活力——中国科学技术大学国家助学贷款工作实践与探索")

以人为本：美国高校学生服务与学生发展的精髓

"千名中西部大学校长海外研修计划"首批赴美国西部团成员，在加州的几所高校进行了为期三周（2012年11月28日至12月18日）的研修，主研修高校为太平洋大学（私立大学）、加州大学伯克利分校（公立大学），涉及大学治理结构（多校区管理）、大学筹资与预算、教师专业发展、科研组织管理与产学研结合、教学质量保障与创新人才培养、学生服务及学生发展等专题。通过讲座、交流、研讨等形式，我们对美国高等教育特别是学生服务及学生发展有了新的了解和认知。

参访斯坦福大学校园，蓝天、丽日、绿树、芳草以及宁静的教堂都是印象深刻的元素（2012年12月7日）

一、美国高校学生事务管理的特点

美国高校倡导学生事务以促进学生学习能力和个性发展为核心。这既是对学生事务管理提出的新要求，又充分反映了学生事务管理的发展趋势。

(一)健全的组织机构,专业化的管理队伍

(1)组织机构齐全。基于职责细分、管事不管人理念的扁平化机构设置,十分有利于学生事务工作人员的专业化、专家化、职业化发展。美国大学一般都设置学生生活部,主要职责是保障学生健康成长,发现并挖掘学生的潜力,为学生提供就业帮助。如太平洋大学学生生活部的工作职责有如下诸方面:指导学生与教授合作;拓展学生阅历;建立学生社区;发展学生领导能力;助力学生成功等。

学校还设置学生行为和社区标准办公室,其职责是:通过公平、诚实且恰当的评估来处理触犯学生行为准则和学校政策的行为,保护所有学生安全和学校社区安全。通过预防,感化和给予纠错改正机会的方式来教育学生。处理违纪学生由学生行为评估委员会负责,该委员会由3名学生、1名教授、1名工作人员以及学生行为和社区标准办公室主任等6人组成。

加州大学伯克利分校暮色苍茫华灯初上之际的学生图书馆自习室(2012年12月3日)

学生生活部具有足够的人员编制和工作经费。只有7000余名本科学生的太平洋大学,配备了140

名工作人员,设立了21个部门,经费预算2500万美元。加州大学伯克利分校现有本科生1.4万名,学生管理人员500多人,预算经费3200万美元。

(2)管理队伍的专业化。美国学生事务管理者的学历普遍较高,一般由具有教育心理学、教育管理学、教育社会学等专业知识背景的人担任,有的则是毕业于高等教育学生行政专业并取得了硕士、博士学位的专家。在部分专业性较强的部门,如学生顾问和心理咨询服务中心工作的管理人员,还有具有专业资格证书或行医执照的心理学专家或精神病学专家。另外,社会上的专业协会也会给学生事务管理提供专业的帮助和训练。

(3)学生事务管理专业化。学生事务管理者的角色和职能定位不仅仅是单纯的服务者,他们既是管理者、服务者,又是教育者、研究者,其职能也从传统的服务拓展为"以服务促发展"。学生事务管理人员合作成立了行业协会和职业组织,出版专业期刊,推行职业标准和职业道德规范等。

(二)一切以学生为主体的管理理念

(1)有教无类,注重差异。美国是一个多民族的移民国家,大学校园是缩影,加之所谓的国际学生日益增加,多种文化交融并存。因此,学生事务管理需要充分考虑到学生的成长差异和学生的个性发展差异,并以平等的态度对待。比如在入口阶段的招生、注册管理、入学指导、经济资助等方面;在日常管理阶段的咨询、生活服务、行为规范和纪律等方面;在出口阶段的职业指导和校友事务等方方面面,都呈现出多元化、多样化和个性化的色彩。

(2)教学相长,相互尊重。学校和老师视学生为"成人""平等的伙伴",注重双向式的交流与沟通,强调尊重学生个体的尊严和价值,学校的许多管理制度也注意保护学生的自主权、隐私权和言论自由。

(3)全面服务,学生参与。以学生为主体,满足学生成长、生活、社交等需要,提供多元化的学生事务活动与项目,包括教学辅助活动、社交活动、体育活动、文娱活动、志愿活动、生活辅助活动等,如太平洋大学设立校园使者,参与接待来访者。鼓励学生民主参与其中,充分发挥学生自我教育、自我管理的作用。

(4)关怀残障,体贴入微。学校的教学生活设施充分考虑残疾人员的需要,设有专门的通道、扶手、停车位等,方便他们出行以及同学间交流。

太平洋大学校园内绿树成荫、环境优雅,学校工友正在开动移动鼓风机吹拢落叶,维持环卫(2012年11月29日)

(三) 努力帮助学生成长成才

(1) 坚持"以学生为本"和"服务促发展"的理念。关注学生的全面发展,帮助学生实现自我,不断推出满足学生发展需要的各项服务和针对不同学生需要的个性化服务,使管理更富有人情味和亲和力。

(2) 新生必须尽快融入学校大家庭。新学生和转学生必须参加迎新会,并欢迎新生家长参加迎新环节。新生在迎新过程要完成的任务是:接受学业指导;注册课程;从正在就读的学生那里了解学校生活;结识新学生、新朋友;了解参加学校活动的途径;会见学校教授、工作人员和管理人员;和新学生讨论学院的重要问题;回答相关问题。

(3) 认真设计每个专业的培养计划,设有学业导师,帮助学生选课,并保证他们顺利毕业。实行小班制教学或大班上课、小班辅导的排课制度,采取启发式、互动式的教学方式,保证教学质量。学业导师还通过多样的贴心服务或计划来提高学生的自我意识水平和自助能力;通过交流与建议的方式引导学生自我教育和全面发展,使得学生的品格、能力与素质得到充分的发展,从而达到培养学生全面发展的办学宗旨。

(4) 重视学生个性发展和全面成长。针对每个学生的个性差异进行个别指导和服务。设置了相当专业规模的咨询服务机构,为学生提供生活指导、学习指导、职业咨询、行为能力和策略咨询、勤工助学指导等各个方面服务。

(5) 一年级新生需住校,男女生分住不同宿舍楼或楼层。对高年级学生不做要求,他们为节省生活费,通常不再住校。由于低年级住校,方便学生感受校园文化,方便养成教育,方便尽快融入大学教育教学活动中。

(6) 为学生的发展提供多种展示才能的空间和机会,鼓励学生自我管理、自我服务,学生参与学校管理和自治化程度相当高。比如,组织各种社团,参加学生自治会、学校的各种委员会,学校也发挥学生参议员的作用。又比如,学生参与教师课堂教学效果的评估,实事求是地对老师进行评价,学校也重视学生的意见,将评价结果公开,并保留一定时间。通过这样的活动,锻炼学生的工作能力,增强学生的责任感和主人翁意识。再如在图书馆开辟专门的学习室,依据学生申请,可以全天供给一个学生兴趣研习小组使用,几乎所有的大学图书馆都普遍这样做。

(7) 注重校园文化对学生精神品质培养和育人功能。强调在校园文化活动中培养学生;特别注重校园文化有效载体的建设,引导学生积极参与校园文化活动。如太平洋大学的"集体出游"(即由"山,海,山谷,经历"首字母拼成的 MOVE 活动)项目,它是一个特别为新学生设立的项目,通过集体参加在斯托克顿市和其他某些北加州的活动培养大家的责任感、领导能力和太平洋大学精神。通过集体出游,达到如下学习成果:至少遇到两个新学生、教授、学校工作人员;学习什么是太平洋大学的有责任感的领导力;了解影响自然环境的主要因素以及这些因素与可持续发展的关系;参与一个环境/社区服务项目;了解 JOHN MUIR 以及他对太平洋大学的贡献;与彼此和世界建立一个有目的性的联系。

(8) 采取多种措施,帮助学生就业。在大三年级开始职业生涯方面的课程,总共64学时,要求学生全部选修。设置实习环节,鼓励学生努力表现,以便在实习单位就业。学校和当地企事业单位均建立了良好的协作关系,积极推荐学生就业。太平洋大学教育学院针对学生就业愿景,即将来选择作为小学教师或中学教师,设置相应的课程体系,考取不同的资质证。

(9) 在学校划出安全区域,设立交警,保障学生的人身财产安全。

（10）学校所营造的环境也是学生得到潜移默化的教科书。无论公立大学还是私立大学，每座楼宇都不是简单的建筑，有历史，有传统，截一段都是动人的故事。伯克利的陈嘉庚楼、钟楼，太平洋大学的塔楼、学生剧场，斯坦福大学的教学楼、博物馆，圣荷西大学的马丁路德金图书馆、校长办公楼，莫不如此。此外，校园没有封闭的围墙，也没有显赫的校门，但处处景致怡人，随处是读书思考的场所。

在加州大学伯克利分校研修结束获颁结业证书(2012年12月5日)

（四）规范有效的管理制度

美国高校学生事务管理在实现途径上奉行有法可依、依法管理的原则。这里所说的"法"是指各个学校制定的规定和政策，加州大学的这些规定和政策是由总校统一制定，颁行于所属的10个分校。

（1）学生管理法规制度具有完善性、可操作性和适时调整性。不仅有完备的教育基本法、高校学生工作专门法，还有依据各校实际制定的学生事务的规章制度。大多数法规可操作性强，程序、步骤、要求清楚具体，便于执行，且有时效性。如，太平洋大学学生行为守则；学术诚实政策；酒精和用药政策；学生法律程序；公共安全等。伯克利分校的"大学义务和学生权利""学生自治政策""学生参与校园管理的有关规定""学生校园活动和社团申请的政策""学生信息披露规定""言论与意见发表政策""非歧视政策""学生行为守纪准则""学生申述程序""学生非志愿退学政策""经济资助指南""本科生缺席注册收费政策""教育贷款实践""学分卡地经营""校园紧急事件政策""校园评价、学生志愿贡献、学生自治、注册的校园组织""校园财产使用政策"等。

"学生服务与学生发展"研修组成员(右起：梁中贤、陈小虎、朱灿平、赵伟、刘建林、郑喜群、杨行玉)在加州理工学院考察(2012年12月17日)

（2）学生管理的法治化程序严格，一切以法律为准绳解决学生管理问题。学校具有严格的学生申诉制度，体现了法律的救济原则。管理人员依法管理，同时也受法规的制约和被管理人的监督。

（3）管理人员和学生均有强烈的法治观念和法律知识，重视法律教育。学生管理机构下设专门而健全的法律咨询机构，为学生服务。

（五）较充足的专项管理经费，辅助市场化的资金筹措

（1）美国高校学生事务管理在运行机制上将学生事务纳入服务领域，走市场化的路子。它倡导"管理就是服务"，要求学生事务管理者通过创设良好的条件、提供优质的校园服务来吸引学生、留住学生——这常常决定着一所院校"是生存还是毁灭"。

(2) 将学生事务纳入服务领域,收取合理的专项杂费,弥补学生事务经费的不足。即使是公立院校其也仅有30%~50%左右来自州政府和学校的财政拨款。收取的与学生事务相关的杂费主要包括心理咨询、法律咨询讲课费,体育中心使用费,学生诊疗费,学生中心使用费等。

二、我国学生事务管理面临挑战

(1) 管理队伍问题。学生数量庞大,而学生辅导员和班主任的数量和质量未能同步、与时俱进,学生事务管理的质量呈现普遍的下降趋势。

(2) 特定国情问题。新生大多是独生子,自理能力不够强,自私任性,使得学生事务管理面临极大考验和挑战。此外,学生中大约有20%的贫困生,他们需要助学贷款或勤工助学,使得学生事务管理者的工作十分庞杂和繁琐。绝大部分学生事务管理者由于整天湮没于这些琐事之中,而忽视了其本身的育人职责和管理服务功能。

(3) 网络双刃剑问题。网络上充满各种诱惑,学生的自制力稍有薄弱,容易深陷其中,萎靡不振而不能自拔,甚至荒废学业,因此,网络信息的冲击给学生事务管理者提出了更高的技能要求。

(4) 有偿求学问题。学生缴费上学,对高校教学质量和各项服务提出较高要求,尤其对学生事务管理的要求更加突出。

(5) 就业压力问题。指导和帮助学生就业成为了高校的重要责任,但在我国目前的经济社会状况下,高校有不能承受之重。

三、借鉴与启示

虽然中美两国在国情和社会制度等诸多方面存在较大的差异,但美国完善的学生事务管理模式、以学生本位的管理理念、专业的管理队伍等诸多方面非常值得我们思考与借鉴。

(一) 坚持以人为本,尊重学生的个性化和多样化发展

在人才培养上,美国高校学生事务管理的实践体现了以"学生为本"的理念,充分尊重学生的个性,并为学生的个性和多元化的发展提供各种专业的咨询和服务。相比之下,我国高校学生工作对学生的教育和培养反而更多地倾向于统一性、一致性,缺乏对个体学生的关注。因此,学生事务工作者要树立以"学生为本"的理念,尊重学生的个性发展,对学生的培养和教育采取分层次、分类别指导,针对不同类型能力去培养和激励学生。

学校要着力营造为学生服务的良好氛围,进一步形成学生工作在全校范围内的合力。学校所有部门都应密切关注并积极适应学生变化，尽最大可能满足学生需求。比如，加大学生活动基础设施建设投入，增加学生活动场所；推行一站式服务，简便程序，方便学生，等等。

（二）建立和完善学生全面服务体系

（1）树立服务型的学生工作理念。学生不仅仅是学校管理的对象，也是学校服务的对象，他们的成长背景、资质、年龄、性别、种族等方面的不同，需要得到个性化的服务，而目前，我国高校学生工作虽然逐步建立了一些服务项目，如就业指导、心理咨询、资助服务等，但显然不够完善。因此，要建立和完善"教学、教育、管理、日常生活的全面服务体系"。

（2）推进专业化建设：

① 学生管理队伍专业化。现在的从业人员均是相近专业毕业，而且专业思想不稳定，做学生工作积极性不高，没有当成职业，总想转岗。解决的办法，一是设立学生行政专业，因已开设的思想政治教育专业在培养目标和教学内容上与学生行政专业口径不一致，不能替代。二是吸收具有广泛专业基础的人才攻读学生行政学科的研究生，为学生事务管理培养输送源源不断的复合型人才，实现我国高校学生事务管理队伍的专业化、专家化、职业化。

设立学生行政专业及学科，可为这一职业领域的研究者和实践者提供学术研究和理论探讨的平台和空间，也为学生事务管理内容体系的建设提供科学的依据。

② 建立和完善学生事务管理专业化的各项制度。如资格认证制度、考核评价制度、聘任制度、晋升和激励制度等，真正从制度上、体制上推动专业化的发展。只有在专业化的基础上，高校学生事务管理才能取得相对独立的地位，内容体系的设计才能更有针对性，更符合时代的要求。

进一步落实各级关于辅导员队伍建设的有关政策，着力提高辅导员队伍的职业化、专家化、专门化水平。进一步明确辅导员双重管理、双重晋升、双向发展的有关政策，推进辅导员作为教师的职称晋升工作常规化。

③ 建立学生事务管理者工作的专业培养机制，加强对现有学生工作队伍的培训力度。长期以来，我国高校学生事务管理者都缺少教育学或心理学专业知识，加上很多时间和精力都忙于繁重的事务性工作，学生工作明显滞后于学生发展的需要。因此，为了更好地指导学生的发展，满足学生发展

的多元化需求,学生事务管理者要具备关于大学生学习和发展的更为专业的知识,不断提高自己,从而促使学生工作不断地走向专业化、专家化和职业化。

(三)为学生发展提供全方位的支持和帮助

(1)各专业的培养计划应科学合理。进一步强调学生的主体性,着力培养学生良好的自我发展、自我管理和社会适应能力,强调公民意识、领导能力、创新能力等方面培养,使得第一课堂效果明显。

(2)第二课堂活动丰富多彩。鼓励学生参与和自我管理。

(3)出台政策,支持学生创新。

(4)在勤工助学方面,进一步完善资助理念和体系,变"输血"为"造血",强化勤工助学的育人功能。

总之,美国高校关于学生服务和学生发展的做法值得我们借鉴学习。我们应结合各自学校的定位和学生状况,形成自己独特、有效的学生工作体制和方式,帮助学生全面成长成才!

(2012年12月,作者:教育部"千名中西部大学校长海外研修计划"首批赴美国西部团学生服务及学生发展专题组成员,梁中贤[组长]、郑喜群[执笔起草]、朱灿平[统稿审订]、赵伟、陈小虎、李炳泽、刘建林、杨行玉)

高校网络思政工作缘起

一、网络的影响——概论

（一）网络正在改变人类的生活

即将来临的新世纪是一个高度信息化的时代，电脑和网络正在改变着人类的生活，越来越成为展示人们现代生活的显著特征之一。因特网是继报纸、广播、电视之后的一种新的传播媒体，有人称之为"第四媒体"。其传输形式已不仅是文字，还包括声音、图片、动画，甚至是图文声像并茂的影视画面。人们在网上可以获取他想得到的几乎所有的信息，顾客可以在网上购物，学生可以在网上读大学，商家可以在网上贸易，银行可以在网上结算，医学专家可以通过网络进行异地会诊，等等。"秀才不出门，能知天下事"已经名副其实，"数字化生存"或"网络化生存"业已成为现实。

（二）网络对高等学校的冲击

高校是最早受到网络信息大潮冲击和洗礼的社会组织。网络是个大事件，对个人而言，上网意味着选择一种新的生活方式，对组织来说，上网标志着其运作方式的根本转变，对于高校来说尤其如此。网络文化具有非中心性、个性化、变动性等特征，这些特征对现有的教育形式和教育组织提出了挑战，也形成了新的学习规则和学习选择机制，教师权力受到挑战，平庸的教师终将被淘汰。网络还将有力促进学校民主管理。网络天地是一个创造力、想象力爆炸性膨胀的天地，成为人类创造力量最大限度膨胀与滋生的一片沃野，而创造力的释放与否以及释放量的大小，正在成为一个民族一个国家成败的重要分野。这对于高校来说是最值得关注的，需要我们未雨绸缪。如果学生接受的绝大多数信息来自网络，尤其是来自其他教育机构网上的信息，而非本校，那么这个学校就会面临着"是否需要存在"的疑问。网络形成了一个虚拟的世界共同体，无论你既有的文化形态和内容是什么，统统被网络按特有的方式收容。强势文化借助网络继续四处传播，弱势文化也可以进入网海，但是否能在交流中继续保持自己的特色，还是被淹没，只有让网络去考验。对于林立的高校也是如此,校园文化是学校的象征,这种文化能否经受住考验,在未来的岁月中将是命运的关键。网络既有利于传统文化的传播发展,又是各种文化的碰撞冲突之所。有必要充分运用网络,趋利避害,建设强势文化,才能生存。

(三)网络对大学生的影响

(1)网络意味着一种新的生存方式。对于学生来说,只要他在 ISP(信息服务商——具体到学校就是网络中心)注册后,他就成为一个世界公民,电子计算机网络空间的网民,而不仅是一个单纯的学生。网民之间,没有性别、年龄、社会地位、文化背景等差别,都在进行平等自由的对话、讨论。

(2)网络的文化影响及其对学生人格塑造的影响。网络重新塑造着网民的人格形象,网民也适应网络生活创造许多在传统社会中所没有的"文化"景观,他们用一种新的符号来表达内心的感受,他们用新的行为方式来创造虚拟世界的美和情感。这在同学中已有了明显的表现,很多人的喜怒哀乐已经与因特网及 BBS 息息相关,他们受到的影响甚至远远超过实在世界,有的人在生活中沉默寡言,而在网络交流中则异常活跃,所以网络文化对学生性格、理想信念、身心健康产生的影响不容忽视。

(3)网络没有中心,而任何一个事件就可以使它成为世界的中心。因此,学生的事情就不仅仅是学校的事情,而有可能成为全国的甚至全世界的事情。比如有一名高校学生在克林顿总统访华前夕,给白宫发了一封 E-mail 声称有人将刺杀克林顿,就引起了两国安全部门的震动。对此,高校应有充分的准备和防范措施。

(四)因特网给高校思想政治工作带来机遇与挑战并存的局面

网络因其具有全球性、开放性、交互性、适时及时性、综合性等特点,对高校的思想教育工作尤其是思想政治工作恰是一把双刃剑,既给我们带来难得的机遇,又使我们面临着严峻的挑战。从一定意义上说,高校开展思想教育和思想政治工作的过程,就是信息的获取、选择和传播的过程,就是用丰富、正确、生动的信息,影响、熏陶大学生的思想观念、价值观念和精神状态的过程。因此,信息网络的建立、发展及其在教育领域的广泛应用,首先无疑将给思想教育和思想政治工作的手段、方式、条件、效果乃至教育价值带来全新的变化和新的拓展,具体说来,有以下几个方面:

(1)较之传统的手段,网络具有更大的吸引力。

(2)较之传统的方式,网络具有更快的传递速度。

(3) 较之传统的方法,网络具有更高的工作效率。

(4) 较之传统的空间,网络具有更广阔的范围。

同时网络也给高校的思政工作带来新的挑战。因特网的发明者宣称:网络是一个"自由、平等"的世界,是一片"没有警察、没有军队、没有等级、没有贫贱、没有歧视"的世外桃源。然而,绚丽多姿的网络世界就像潘多拉的魔盒,与其巨大的社会效能并存,也给高校的思政工作笼罩上数层挥之不去的阴影:

(1) 西方资产阶级人生观、价值观、道德观的侵袭。

(2) 毒害人们尤其青年学生的黄色污染。

(3) 制造社会政治经济混乱的黑色信息。

(4) "黑客"的侵扰。

二、网络的影响——来自中国科大的调查报告

(一) 科大校园网络概况

科大校园网络于 1993 年规划设计,1994 年底建成。初建时全校是 100 MFDDI,6 个路由器连接 15 个子网,约 300 台计算机,有一台电子邮件服务器,出口用 X.25 专线到中国科学院。截至 1999 年 10 月,全校有 3800 台计算机联网,所有系、部、处、重点实验室全部上网,约 32 个子网。有两台专用电子邮件服务器,分别供教师和学生开户。

目前,教师电子邮件用户为 1709 人,约占全校教师的 90%,学生电子邮件用户为 7963 人,占全校学生的 89%。全校平均每天进出的电子邮件数在 1 万封左右。全校代理服务用户为 3489 人,每天到国内外浏览访问的通信量超过 5000 M 字节。

科大网络有两条出口,到教育网的 512 Kbps DDN 专线,到科技网的 256 Kbps 卫星信道,每年支付的网络运行费用在 60 万~75 万。

全校有 FTP 文件服务器 100 余个,提供的信息在 300 G 左右。全校学生有个人主页的为 645 人,教师有个人主页的为 88 人。

全校教师电话拨号上网人数为 838 人,电话线 16 条,准备扩到 120 条。

网络提供电子邮件、文件传送、WWW 主页、网络教室、音乐服务器、电视实况转播、综艺节目点播、拨号接入、休闲娱乐的 BBS,音乐服务器有歌曲 3700 余首。

科大 BBS 有:科大资讯、科大社团、站务管理与讨论、信息长廊、文学艺术、音像世界、休闲娱乐、体育运动、科技园、兄弟院校、系版、问题建议与答

复等13大类200余个版面。

科大BBS自1996年1月6日正式运行到目前为止共有注册用户60058个,访问人次8965768,其中最热门的版面有:我说科大、振兴中华、交谊厅、飞越重洋、找工作、海阔天空、女生天地、男生世界、爱心行动、情爱幽幽、军事天地、足球等。

科大BBS平均一天有12431次登录,新增账户73个,"自杀"16个,发信2953封,其中1032封为私人信件。删信1249封,其中公共版面删信474封,私人删信775封。

（二）科大学生对网络使用与认识情况调查统计结果

本次调查共发出问卷800份,回收问卷588份,回收率73.5%,调查时间是1999年11月份。

接受调查者的基本情况列表统计如表1所示。

表1　接受调查者基本情况

基本情况	类别一与比例	类别二与比例	类别三与比例
性别	男生445人,75.7%	女生143人,24.3%	—
学历层次	博士生30人,5.1%	硕士生90人,15.3%	本科生468人,79.6%
网龄	6个月以下235人,40.0%	6个月~1年108人,18.4%	1年以上245人,41.6%
每周上网	3次以下348人,59.2%	3~10次156人,26.5%	10次以上84人,14.3%
每次停留	1小时以下196人,33.3%	1~3小时294人,50.0%	3小时以上98人,16.7%

对问卷内容调查结果列表统计如表2所示(注:同一问题的各选项百分比之和不一定是100%,因为有的选项缺选)。

表2　调查问卷结果

问题设置	选项一与比例	选项二与比例	选项三与比例	选项四与比例
1. 您上网的主要目的	获取资源 271人,46.1%	收发邮件 264人,44.9%	聊天 118人,20.1%	随便看看 212人,36.1%
2. 浏览的信息主要是	新闻 240人,40.8%	文艺娱乐 308人,52.4%	财经管理 79人,13.4%	科技及其他 261人,44.4%
3. 经常访问的国内站点	首都在线(263)	网易 —	广州在线 (163)	新浪 —

续表

问题设置	选项一与比例	选项二与比例	选项三与比例	选项四与比例
4. 最关心的讨论内容	校内动态 157人,26.7%	国家政策 203人,34.5%	生活娱乐 400人,68.0%	学习问题 136人,23.1%
5. 上网发信主要目的	发表个人意见 191人,32.5%	寻求问题答案 220人,37.4%	个人爱好 232人,39.5%	—
6. 经常访问国外站点	是 83人,14.1%	否 519人,88.3%	—	—
7. 信息不一致时倾向于	相信国内 81人,13.8%	相信国外 109人,18.5%	自己判断 398人,67.7%	—
8. 上网对学习造成影响	有益学习 159人,27.0%	浪费时间 169人,28.7%	无所谓 270人,45.9%	—
9. 网上信息可靠度	非常可信 46人,7.8%	部分可信 439人,74.7%	不可信 74人,12.6%	—
10. BBS主要作用	交流信息 308人,52.4%	聊天 171人,29.1%	娱乐休闲 182人,31.0%	获取资料 83人,14.1%
11. 网上信息能得到受众的重视	是 159人,27.0%	否 66人,11.2%	部分得到 303人,51.5%	—
12. 网上信息对自己产生影响	经常 70人,11.9%	从不 113人,19.2%	有时会 341人,58.0%	不知道 71人,12.1%
13. 网上传递与传统媒体相比	有优势 247人,42.0%	有待发展 295人,50.2%	差不多 58人,9.9%	—
14. 与人沟通时优先选择	电话 311人,52.9%	信件 165人,28.1%	网络 139人,23.6%	—
15. 获取信息最佳途径是	网络 257人,43.7%	报纸 212人,36.1%	电视 159人,27.0%	—
16. 对网上交友的态度	真诚 363人,61.7%	虚假 217人,36.9%	—	—

(三) 对调查结果的分析

1. 上网目的(题1、5)

(1) 以"获取资源"(占46.1%)和"收发邮件"(占44.9%)为主,合计占91.0%。

(2) 从"上网发信的主要目的"的选择看,回答"发表个人意见""寻求问题答案"和"个人爱好"比例大体相当,说明发信并没有主要的针对性。

2. 关心的网上内容(题2、3、4)

(1) "上网浏览的主要信息"以"文艺娱乐类"(占52.4%)和"新闻类"

(占40.8%)为主,然后依次是"科技及其他类""财经管理类"。

(2)"最关心的网上讨论内容"以"生活娱乐"(占68.0%)和"国家政策"(34.5%)为主,其他的"校内动态"与"学习问题"大体相当。

(3)对"上网访问的主要站点"一题,国内的前四位是首都在线(263)、网易、广州在线(163)、新浪;国外的难以统计出有倾向性的结果。

由此说明学生关心的焦点是生活、娱乐和新闻。

3. 对于国外信息(题6、7)

(1)对于"是否经常访问国外站点",88.3%的回答"否",这应该和在校生的网络使用状态有关;其中回答"是"的中间,48.2%为研究生。

(2)对于"当国内与国外信息不一致时的认识倾向",多数同学(67.7%)靠自己判断;而在"相信国外信息"的回答中,44人(40.4%)为研究生。

由此看到研究生对国外站点了解的较多,使用的较多。

4. 对网络的作用与影响的认识(题8、10、11、12)

(1)对于"认为上网对学习造成的影响",45.9%的同学认为"无所谓";认为"有助于学习"和"浪费太多时间"的大体相当。

(2)对"认为BBS的主要作用",一半以上(52.4%)认为是"交流信息",其次大体相当的是"娱乐休闲"(31.0%)和"聊天"(29.1%)。

(3)对于"认为网上信息是否能得到受众的重视",认为"部分"(51.5%)和认为"是"(27.0%)的加一起达到78.5%;认为"否"的占11.2%。

(4)对于"认为网上信息会不会对自己产生巨大影响",主导地位的回答是"有时会"(58.0%),认为"经常""从不""不知道"的大体相当;在回答"从不"的同学中30.1%的为研究生,在回答"经常"的同学中27.1%的为研究生。

可见,大学生认为网络的作用比较大,特别是研究生。

5. 对网络的认同(题9、13、14、15、16)

(1)对"认为网上信息可靠度有多高"一题,超过三分之二的学生回答"部分可信"(74.7%)与最少的(7.8%)回答"非常可信"总计达到88.5%,认为"不可信,因为无权威性"的占12.6%;在"非常可信"的选择者中,37.0%的为研究生。

(2)对于"认为网上信息传递与传统媒体相比"一题,50.2%的认为网络"有待发展",42.0%的认为网络"有优势"。

(3)当被问到"当需要与人沟通时,会优先选择的方式"时,选"网络"的占了23.6%,与选"信件"的(28.1%)差距不大,一半以上(52.9%)的选择"电话"。

（4）对"认为获取信息的最佳途径"一题,三种媒体的排行依次是"网络"(43.7％)"报纸"(36.1％)和"电视"(27.0％)。

（5）对"认为网上交友的态度"一题,多数(61.7％)的认为"真诚,毫无顾忌",少数的(36.9％)认为"虚假"。

总的来说,学生对网络的认同是比较高的,同时对其发展的期望也比较高的,特别是对"认为获取信息的最佳途径"的回答,选择"网络"的占43.7％,排在传统媒体"报纸""电视"之前,说明通过网络的渠道来进行思想教育和开展思想政治工作存在着较大的优势的。

三、网络双刃剑的忧思——来自中国科大的调查报告

计算机网络就像一柄双刃剑,一方面极大地改变了我们的工作、学习、生活和休闲娱乐的方式,产生巨大的社会效益和经济效益,另一方面也给我们带来了困扰。就我们学校而言,困扰主要表现在三个方面,即涉及思想政治工作、社会道德规范和危及计算机与网络安全的黑客问题。

（一）首要的问题是思想政治工作方面

学生通过网络可以及时获得各种各样形形色色的报道和消息,有正面的宣传,也有反动的恶意攻击或造谣中伤。年轻学生阅历浅,难以明辨是非,因而容易造成思想混乱,甚至走向我们愿望的反面。

有的学生喜欢访问某些站点,下载反面宣传信息然后又在网上传播。网上经常出现一些转帖文章,有些是属于踩线的或打擦边球的内容,而有些则是十分露骨的反动内容。如我校 BBS 上曾出现过转贴"大参考"和"华夏文摘"等电子刊物的反动文章,公然为非法的邪教组织"法轮功"张目。这两起事件立即引起了学校和公安部门的高度重视,及时查处当事者。另有一名学生良莠不分,看到一篇内容十分反动的文章,竟将其当作黑色幽默转贴到 BBS 上,引起公安机关的追查,一经查出,该生才如梦方醒,痛悔不已,但教训却是十分深刻的。有的学生在十分优越的条件下一帆风顺地成长起来,并无什么不良政治倾向或生活怨恨,可在网络上却表现了对党和政府的怀疑、不满。由"公民"到"网民"的角色转变,竟会产生如此之大的思想反差,这一点是值得我们引起高度重视和深思的。例如,在我们的 BBS 上,参与问题的讨论,有反映正面情况的文章出现就会立即受到攻击,对一件正常事情的评价,不能说好只能说坏。你说什么,总有那么一些人就跟你拧着,正面的风气难以树起来。网络似乎在铸造双重甚至多重人格,有的学生在网上与生活中完全判若两人,可谓"人格分裂"。这给学校的思想政治工作

带来了更大的复杂性,由此可以得出一个结论,除对学生加强日常的正面引导、对网络加强严格管理外,还需要我们的思政工作队伍熟悉网络、利用网络、有效地用正气占领网络。

（二）第二重要的是遏制黄色淫秽信息的网上传播

据统计,网上有 50 万～80 万个提供黄色信息的站点,可以说是"黄源滚滚"。年轻学生先是好奇,继而喜欢,最后中毒上瘾去浏览、下载和传播这种东西,极大地影响身心健康和道德品质的发展。这类事情在我们的校园网上时有发生。有个学生大量订阅电子邮递表,除了网易、索易等国内站点外,国外的那些乱七八糟的地址几乎全是色情内容的。

（三）第三重要的就是防范危及计算机与网络安全的黑客问题

根据运行实际和调查结果,几乎每天都有黑客尝试攻击校园网络,稍有不慎,就有可能引起网络运行出现障碍。我们将威胁校园网络安全的因素归结为五大类：

（1）计算机系统和网络本身缺陷。

（2）活跃的黑客交流与破坏活动。

（3）用户与系统管理员缺乏安全知识与正确的安全意识。

（4）相对滞后的规章制度及制度执行不严格。

（5）复杂的社会环境。

简单的调查表明,学校网络中心的机器随时在黑客的密切注意之下。黑客通过网络扫描程序检查每台机器的可能端口,进行试探；另一个手法是,通过在网络中心开账号的用户使用中的疏忽,加以利用。

网络的安全问题,不只是简单地树立一道防火墙就可以解决的,而应采用综合手段,从网络规划设计阶段就必须仔细考虑,并且贯穿于随后网络建设与发展的整个过程。

校园计算机网络是大学校园一项重要的基础性设施,除基本的网络服务外,还承担人才培养、科研开发、信息资源建设等角色。校园网络的建设与发展需要精心规划、慎重实施、通力合作,才能提高网络应用水平,充分实现网络的利用和增值,促进学校教学、科研、管理、对外交流等各方面工作,切实实现校园网络的建设目的。

计算机和网络系统的脆弱是黑客活动频繁的原因之一。早在 1996 年上半年,就有本校学生编制的专门截获密码的程序私下流传,许多科大 BBS 用户账号被盗用,以致 BBS 站务人员更改了协议专门进行针对性的传送加密。随着互联网在中国的发展,各种窃听工具更易于获得,窃听活动也越发普遍。1997年底,东校区物理楼共享同一物理网段的两个系学生之间,因为互相窃听,爆发了一次公开的指责。1998年暑假,东校区物理楼围绕窃听的活动一度猖獗,并明显影响正常使用,某教授不能在自己实验室上网查看邮件,而要专门到网络中心用机。

账号管理不严格是另一个原因。校内很多计算机系统都不执行严格的账号开设和失效清理制度,人情账号、过时账号为数众多。

校园网上黑客活动活跃,这些以入侵计算机系统为乐趣的人,对"hacker"一词存在盲目崇拜。他们只认可技术的规则而忽视社会约束。个别黑客在了解到上述某教授受黑客活动的严重干扰很长一段时间不得不放弃在物理楼上网,竟然冷漠地说"这是老一辈人的观念,对窃听太敏感了"。有的黑客被抓获后讲述侵入系统的动机时,说同班某同学很有能耐,攻破了某某系统,激发了自己的效仿和超越愿望。部分学生也对"黑"津津乐道,视入侵系统为荣,更有甚者将系统破坏。

网络黑客问题是目前全世界都在普遍关注的问题,如果校园网络不能有效地防范黑客的侵入和破坏,系统支撑则成为"皮之不存"的岌岌危势,遑论什么利用网络进行思想政治工作?对于网络黑客问题,我们认为其主要原因至少有三点:首先,网民的身份与真实的身份毫不相干,所以网民的法制观念一般都比较薄弱;其次,网络法规(应该是国际性的)亟待完善,对黑客的处罚能够做到有法可依;第三,调查黑客的技术要求很高,这给查实工作带来困难,正因为如此,黑客也就心存侥幸,肆意妄为。

四、利用网络优势,开辟高校思想政治工作新天地

网络虽然是一柄双刃剑,我们应该做到、完全可以做到最大限度地展示其有益的锋芒,尽可能地避开其有害的利刃,开辟高校思想政治工作新天地。

(一)着力提高大学生的综合素质,增强其自身的抗干扰力和"免疫力"

(1)充分发挥校园网学生自我教育、互相教育的功能。从调查情况可以看出学生的主流是好的或比较好的。如对于北约轰炸我大使馆、香港回归、澳门回归、国庆50周年大典、烟台海难等重大事件,网上虽然讨论得热火朝天,但主流是健康的。同学们通过讨论,提高了认识,也受到了教育。另外对后勤问题、学校规划问题、学校发展问题同学的参与面也很大,对学校的民主管理也是有力的促进。在"邓小平理论""振兴中华""爱心行动"等主流版块的基础上,还应该注意建立更多的"红色版块",增加正面教育和引导的力度。

(2) 校园网为同学提供发展和个性展示的舞台。在网络上,人们勇于发表自己的意见,表达一些在平常社会中被压抑许久、也许是我们从来没听到的声音。这可以让我们准确地把握学生的思想脉搏,并针对性地做好工作。所以对思想政治工作者来说,网络是最好的心理观察室,也是最好的把握学生思想动态的阵地,无疑也给我们带来了做好思想政治工作的针对性。此外,通过对学生个人主页的分析,我们不难发现,很多同学的个人主页基本上属于资源型、个人展示型、科普型、服务型、休闲娱乐型、专业型。一般来说,主页内容的政治意味较淡,是可以引导好并能起到有益无害作用的。

(二) 思想政治工作者必须探索网络条件下有效的思政工作方式、掌握娴熟的网络技术

在信息时代,开展好高校的思想政治工作,培养一支既懂政工业务又懂网络技术的政工队伍显得尤为必要和紧迫。这支队伍应当具有深厚的政治理论水平,具有马克思主义的世界观、价值观、人生观和道德观以及高度的教书育人的责任感;深入了解网络的特征,熟练地使用网络、驾驭网络,及时解决网络传播中出现的问题,从而使网上的思想教育生动形象,具有强烈的吸引力和感染力;要有快速反应能力,能够以敏锐的思维、敏捷的行动,迅速抓住问题有的放矢地开展工作;要有强烈的开拓进取精神,走出一条前人没有走过的路,不断克服困难,勇于探索规律,有所作为。中国科学技术大学正在朝着这个目标不断迈进,有计划地开办以党政干部为主体的计算机和网络培训班,为工作在一线的思政工作者配备电脑、开通网络。在实际工作中涌现出越来越多适应信息时代思政工作的行家里手。在网上被昵称为"冰糖"的就是其中的一位典型代表,在香港回归祖国的历史时刻,"冰糖"在她所主持的 Saloon 版上成功地主办了"庆港归泼水节"直播;在特困生需要关心和温暖的时候,"冰糖"又在网上发起了凝聚真情的中国科学技术大学希望工程——"爱心行动"。我们不妨听听她本人的体会:

> "我初上 BBS 只是为了管理学生处版,在那里解答学生的咨询。当时我刚处于用 DOS 和 WPS 处理办公文档的起步阶段,对网络还一窍不通。然而,汹涌澎湃的网络浪潮已经逼得你没有退路,不投身进去奋

勇搏击便会被潮流遗弃。于是我如饥似渴地学习电脑知识、上网技术，BBS成了最好的实践工具。同时，作为一名学生工作者，我很快发现这里是和我的工作对象交流融合的好渠道。在BBS上我可以'听到'他们言谈所涉猎的广度，可以触摸到他们的心理和思想的深度，这些都是在面对面的谈话中无法达到的……他们除了在公开版面和我对话外，还有不少同学给我发私人信件，告诉他们内心的苦闷和疑虑……我成了他们中的一个成员，一个可以信赖的网虫。"

（三）加强网络管理和控制，在管理中体现思想政治教育特征

网络社会问题得以滋生的一个重要原因，在于网络社会处于一种失控的"脱序"状态，所以必须借助于社会控制力量来限制和消除网络社会问题。校园BBS是网络社会的特殊形式，是学校这个小社会的网络社会。其网络社会问题的控制也是很重要的，要综合运用法律、行政、道德等手段，惩戒违规行为，树立正气，保证网络的生存和发展。要规范网上违规行为的处理程序，且要有一定的宽容度。要把校园BBS的控制问题作为专题进行研究，要把整体性、统一性、主观性、前导性、渐进性和强制性有机地结合起来，既有效地打击犯罪、违规行为，又不影响网络功能的发挥和网上信息传播的繁荣，最终达到还信息空间以一片洁净的"蓝天"。依据《中华人民共和国计算机信息网络国际联网管理暂行办法》等法规，我们经过几年来的实践，在校园网络管理、BBS管理和网络安全等方面制定了一系列标准、方法和规定，摸索出了"组织机构落实、三级管理体制、技术措施保证"的管理办法，有力地推动了校园网络和BBS建设健康、正常和规范化地进行。首先，在规定方面，主要制定了《校园计算机网络管理暂行规定》《校园计算机网络用户行为规范》《校园网络BBS站管理规则》《BBS用户身份认证办法》以及《学生使用计算机网络违纪处分规定》等，使得网络管理变得有章可循；其次，管理组织机构实行学校一级定期例行检查和监控、信息版块版主负责制和严格的用户身份认证制；第三，为确保网络安全采用的先进技术中，最关键的是防火墙技术，防火墙的隔离作用，可以比较容易地实现例行检查、截获、监测进出的通信信息，必要时能够切断内外联系，达到确保网络安全的目的。

五、结语

通过调查和思考，我们认识到，网络是新形势下思想政治工作的一块必争的而且我们必须占领的阵地。网络有其自身的特点和优势，利用网络开

展思想政治工作是高校面临的一项新课题,应该也必须引起我们高度重视。由于网络自身的发展还处于成长阶段,许多规律,如网民随着自己真实身份的消隐必然带来的情绪化发展的心理因素,如何做到自我控制等,我们并没有完全了解,这些都值得我们每一位高校思政工作者下气力进行深入的研究。我们愿意继续做下去,通过我们的初步实践和研究表明,建立一支熟悉网络的高校思政工作队伍势在必行、刻不容缓;建设良好、健康的"网风"与建设良好的校风、学风、班风同等重要,网络文化已成为影响和塑造新一代大学生思想品德、价值导向的一个重要方面。

(本文获安徽省 2000 年宣传思想工作一等奖。作者:李国栋,朱灿平,杨寿保,鹿明,董雨,2000 年 3 月)

"情理法"兼容于网络育人

中国科学技术大学是中国共产党亲手创办的一所理工结合、兼有文管的社会主义新型大学,自1958年建校以来一直秉承"红专并进,理实交融"的校训,并将"全员育人、全方位育人、全过程育人"的育人理念贯穿于学校教育始终,取得了一定的成效。先后获得中组部、中宣部、教育部"全国党的建设和思想政治工作先进高等学校",中科院"思想政治工作先进集体",安徽省"思想政治工作先进集体"等荣誉称号。此外,2000年我校关于网络思想政治工作的调研成果,获得全省宣传思想工作优秀调研成果一等奖,同年我校利用网络开展思想政治工作的经验先后被省委宣传部和中央宣传部确定为面向全省和全国重点宣传的思想政治工作先进典型,中央电视台、《人民日报》、《光明日报》、《求是》杂志、《中国教育报》、《中国青年报》、《安徽日报》等主流媒体给予了充分的宣传报道。

一、探索规律,形成规范,奠定网络建设、管理与教育扎实基础

(一)建立网络阵地,丰富网上教育资源

我校校园网络建立于1994年年底,是全国高校中最早建立的少数几个校园网络之一,也是中国教育和科研计算机网(CERNET)中的重要成员。目前已经实现了千兆带宽到楼群,百兆带宽到楼层、进桌面的大型的高速宽带校园网络。

现在全校拥有上网计算机13500余台,电子邮件注册用户22300余人,其中学生用户18690余人。全校信息点数28000余个,学生宿舍信息点约占8000余个,接入计算机超过3000台。BBS(电子公告栏系统)有注册用户37000多个。全校平均每天进出的电子邮件30000余封,进出的日通信量在5T字节左右。图书馆子网提供图书检索、查询服务,网络教材与远程教学正在快速发展,网络还提供音乐服务器、电视实况转播、视频点播、网络教室、综艺节目点播等,BBS设有部门组织、信息论坛、我们的家、电脑技术、学术科学、文化艺术、休闲娱乐、体育健身等8大类约317个版面,形成了丰富

的网络文化氛围。无论从教育、教学、科研、管理等方面看,还是从通信、娱乐休闲等方面看,网络已经成为常用的工具手段,成为师生工作、学习、生活的新的方式和重要组成部分。

（二）建立网上"快速反应部队"

网络是一个平台,也是一个大舞台,谁唱主角是关键。我校从一开始就将队伍建设放在开展网络思政教育的重要位置。建立了一支以学生工作干部为核心的"快速反应部队",及时处理突发事件,及时沟通信息,以客观公正的看法占领意见主导地位。特别在国际、国内、校内有重大事件发生时期,一面密切注视网上动态,一面通过《学工网讯》等信息快捷传递手段,做好具体的工作和行动部署。例如学工部于2004年9月17日发出的〔2004〕第16号《学工网讯》：

各院系、直属教学单位：

据省委办公厅通报,网上发现我校有学生对政府关闭反日网站有不满情绪,并呼吁参加"'九一八'国耻日百万抗日签名"活动。明天即是'九一八'国耻纪念日,要求学生工作负责人和班主任深入学生中,了解和掌握学生的思想动态,教育引导学生以理性的方式开展爱国纪念活动。若有非常情况发生,请及时与学工部联系。另,9月18日上午8点正,校国旗护卫队在东区图书馆前举行大型升旗活动,纪念"'九一八'"七十三周年,主题为"不忘国耻,振兴中华",请理学院安排2004级本科新生参加,欢迎其他院系感兴趣师生参加。

（三）唱响网上主旋律,占领网下主阵地

针对一些重大题材及重大热点、难点问题,比如北约轰炸我驻南联盟使馆、"中美撞机事件""9·11事件""北京申奥""中国入世""人大代表选举""SARS"等,学校包括校领导在内的一批专职思想政治工作者以网友的身份与学生平等交流,进行有计划、有目的的网下引导,开展正面引导和全方位沟通,形成了思想政治工作的良好氛围。同时,从国防大学、上海国际战略研究所、中共中央党校、北京大学、中国人民大学等单位邀请高水平的专家学者,来校就有关问题做专门的形势政策报告,为广大师生进行深度释疑解惑,起到了很好的作用。这方面的工作已经形成规范,学校还专门聘请了一批专家学者为兼职教授。与此同时,学校在日常工作中,还密切注意网上焦点话题,及时开展网下引导,化解矛盾。

（四）课堂内外互补，网上网下对接

在传统的理论学习会、报告会、研讨会等学习形式之外，学校还利用校园网络这一先进、便捷的条件和平台，不断创新理论学习方式，努力搭建一个高效率、高质量的网络学习平台。党委有关部门分别在校园网主页和BBS上开设了理论学习阵地，把校园网建成开展理论学习、宣传与教育的大讲堂。"学习贯彻'三个代表'重要思想"网站，设有"学习资料""理论研究""视频点播""图片新闻"等栏目，并上载中央宣讲团报告等有关声像资料，为广大党员、师生的理论学习提供方便，同时还开设"学习动态""群言心声"栏目，及时交流学校党政中心组、基层单位和学生在开展理论学习时的心得体会；学生工作部门建立了"学工在线""微笑在线"两个主页，在BBS开设了"班主任之家""院系风采""学工部"等版面，掌握学生思想动态，了解学生需求和存在的问题，并及时地回答学生提出的各种问题。

校团委还探索了"网络团校"的理论学习方式，如2002年开办"网络团校十六大精神学习班"，通过网络方便学员们学习交流、网上答题和考试，取得很好效果。

"两课"教学部门利用信息技术改进课堂教学，积极利用网络进行"两课"教育教学，推广"多媒体"教学，将精品课程有关内容上网，引导学生在网上进行课程学习和讨论，同时，学生学习"两课"后，写作了许多小论文，其中优秀论文260余篇、150多万字，也已上网交流。

（五）灌输与引导、管理与监控并重

网络是虚拟的社会，因此也存在"没有规矩，不成方圆"的问题。几年来，学校先后制定了《校园计算机网络管理暂行规定》《校园计算机网络用户行为规范》《校园网络BBS站管理规则》《BBS用户身份认证办法》《中国科大校园网络接入单位安全管理保证书》《学生使用计算机网络违纪处分规定》以及《中国科学技术大学校园网络安全管理协议》等多个管理规定和办法，并在工作中予以实施，使得网络管理有章可循，以达到教育、引导与管理相结合"三管齐下"，探索出了"组织机构落实、三级管理体制、技术措施保证"的管理办法，有力地推动了校园网络和BBS建设健康、正常和规范化地运行。近三年来，学校对网络（主要是BBS）上出现的诸如不良政治言论、侮辱漫骂、"枪手"招募、色情信息传播等违纪现象狠抓严查，依据网络规定和校规校纪先后对18名学生进行了严肃的处理，决不姑息。

二、坚持"三贴近",并举"情理法",把思政教育贯穿于解决实际问题之中

根据我校的体会来看,开展网络建设、管理与教育同样需要与时俱进,不断创新,不能总是停留在认识的层面上(以下略,详见本书《"隐形资助"那些事儿》一文的附录一《建立健全预警与援助体系 关注大学生特殊群体健康成长成才——朱灿平在亚太地区高等学校学生事务国际研讨会上的主题报告》)。

三、进一步加强网络管理、监控和引导力度,牢牢把握"制网主动权"

网络文化深刻影响着师生的思想观念、生活方式和价值取向。我们要管理好使用好这柄双刃剑,尽力趋利避害,根据网络文化的规律,充分利用网络这一载体,积极传播文明,抵御不良影响,使之成为对大学生进行正面的没有疆界的思想政治教育的大舞台。

(1) 不断丰富教育资源。继续建设和完善"红色网站",不断丰富教育资源,以清新活泼的形式对学生进行正面教育引导。

(2) 加强网络工作队伍和工作体系建设。建立完善一支思想敏锐、工作能力强的网络工作队伍,整合网络资源,积极构建网上德育工作体系。

(3) 全天候舆情监控与适时引导。掌握 BBS 舆情,监控网络动态。每天实行 24 小时网上监控,及时发现校园安全稳定隐患,特别是敏感时期的热点焦点话题,及时组织相关人员进行网上阅评,不失时机地介入讨论,力争意见主导地位,因势利导地终结话题。

(4) 实行实名登记制。继续实行实名登记制管理 IP 地址。以最快的速度,做到"网上网下对接,网上问题网下解决"。

(5) 完善网络规范。营造良好的"网风",完善网络规范,对网络违规违纪现象的处理有据可依。

(原载《教育与现代化》2006 年第 2 期总第 79 期,作者:许武,鹿明,朱灿平,原标题为《坚持"三贴近" 并举"情理法" 谱写网络育人新篇章——中国科学技术大学开展网络思政教育的实践探索》)

五个意识筑造"争夺工程"

在深入贯彻落实《中共中央国务院关于进一步加强和改进大学生思想政治教育的意见》精神的过程中,中国科学技术大学学生工作以人为本,贴近实际、贴近生活、贴近学生,从学生存在的实际问题和困难入手,尽可能地提高思想政治教育的针对性、实效性和感染力。

调查发现,当前我校部分学生存在学习困难,直接的表现是多门课程不及格,从而导致学生不能正常毕业,更为严重的是,极少数学生因为学习困难而中途退学。这一问题引起了学校的重视和深思。调查结果显示,因网络成瘾严重影响学业而退学的学生人数占退学总数的55.7%,针对这一情况,校党委学生工作部于2007年提出并实施"争夺工程",通过一系列措施遏制网络给学生造成的不良影响,大大降低了网络成瘾学生的人数,并营造了积极向上的校园文化,促进了学生的健康成长,提高了人才培养质量。

在实施"争夺工程"的过程中,我校辅导员和班主任战斗在第一线,进行着一场没有硝烟的战斗。他们树立"责任、爱心、方法、沟通和攻坚"意识,积极开展预防和挽救工作,使"争夺工程"取得了初步成效,随着这一工作的深入,必将挽救更多的网络成瘾学生,并防止更多的学生陷入网络成瘾的泥淖,从而提高学生的成才率。

一、责任意识:培养合格人才的责任是"争夺工程"实施的动力

(一)责任意识是辅导员和班主任全身心投入"争夺工程"的动力

2007年1月,一位学生家长写来一封信,希望学校能想办法解救那些沉溺于网络的学生。校党委书记郭传杰对此高度关注,认为家长的信是在"鞭策学校工作和我们的良心"。

信息学院辅导员张普华在网络成瘾案例中写道:"作为一名毕业留校的科大教师,在校读书期间曾亲眼目睹了班上有3位同学因迷恋游戏而最后退学,其中一位同学在毕业聚餐时失声痛哭。堂堂七尺男儿居然这样结束自己的大学生活,我的心灵受到了深深的震撼。每当我想起这一幕就感到自己所肩负的责任是多么的重大。"

（二）唤醒学生的责任意识是挽救网络成瘾学生的良好开端

一名网瘾学生写道："谈到自己与网瘾作斗争的经历，有一点总让人不得其解，那就是我为何在新学期里的表现与上个学期截然不同。我思考了很久，发现拥有这么大的力量的竟然是'责任'二字。的确，感觉不到肩头的责任，思想上就没了压力，行动上就失去了前进的动力，甘于堕落就变得顺理成章。我能够成功地脱'瘾'而出，除了因为我渴求成功之外，更重要的是我开始认识到了责任感。"

二、爱心意识：真诚的爱心是感化网络成瘾学生的前提

理学院辅导员张文真的学生在《因为"爱"，我从"网"中走出来》一文中说："受挫折后的所有消极表现我全部具有，就是不知道哪里有卖安眠药的……由于文姐的很自然的关心，使我不再恨这个社会，开始发觉周围的人对我的爱。"数学系班主任杨琪在二年级快结束时才接手当一个班级的班主任，当时全班78人，暂时存在学习困难的学生有18人，其中从四年级留下来的3人，从三年级留下来的11人，其中5人已经到了退学的边缘。杨老师与学生一个个谈心，并把他们安排在图书馆自习，白天不定时地去查看，晚上下班后还留在图书馆陪学生学习。她常常到网吧去找玩游戏的学生。班上其他同学见了都劝她不要管他们了，但杨老师说："我不希望他们懂事后后悔莫及。"经过不懈努力，5名濒临退学的学生全部恢复到正常的学习状态，其中还有两人奋力拼搏考上了本校研究生。理学院党委书记习亚崑说："一所优秀的学校，有大楼、有大师、更要有大爱。"正是辅导员班主任的爱，把学生从网瘾中夺了回来。

三、方法意识：正确的方法是帮助学生戒瘾的必要措施

（一）抓住关键时期

2007年4月，学工部对本科生网络成瘾情况进行了一次全面调查，结果显示，第二、三学期是网络成瘾的高危时期。这一阶段辅导员和班主任注重的是对学生"多关心，早发现，早制止"。地球和空间科学学院在对网瘾学生进行个体帮助的时候，通常是以一个学期为一个阶段，注重"开好头，稳中间，拼期末"，引导学生开学之初选好课程，明确努力目标，进入良好的学习状态，期中及时提醒和检查督促，期末考试前三周左右进行考前动员，提醒学生早作复习准备。

(二）建立工作机制

学工部、教务处等部门联合建立了"学生学习预警与援助"机制，在这一预警援助体系之下，各院系探索出了适合自身特点的工作机制。管理学院建立了"学生学业预警爱心援助工作站"，把学校划定的学业预警线调低为一门课程不及格。化学物理系建立了"导师制"，同时特别为一二年级配备班级顾问小组，引导与协助班级建立良好的班风学风。近代力学系和数学系建立了"学生宿舍导师制"，高分子科学与工程系成立了"个性化学习管理小组"。这些机制的建立发挥了积极的作用，目前，"导师制"已逐渐在全校推广。

（三）认真分析，因材施教

通过调查分析，辅导员和班主任把学生网络成瘾的原因大致总结出如下几类：大学前成瘾型、脱离严管而失去自控型、没有目标无所事事型、厌学型、专业无兴趣型、大学适应不佳型、学习困难逃避型、情感问题型、心理问题型和家庭问题型等。为此，针对不同的原因做学生的思想工作，再辅以一些强制性的帮助手段，使其脱瘾。化学系2006级班主任许毓发现一名因网瘾导致学业困难的学生，其根本原因在于意志力不强，缺少自我约束。于是借助其父母的力量督促其学习。后来这个同学利用寒假补习功课，开学后两门不及格的功课都补考通过，还取得了较好的成绩。

（四）采取强制性帮助措施

由于网络成瘾的自加强作用，已经染上网瘾的同学，想完全脱离网瘾是需要付出较大努力的。一名同学对自己沉溺于网络时的状态作了如下描写："每天上课，昏昏欲睡；面对作业，知难而退；走进网吧，精神百倍；自习室里，索然无味；晚间游戏，不困不累；随堂作业，一道不会。"针对网络的巨大诱惑力，辅导员和班主任采用了以下一些强制性或半强制性的措施，取得了较好的效果。

（1）上课签到制。管理学院实施严格的上课考勤制度，对旷课达一定学时的学生以书面形式进行通报批评或警告，并通知家长配合学校教育，有效地杜绝了一些学生随意旷课的现象。

（2）量身定做个性化学习方案，并要求学生定期向老师汇报学习和生活的情况。一名学生在自己的体会中写道："王老师虽然不再担任我的班主任了，但仍然每隔半月一次了解我的学习生活状况，并且要我每月都用书面形式向他汇报自己的学习、生活和思想上遇到的困难和取得的进步，还给我提供了许多终生受益的学习方法和生活方法。"

（3）充分发挥党员、干部的监督作用，成立帮助小组。理学院辅导员芮峰发现，老师不可能每天去督促学生，于是发动一些成绩较好又很负责的学生党员和干部进行监督，督促网瘾学生按时上课和自习。信息学院班主任陈香则在班级成立了"学习帮助小组"，开展"一帮一"或者"几帮一"的活动。

（4）安排学习困难的学生集中晚自习。精密机械与精密仪器系班主任李晓峰和刘爽在介绍经验时说，大多网瘾学生都认为，如果单独提供一个教室让他们自习并适当加以约束，能够在一定程度上减弱其网瘾的严重程度。

（5）拆开游戏伙伴。网络具有很强的传染性，被一些辅导员称之为"网络 SARS"。为避免游戏团体成员之间相互影响，必须要斩断成员之间的联系。为此，把同一个宿舍的游戏伙伴分开，分别安排到其他学习风气好的宿舍；对同一班级的学生，周末为其安排不同时间段的实验课，等等。

（6）对于极度缺乏自制力而网瘾极其严重的学生，请家长陪读。据我校调查结果显示，家长陪读效果明显的占 38%，陪读效果尚可的占 50%，无效果的占 12%。事实证明，通过家长陪读，在帮助学生摆脱网瘾，完成学业方面发挥了重要的作用。

（五）适当疏导

（1）以疏代堵，成立班级"游戏俱乐部"。化学系 2005 级班主任傅尧发现硬堵的效果并不好，于是另辟蹊径以疏代堵。他把所有玩游戏的学生集中起来，成立了一个"游戏俱乐部"，并提出了几条非常重要的俱乐部规则：第一，俱乐部成员在学习上要互相帮助，任何人不能出现不及格情况，否则取消成员资格；第二，俱乐部不得在班内公开活动；第三，俱乐部所有成员要互相监督，逐渐减少每周上网和游戏的次数和时间；第四，俱乐部成员只能保持现有人数，并逐渐减少，不允许扩大规模。这种"以疏代堵"的方式发挥了一定的效果，一些同学开始认识到游戏的危害，主动退出了这个团体。目前，这个特殊的团体规模正在逐步缩小，很快将自动解体。

（2）成立班刊，引导学生正当使用电脑。针对同学们学习使用计算机的热情，结合他们对文学的爱好，工程学院 2005 级班主任刘永斌鼓励并指导学生创办了班刊《梦笔拾花》。班刊的创办，不仅使部分同学将打游戏的兴趣转到了文学创作及其刊物的编辑上来，而且为青年学生搭建了一个可抒发情感的平台。

（3）请高年级学生现身说法，鼓起学生奋起直追的勇气。电子科学与技术系党总支书记朱领娣多次召开网瘾学生座谈会,请来几位高年级学生,介绍自己如何深陷网游,如何在老师、同学和家长的帮助下自拔,最终考上本系研究生的经历,通过几次学生教育学生,使学习困难的学生大有改观。

(4)委以重任,让网瘾学生担任班干部。管理学院辅导员杨正发现,选用网瘾学生担任班干部,能有效地激发学生的责任心,让他们负责考勤能让其不再缺课,同时加强了与其他学生的交流,提高了自信心。

(六)预防为先

(1)采取生涯导航。生涯导航从学生一进校就开始,并且贯穿整个大学的学习过程。生涯导航的目的是引导学生重新定位,确定职业发展方向和奋斗目标,适应大学的学习生活和人际交往,力争获得全面发展。

(2)大力开展学风班风建设,形成奋发进取的良好班风学风。管理学院大力宣传"弘扬科大精神,发奋造就英才;拒绝网络游戏,勤奋精业报国"这一学风建设理念,开展"班风、学风、考风与成才"的主题演讲与讨论,举办"毁人不倦——网络游戏"案例展和"拒绝网游"专题宣传等一系列的活动,帮助学生确立明确的人生目标。2005级班主任韦勇凤在班上召开"勤奋学习,快乐成长"学风建设讨论会,还召开"短期计划与长期目标"主题班会,引发学生对今后发展的思索。

(3)丰富多彩的课外活动为大学生生活增添色彩和意义。我校是理工科为主的大学,课业重,竞争激烈,因而校园文化氛围不够活跃。通过"争夺工程"的调查和讨论,大家一致认为学校、院系和班级都要重视学生人文素质的培养,开展形式多样的活动来丰富学生的课余生活。

(4)军训期间学校和班级集中安排学生晚上的业余时间,以免学生玩网络游戏成瘾。过去,一些学生在军训期间晚间外出打游戏而成瘾。为此,在军训期间,学工部举办了青春导航系列报告会,邀请院士、企业家等为学生进行生涯导航;各学院开展了内容丰富形式多样的入学教育及文体活动。这些措施避免了这种不良现象的发生。

(5)学校统一为大一新生配备晚自习教室,集中自习,以便学生从高中学习习惯向大学学习特点平稳过渡。在学校领导的高度重视下,教务处克服教室资源紧张等困难,为大一新生精心安排了自习教室。学工部则要求辅导员和班主任建立班级晚自习制度,并督促学生严格执行。

四、沟通意识:有效的沟通是争夺成功的重要途径

在争夺过程中,需要做大量的思想工作,因而要求辅导员和班主任具有较高的沟通艺术。辅导员和班主任要与网瘾学生及其家长沟通，还要建立起网瘾学生与其他学生的沟通与交流，而沟通是否有效将直接决定着争夺工作的成败。

班主任金西的经验是，一年级上学期是关键时期。因此，班主任最好在开学一周内认识所有学生，并熟悉其家庭情况、性格类型，做到分类沟通。帮助学生解决各种问题，让学生产生信任感，能在往后主动与班主任互动，有什么想法也能及时和班主任沟通。

在与家长沟通时，大家发现家长的反应各有不同：有自责的，有责骂孩子的，有指责学校的，也有要求辅导员和班主任这样那样的。但总的说来，多数家长还是积极配合的，有的家长甚至放弃了工作前来学校陪读。辅导员和班主任常与陪读家长沟通，引导他们正确地看待和帮助孩子。

同学间的"沟通"与"信任"也是很好的资源，值得利用，特别是学生党员、干部的模范作用和"威信"可以在班级、宿舍组织起来，建立起拒绝网络游戏的相互监督、劝导机制。让同学之间倾吐自己的心声，表达自己的意愿，用兄弟姐妹般的友情提高学生自我节制力，携手共同战胜网络游戏的诱惑。

五、攻坚意识：坚持不懈的努力是"争夺工程"取得成效的有力保证

网瘾的复杂性和顽固性决定了争夺每一个学生都是一场攻坚战。一个网瘾学生曾经说过这样一句典型话语："网瘾那么好戒，国家还要开戒毒所干什么？"

我们深切地认识到，造成大学生网络成瘾的因素很多，包括社会环境、家庭教育、大学前教育、大学教育和学生个人等。一名辅导员说："负责系学生工作的这几年时间里，无时不在思考，如何挽救痴迷网络的学生，并为此付出了相当的努力，取得了一定的成绩，却还是与管理目标有不小的差距。社会的问题我们无法改变，而大学之前的教育已一去不返。我们只能在学生当前的状态内开展工作。一切的问题都处于摸索阶段，大胆的尝试和创新是唯一的出路。"

大学淘汰学生是允许的，也许个别学生的失败对学校来说只是百分之一二，但是对于一个家庭来说却是百分之百！"争夺工程"是一项对学生负责、对家庭负责、对学校负责和对社会负责的人才培养工程，是一项长期的任务，我们追求的目标是"办人民满意的大学教育"！

（原载《教育与现代化》2008年6月第2期总第87期，作者：尹红、朱灿平、鹿明）

构建网络世界清朗空间

中办发《关于坚持和完善普通高等学校党委领导下的校长负责制的实施意见》和中办、国办发《关于进一步加强和改进新形势下高校宣传思想工作的意见》对高校意识形态工作都做出了前所未有的高标准、严要求。

高校作为意识形态工作前沿阵地，必须牢牢掌握学校意识形态工作的领导权、管理权、话语权，这是党和国家赋予我们这些中国特色社会主义大学新的历史使命。

主动占领网络宣传思想阵地，是其中最重要的工作之一。如何在这项工作中能够抢占制高点并取得实效，很多学校以及很多高校同行都在探索与实践。窃以为要在"入、敢、快、聚、实、建"六个字上下功夫。

一、入网随俗，熟练掌握运用网络话语体系

看过《林海雪原》及其改编作品的人都知道，杨子荣打入威虎山之前，必须具备两个条件：一是搞到联络图，这是获得信任的通行证；二是熟练掌握"天王盖地虎，宝塔镇河妖"之类的专属座山雕们的土匪系列黑话，这是准入的密码。

进入互联网也是如此。联络图代表什么，暂时按下不表，准入密码不能说成是威虎山的黑话，而是网络话语体系。获取了这个准入密码，则是我们抢占网络阵地制高点的前提条件，最终目的是由入网随俗达到移风易俗，由占领制高点进而掌控领导权和话语权。钟君最近发表在《红旗文稿》2015年8月第15期上的文章《增强对社会主义意识形态的六大认同》说理透彻，足资参考：

> 当前，随着微博、微信等社交媒体的普及，"话语权革命"正在形成，网络正成为舆论的主战场，与此相伴而生，网络民间舆论的话语权越来越大。这种情况对主流的社会主义意识形态建设和认同提出了挑战。社会主义意识形态建设必须直面现实，创新社会主义意识形态话语体系。首先，要牢牢掌握意识形态的话语权，要通过传统媒体和新媒体的

媒体融合改革,大力发展主流媒体的新媒体平台,尽快占据网络舆论场主导地位。其次,要学会讲故事,创新主流意识形态的话语表达。不说官话,说老百姓爱听并且听得懂的家常话;不说空话,说有内容、有情节、有细节的实话;不说套话,说具体分析的、一针见血的个性话;不说旧话,说解放思想、与时俱进,符合时代精神、具有时代气息的新话;不说大话,说符合实际、实事求是的真话。尤其是在宣传正能量典型方面,要确保典型可信可靠、可亲可敬,决不能用编假造假的方式包装典型,也不能用拔苗助长的方式拔高典型,更不能用"开小灶""吃偏饭"的方式催生典型。

在上述基础上,还要增加一点,就是利用当今信息化技术的强劲功能,实现传播形式的创新,采用图解、漫画、视频、音频等说事讲理,这些形式直观简明、感官冲击效果强。

现实中,我们很多人做宣传思想工作是行家里手,但到网络上,有劲使不上,有货倒不出,如同三眼插头遇到了两眼插座,不匹配,主要问题就是话语体系的不匹配。为解决这个问题,我们中间有的大学校长将自己在毕业典礼和开学典礼上的讲话先请学生作适度的"翻译",以贴近网络话语体系,贴近青年学生。这应该是值得肯定的可贵探索尝试。

二、敢于发声,以正能量防范严肃问题被"消解"

现实中的"好事不出门,坏事传千里"映射到网络中则是"正面的不屑一顾,负面的千贴万转",这是一种较普遍的网络心理疾病,可悲可叹。更可悲可叹的则是绝大多数网民对正面的不愿点赞,对负面的不敢发声,或"穿马甲潜水",或东张西望"打酱油",形成了"沉默的大多数"。在网上,真是明火执仗的负面东西还是好对付,最让人英雄气短的一件事就是,一些严肃问题在八卦中、在调侃中、在挑衅中、在反讽中、在嘻嘻哈哈的嘲弄中被"消解",这有点像别人拿牙签戳我的气球。最近读到一篇政论文,列举了种种对革命英烈的"历史消解",可以作为例证:

(他们)拿出放大镜"消解历史",专挑革命英烈下手,找出甚至捏造犄角旮旯里所谓的细节材料,力图榨出英雄们"皮包下的小"来。于是乎,雷锋因为戴了块手表、穿了件皮夹克照相,就变成了爱慕虚荣的人。刘胡兰牺牲的原因则成了因为反动派让共产党员站出来,乡亲们往后退一步,结果刘胡兰脑子反应慢,没有及时后退而遇害,似乎她的无畏精神,像是精神病人所为。董存瑞因为文艺作品高于生活的一句"为了新中国,冲啊!"就失去了英雄的光辉……还有,黄继光用身体堵得住机枪子弹吗?邱少云趴在火里一动不动不违背生理常识吗?……对于他们来说,人性皆有弱点,生理都有极限,如果能够找到这些英雄人物的弱点或者被"设定"的极限,就可以消解英雄背后的光环,使他们"告别崇高"。

(引自钟社文《历史虚无主义的破产》,《中国社会科学报》2015年9月21日第一版)

我们要主动占领网络宣传思想工作主阵地,就必须敢于对负面的东西强烈发声,用凛然正气弘扬正能量,使得网络世界的是非曲直有界限。

三、快速反应,防止事态发酵恶化

网络的初始状态是极其扁平化的,如同一张没有中心、没有边际、没有厚度的白纸,但是,一件事情发生,就如同在平静水面上投下一枚石子,波纹扩散,这件事情就成为了中心。如果没有外力的及时作用,波纹不会平息,会滚雪球式甚至雪崩式地掀起波澜。"7·23"温州动车追尾特大事故、湖南永州唐慧案、成都街头的"暴力殴打女司机"事件以及最近淮南女大学生"撞没撞"事件,都是未能以正视听、持续发酵甚至恶化的典型案例。

仅以"7·23"温州动车追尾特大事故为例,在事故发生两个多月后的2011年9月28日,一个名叫"孤独斗士的博客",发博文《7·23温州动车事故真相彻底大揭秘》,矛头直指时任铁道部部长的盛光祖,称其烧了三把邪火:

> 他一上任,就极其盲目无知的对中国高铁烧起了第一把邪火,那就是硬让陈旧的速度不高的动车安到只有高铁才能专用的铁路上去跑,这是高铁设计的严格禁区,是绝不容许的,然而光祖不听,这就是此次速度很低的两列动车(据说还不到200千米时速)相追尾的根本原因;第二把邪火,本来很安全的中国高铁硬说成不安全,栽赃陷害中国伟大的高铁,于是把中国高铁普遍大降速到每小时300千米以内;第三把邪火,瓦解广大铁路工人的精神斗志,用短期肤浅的小恩小利的糖衣炮弹麻痹广大铁路工人对他真正损害广大工人长远利益幸福的认识。

明眼人一看,就会清楚这篇博文是无稽之谈,混淆视听、攻击泄愤的用意溢于言表。可惜,没有出现有分量的回帖。直到2014年9月23日,中国交通新闻网才发出《求真相有多难?盘点"7·23"动车事故谣言》的帖子,对

"重大事故死亡人数上限为35人"等在网络上流传的八大谣言进行辟谣。这时的黄花菜早凉透了。

四、聚集人气,不断壮大"红军队伍"

点击率是网络人气的线性指标。如何赚取眼球和点击率,在标题上做文章是效果最为明显的一招,娴熟使用这一技巧的人被统称为"标题党",现在"标题党"的称谓多多少少含有贬义。9月19日与"2015年度求是奖颁奖典礼"相关的两则消息同时上了当天的人气榜:第一,83岁教授使用砒霜治疗白血病获颁"求是奖";第二,93岁杨振宁偕39岁夫人翁帆回家乡合肥。上述两篇网贴都原发于大的门户网站,内容与事实相符。试想,标题如换成"83岁教授治疗白血病获颁'求是奖'"和"杨振宁回家乡合肥",恐怕点击率就较难上人气榜。像这样玩点技巧但不失真的"标题党",应该值得效仿。

网络人气还存在一个非线性指标,那就是网帖(网络文章)的高水平、高质量。所谓的高水平、高质量网帖,我们的界定是:让网民折服点赞、下载收藏并记住这个 IP 及其昵称;所谓非线性的含义,就是以后但凡见到这个 IP 及其昵称发表的文章,还会点击,甚至会搜索这个 IP 及其昵称在网上所有的文章来读。这样的人则具备了网络大 V 的潜质或已成为了网络大 V(我们习惯于称之为意见领袖)。袁贵仁部长前天讲高校的同志不仅要会写学术杂志发表的文章,还要会写网络文章。袁部长所说的网络文章,我的理解就是使用网络话语体系并非一味的学术语言,阐释正面的思想、观点和价值观。

我们要壮大的"红军队伍",努力的方向应该是以"线性的"为基础,以"非线性的"为主导,以凝聚和引领青年教师、青年学生为主攻方向。据称,网上的不良大 V,50%～70%来自高校,争取这些不良大 V"从良",我们高校的工作空间真的还很大,任务还很艰巨。

五、虚功实做,网上网下对接

网络虽然被称作虚拟世界,但并非仅是网民你来我往、你推我搡的杂耍地盘,并非仅是吐槽叹息自怨自艾的犄角旮旯,而是越来越成为人们的一种生活方式,甚至是一种生存方式。因此,有人早就说过,网络是现实世界的晴雨表、观察室。我们可以从中了解意见建议、诉求期望(大数据统计分析功能更能易如反掌地帮助我们实现这个目的),需要我们开展网上网下对接、网上问题网下解决的工作。

六、建立秩序，让虚拟的世界清朗起来

网络已经进入自媒体时代，每位网民都可以做到想发声就发声，靠自然法则管控网络的难度，比我们在现实中要求人人做到"慎独"要难上千万倍，因此网络必须建立刚性约束。《中国互联网管理条例》的出台具有里程碑意义，国家网信办祭出"金刚手段"，关闭违法违规网站和社交网络账号、清理删除违法和不良信息、约谈问题网站的一系列果敢举措值得点赞。

有了《中国互联网管理条例》的尚方宝剑，有了国家网信办的措施示范，高校就有了底气。我们认为，学校首先要成立自己的网信领导小组，形成党政齐抓共管的格局；其次建立好的制度和好的机制，看好自己的人（尤其是重点人），管好自己的网，使得网络不能成为一些不良大V吐吐沫、放厥词的场所，网站不能成为"网络敲诈和有偿删帖"的据点，还网络天空以清朗。

最后再次重温习近平总书记前几天接受《华尔街日报》书面采访关于互联网管理的一段话：

> 互联网作为20世纪最伟大的发明之一，把世界变成了"地球村"，深刻改变着人们的生产生活，有力推动着社会发展，具有高度全球化的特性。但是，这块"新疆域"不是"法外之地"，同样要讲法治，同样要维护国家主权、安全、发展利益。
>
> 网络空间与现实社会一样，既要提倡自由，也要遵守秩序。自由是秩序的目的，秩序是自由的保障。我们既要充分尊重网民交流思想、表达意愿的权利，也要构建良好的网络秩序，这也是为了更好保障广大网民合法权益。

（2015年9月，参加中央党校"全国高校党委书记校长第五期专题研讨班"，在以"牢牢把握高校意识形态工作领导权"为主题的学员论坛上的发言稿，原标题为"关于高校管控网络宣传思想阵地的几个着力点"）

科普试笔

有一位同学在读了几年大学之后说,考上科大那会儿,就以为自己是半个科学家了,现在感觉越来越远了。

现在看来,这位同学讲的是真话,"半个科学家"是真的,"越来越远了"也是真的。

毕竟在科学技术金字塔尖上"起舞弄倩影"的只是极少数,大部分则慢慢变成塔身或塔基。

但是,大学也不是白上的,素质是融进血液的东西,大学能提供这东西,不信可以去问问比尔·盖茨,也可以去问问马云。

文盲和科盲哪个更可怕?都可怕,没有"更"一说。

20世纪90年代,招兵买马创刊《科大人》,特为设立科普栏目,倡导大学生创作科普,阅读科普,并身体力行,这里的绝大部分都是彼时之作,与日新月异的科技亮彩比,显然有些褪色得很黯淡了。

"真理都是暂时的",此言出自迪恩·卡门——一位拥有440项专利和美国国家技术奖的天才级发明家,被誉为当代爱迪生。

杨振宁谈科学研究

"知道世界上最需要做什么,即了解世界科学的前沿领域,对我们的研究很重要,否则就做不出世界一流的成果。"这是世界著名物理学家、诺贝尔奖获得者杨振宁教授6月中旬在中国科大一系列学术活动中所阐述的他对科学研究的一个观点。

众所周知,杨振宁是物理学界的一颗巨星,很多科学工作者感觉他所取得的成就是难以企及的,但是他对科学研究的朴素认识以及他从事学习研究的成功诀窍,确有采纳和借鉴的价值。

"您的成功诀窍是什么?"杨振宁对这一问题的回答是:"很多人问过我这个问题。我想了一下,除机遇和环境的因素之外,主要的是应该面对原始的物理学问题,不要被淹没在文献的海洋里。"继1957年与李政道因发现宇称不守恒现象而获诺贝尔奖之后,杨振宁的主要研究工作,如创立非交换规范场论,建立杨-巴克斯特方程,超导理论中霍伯方程的研究等,都是原始的物理学问题的实例。

杨振宁不反对读文献,但他认为老是读文献则有被别人牵着鼻子走的危险。而一旦忽视物理学的原始问题,许多创造性就会被窒息。他不认为原始的基本问题没有多少文献可供参考,主要是从新的角度去考虑,运用新的观念和独特技巧,才能加以推进。因此,这种研究的结果很可能是一些新理论、新数学结构、新物理学观念的出发点。

关于物理学未来的发展方向,杨振宁的见解是:"特别注重凝聚态物理的研究,因为与实际应用接近。美国正朝这个方向走。"

在学术交流中,杨振宁对中国科大非线性科学领域中的"光学压缩态"研究很感兴趣。杨振宁对中国的科学发展充满信心,他预言:"到2030年或2050年,中国一定会成为世界科技大国。"

(原载《安徽日报》1992年8月7日"科技大观"专栏)

C_{60}：令科学家着迷的"足球"

绿茵场上，黑白相间的足球不知令几多球迷为之倾倒、为之欣狂！

科学家历来是以冷峻、严谨面对世界的。然而，近年来亦有一种"足球"令他们深深着迷与欣狂不已，这种"足球"就是 C_{60}（碳六十）——纯碳的第三种形式。

几个世纪以来，化学教科书总是说碳元素有两种存在形式：一种是金刚石——它坚硬、闪光，具有金字塔形（正四面体）结构，是迄今最坚硬的物质，可用来做首饰和耐高压材料等；另一种是石墨——它软滑、无光泽，具有层状结构，层内碳原子排列成正六边形，可用来做铅笔芯、润滑剂、耐高温材料、导电材料等。

最早修改补充化学教科书上述说法的是美国休斯敦理查德·斯莫利实验室从事激光汽化研究的哈里·克劳特等6位科学家，他们在1985年9月4日至10日的研究中，发现了分子量为720的 C_{60}。当分析其结构时，原先假设的"三明治结构"与"闭合的球形笼状结构"，被 C_{60} 所呈现的稳定形态否定了前者而肯定了后者。这是因为哈里·克劳特从建筑师巴克敏斯特·富勒（Buckminster Fuller）1976年为蒙特利尔展览会的美国厅设计的圆拱形屋顶得到启发，并由该实验室负责人斯莫利用纸糊出20个六边形和12个正五边形所组成的空心笼状多面体，这种结构具有与足球几乎一致的完美对称性，其顶点刚好为60，科学家们敏锐地意识到60个顶点就是60个碳原子的位置，相邻的原子间通过化学键连接。当把这个纸球投向地板时，它可以反弹，这正好为 C_{60} 所具有的特殊稳定性作出了解释，从而在理论上确定了 C_{60} 的分子结构，随后即为实验完全证实。发现者们为了纪念这一历史时刻，以建筑师富勒的名字将 C_{60} 命名为 Buckminster Fullerene（巴克敏斯特·富勒苯），简称为 Buckball（巴基球）或 Fullerene（富勒苯），但很快这个分子就被大家亲切地称作"足球"了。

C_{60}"足球"使得众多的科学家为之着迷与欣狂的缘由是它的科学价值。现已肯定，C_{60} 晶体可以用来制造超导体、火箭燃料、抗癌药物、新型电池、半导体、高压材料、润滑剂等。它的出现，为新材料家族增添了最为耀眼的明星，将会促使超导、医学、能源、环保等研究领域的突破性进展。目前C_{60}的价格为每克1200美元，约为黄金价格的100倍，但仍供不应求。1991年美国《科学》杂志提议C_{60}为"今年分子"，此外在同年100项重要科技产品中，C_{60}分子位列第五。

  由于C_{60}尚存许多特异的潜质有待探究，仍让众多化学家和物理学家竞相追逐，仅美国就有数千名科学家正在全力以赴地对其进行研究，我国也有愈来愈多的科研机构和高校在C_{60}的研究领域投注愈来愈多的人力与物力。今年6月中旬，著名美籍物理学家、诺贝尔奖获得者杨振宁教授在访问中国科大时所作唯一的一场学术报告就是"碳六十结构"。巧合的是3个月后，中国科大结构研究开放实验室张国赏研究组成功地研制出了这种迷人的C_{60}"足球"，从而跻身于国内该领域的先进行列。

  （原载《安徽日报》1992年11月5日"科技大观"专栏）

漫谈火灾与火灾科学

"火烧赤壁"可谓是家喻户晓、妇孺皆知的历史故事,至今人们还能想象雄姿英发的周瑜周公瑾"羽扇纶巾,谈笑间,樯橹灰飞烟灭"的儒将风度。其实,孙刘联军在赤壁之战中力挫"横槊赋诗,固一世之雄"的曹操曹孟德,只不过是巧妙地借助天时地利,成功地运用了《孙子兵法》中备述的火攻术。

火,是大自然赐予人类的一柄双刃剑——它既是人类的"挚友",又是人类的"天敌"。一方面,钻木取火结束了原始人类的茹毛饮血,刀耕火种揭开了人类农耕文明的序幕;另一方面,火也肆虐了人类的财富与文明,古今中外如阿房宫、圆明园、温莎堡等由宝库而为焦砾,皆源于火,虽然有时是助纣为虐;更不用说火山爆发、森林大火给人类带来的灾难了……面对火,人类形成了一个爱恨交织的巨大情结。在人类试图解开这个情结过程中,一门新兴学科——"火灾科学"诞生了。

正如其他新兴学科一样,火灾科学的兴起与发展在客观上必须具备两大基本条件:其一是社会需要,其二是科学积累。在原始社会,频繁发生的森林火灾显然并未危及人类对生存环境的那种极低要求;在以平房建筑为主的时代,自然没有必要研究高层建筑防火;在石油开采之前,也很难想象人们会去涉及油品火灾。"社会的需要远远超过了一千所大学",正是由于发火因素和可燃物越来越多地出现在人类生活之中,而且人们对生活条件和生存环境有了更高的要求,才使得探索火灾的机理和规律成为必要。同时,现代科学日新月异的迅猛发展,尤其是燃烧学、计算机科学以及实验技术的日臻成熟,也为火灾科学的创立与发展奠定了基础。近20年来,世界各地广泛开展了对火灾现象的研究。1985年,在美国召开了首届国际火灾安全科学会议,同时成立了"国际火灾安全科学协会",并决定以后每3年召开一次这样的会议。它标志着火灾科学已在世界范围内得到了高度重视和蓬勃发展。

火灾科学涉及的研究内容很广,它着重研究各类火灾的共性问题,如起火、火灾的蔓延、火灾的防治等,同时对不同火灾中的特殊现象也作细致研究,如森林火灾中的火旋风、油罐火灾中的扬沸、自然界中的雷击火等,并力求揭示出它们产生的机理、条件、预兆和危害程度等。

火灾科学的研究在我国虽起步较晚,但发展非常迅速。中国科学院在20世纪80年代后期开始组织力量进行研究。记忆犹新的1987年5月6日至6月2日大兴安岭特大森林火灾和1989年8月12日山东黄岛油库火灾,以其触目惊心的损失与危害加速了火灾科学在我国的研究决策与发展。中国科学技术大学于1989年建成了"火灾科学国家重点实验室",创办了《火灾科学》学术刊物,开展了一系列较高水平的理论与实验研究。

我们有理由相信,随着火灾科学研究的不断深入,人类一定会最大限度地趋利避害,让"挚友"之火更加熊熊烈烈、烛照千秋,令"天敌"之火收敛狂荡,最终驯服。

(原载《安徽日报》1994年1月5日"科技大观"专栏,作者:汤志坚,朱灿平)

仿真，大有可为

科学家预言：21世纪，人类将进入太空时代。能够乘坐宇宙飞船在浩渺无边的宇宙中尽情遨游，饱览神奇瑰丽、如诗如画的太空景象，应该是人人向往的一件事。

其实，完全不必等到21世纪，你现在就能身临其境地体验到遨游太空的感觉：飞船在加速——偶尔的碰撞、震动——灿烂的群星在逼近——湛蓝的地球变得越来越小……这，就是仿真的魔力，你只不过坐在模拟太空飞行器内作了一次原地不动的太空旅行。

仿真，顾名思义，就是用模型来仿照真实系统进行实验分析，从而用来解决某些实际问题的一种方法。

仿真系统用来进行实验分析时具有真实系统所无法取代的优点：它造价低，危险小，重复性能好，而其效果与感觉确是逼真的。

以用于培训为例，它能取代复杂昂贵的真实系统来培训上岗人员，使他们得到足够的训练，从而更好地操纵真实系统并具有一定的偶发事故处理能力。

又如，当真实系统面临几种不同的选择时，该怎么办？在真实系统中轮流试试，显然太麻烦太危险，凭借经验，又有些不可靠。不要紧，这正是仿真的用武之地，先建立起真实系统的模型，在模型上施加不同的选择，看看哪种结果最满意，然后放心地把它运用到真实系统中去，两者结果将十分吻合。

在按照真实系统物理性质构造的物理模型上进行试验，叫作物理仿真。同样，在按照真实系统数学关系构造的数学模型上进行试验，叫作数学仿真，今天的数学仿真一般都是在计算机上对系统的数学模型进行试验，所以又叫作计算机仿真。把上述两种仿真有机地结合起来，就形成了现在被普遍运用的直观、形象、经济、方便的数学物理仿真。

所以，我们现在说起的仿真，一般都不外乎上述三种，即物理仿真、数学仿真和数学物理仿真。

军事家运筹帷幄之中、决胜千里之外离不开仿真；科技人员进行复杂的研究设计、精准的控制生产离不开仿真；领导人需要高瞻远瞩、正确决策同样也离不开仿真。仿真，终将会渗透到各个领域，并成为取得成功的有力助手。

（原载《安徽日报》1993年6月20日"科技大观"专栏，作者：朱灿平，李居然，徐宁，晏培）

大显身手的毫米波技术

"电磁波"是一个大家族,以波长为特征可分为诸多支系,以波长长短顺序列队,其阵势如下:长波电振荡、无线电波、微波、红外线、可见光、紫外线、X射线、γ射线和宇宙射线等。这些家族成员各自因波长的差别而显示出特点的殊异,给高科技发展的各种不同需求带来了广阔的应用前景。

毫米波,顾名思义,是指波长在毫米量级的电磁波,确切地说,毫米波是微波(波长范围 1~1000 毫米)的一个子波段,其波长范围为 1~10 毫米,只占微波波段的百分之一。毫米波的优越特点归纳起来有以下四点:一是传输方向性好,发射方向控制灵活;二是小体积发生器可获高增益;三是频率高、容量大;四是适中的全天候能力。

毫米波优越的特点,使科学家们对其情有独钟,从而逐渐发展形成了一项专门技术——"毫米波技术",这项技术所取得的成果已经渗透到了国防、气象、通信、天文、核聚变、工业等应用领域,具体表现在以下方面:

◆ 制导。由于军事上要求体积小、跟踪能力强的制导导弹,要求波长短、波速带窄、增益高的波用于无线电测距,而毫米波正好具有以上优点,因此应用于制导系统后,使得制导精度明显提高,并缩小了制导装置的体积。

◆ 雷达。普通雷达探测波在海面附近回波较大,干扰较多,使得近海飞行物可以躲过侦察。而毫米波雷达波速带很窄,加之体积小、精度高等特点,可以抗回波等干扰。

◆ 遥感。气象卫星一般设置不同的探测波段,利用频率越高穿透云层越浅的性质,可以测出各处云层的厚度。而运用毫米波则可准确测出云温和低气压所在区域,并得到一幅立体的云温图。

◆ 通信。毫米波用于通信具有机动、灵活、保密等优点。它的容量大,可传输多路电视信号;它的设备体积小,使用方便灵活,并可用于对突发事件的现场摄播;它不像一般信号采取模拟扰频、数字加密等保密方式,那样易被截获并破译,而是利用其天然衰减性达到保密目的。

◆ 射电天文。由于太阳等恒星是等离子体球,毫米波作为观测天文的一个重要波段,其频率恰好满足需要,能够贯穿等离子体。

◆ 等离子体探测及受控核聚变。目前宇宙中大部分物质都处在等离子体状态,而毫米波是探测它们有关性质并了解宇宙起源的最佳波段;在受控核聚变过程中,提高功率的关键因素在于等离子体的温度和密度,而测量高达几千万甚至上亿摄氏度的高温、常温常压下几万倍气体密度的任务又是毫米波的拿手好戏。

◆ 工业应用。工业生产中,许多高温过程使物质成为了等离子态,为了了解某些参数,往往借助于毫米波对其进行测量和诊断。

毫米波技术的发展方兴未艾,其应用前景辉煌灿烂。我们有理由相信毫米波技术会在越来越多的高科技应用领域大显身手,再写新篇。

(原载《安徽日报》1994年1月17日"科技大观"专栏,作者:朱灿平,赖良锐)

用途广泛的同步辐射加速器

漫步中国科学技术大学西区校园,一座绿色圆顶的巨型"蒙古包"将会映入你的眼帘,这里就是我国第一个国家实验室、著名的合肥国家同步辐射实验室,其一期工程1984年11月破土奠基,1989年4月建成出光,1991年12月通过国家验收,将于今年(1993年)4月向国内外正式开放。它是以中国科学技术大学科研人员和技术人员为主,自力更生设计并建造的一台大科学装置和国家级实验研究平台。

该实验室由同步辐射加速器、多条光束线及其相应的实验站等部分组成。同步辐射加速器的主体设备是一台能量为8亿电子伏特、流强为300毫安的电子储存环,以及一台作为该储存环注入器的能量为2亿电子伏特、流强为80毫安的电子直线加速器。假如将同步辐射加速器视为一座源源不断的水库的话,那么光束线则是引流渠,试验站则是接受灌溉的庄稼地。

何为同步辐射?同步辐射就是指速度接近光速(约每秒30万千米)的高能电子在环型加速器中回转时沿轨道切线方向发出的一种极强的电磁辐射。作为继激光之后又一种新的多用途大型人造光源,同步辐射装置是从20世纪70年代中期发展起来的,它具有强度大、亮度高、频谱连续、方向性及偏振性好、有脉冲时间结构和洁净的真空环境等一系列优异特性,并且同步辐射是目前唯一波长覆盖面最广的光源,它的频谱范围从红外、可见光、真空紫外光,一直延伸到软X射线。

同步辐射作为光源的优异特性,不是"花拳绣腿",而是既中看又中用的一把"利器"。它具有基础研究、应用研究、发展研究以及生产应用等多方面的用途,应用领域遍及物理学、化学、生命科学等基础学科,而且还活跃在材料科学、表面科学、计量科学、医学、显微技术、超精细加工、越大规模集成电路光刻等技术领域。

以超大规模集成电路光刻工艺为例,过去人们用紫外线进行光刻,但刻出的景深和线宽受到紫外光本身方向性和穿透力的限制,使其光刻工艺的技术提高遇到了难以突破的障碍。而软 X 射线的穿透力极强，因而能保持高质量的光刻图形；另外，由于同步辐射是自由电子发光，不产生任何杂质，光束线又置于超高真空中，不受其他物质的干扰和吸收，改善了准直性。现在软 X 射线光刻技术正受到各国的重视，已成为满足超大规模集成电路对光刻工艺要求的一种新技术。又如在医学领域，国际上已从 20 世纪 80 年代开始，进行非侵入性同步辐射双色心血管造影等方面的研究，大大减轻了患者的痛苦。

同步辐射加速器在科学研究和技术应用中越来越显示出它的不可替代的地位和卓越的价值，它的发展高潮迭起、方兴未艾。目前世界各地竞相建造同步辐射装置，据统计全世界正在运行、建造和设计之中的同步辐射光源有近 70 台之多。可以肯定，合肥国家同步辐射实验室的建成和即将正式开放，必将有力地推动我国同步辐射研究及应用的发展，多方面地促进科学技术的进步，对我国经济建设和国防建设将产生重大影响。

（原载《安徽日报》1993 年 1 月 26 日"科技大观"专栏）

黄永玉先生解释 C 的小瑕疵

上海《文汇报》的子报《文汇读书周报》，在 2008 年 8 月 29 日第一版刊登一则振奋人心的消息，其中有一段：

> 随后黄永玉现场展示了他为 2008 年北京奥运会创作的巨幅作品《中国＝MC²》，这幅高 3.5 米、宽 2.5 米的画花了他 10 天的时间，他解释画名的含义是"用质量和力的平方来象征中国的腾飞"。

作为年届耄耋的艺术家，黄永玉先生能为自己的作品起这样一个科学意味幽远的名称，确实令人钦佩不已。就在几天前的 8 月 24 日，北京奥运会成功闭幕的当天，国际奥委会举行第 120 次全委会，国际奥委会主席罗格先生和国际奥委会文化与奥林匹克教育委员会主席何振梁先生，因为这幅《中国＝MC²》杰出画作，共同向黄永玉先生颁发了"奥林匹克艺术奖"金牌，这枚金牌，与奥运会同步，每四年颁发一次，每次只颁发一位艺术家。黄永玉先生是现代奥林匹克史上唯一获此殊荣的中国艺术家。

《中国＝MC²》想来应该源自爱因斯坦著名的质能方程 E＝MC²（通常写成 E＝mc²）吧。果真如此，黄老则忽视了一个细节，C 在这里不是代表"力"，而是代表"光的速度"（简称"光速"），它是一个物理常数，也是宏观世界物质运动的速度极限，在真空中，约等于每秒 30 万千米。爱因斯坦公式中的 E 代表"能量"，M 代表"质量"，诚如黄老所言。

这个方程是爱因斯坦从他的狭义相对论中推导出来的，他说："这个方程遵循狭义相对论，质量和能量都是同一事物的不同表现形式。"

初看之下，爱因斯坦的这个质能方程简洁至极。但是，大道至简，简洁就是美，简洁蕴含无穷奥秘和意义。试说两点。

第一，质能互换。以这个方程计算，一克的质量，理论上可以转化为 9×10^{13} 焦耳的纯能量，这相当于 2.1 万吨的 TNT 爆炸所释放出的能量。事实上，科学家早在放射性衰变、核聚变或核裂变过程的实验中，就发现了最终样品的质量要小于最初参与反应的质量，质量在经历这些过程后不守恒，其减少的质量已被转化为能量了。原子弹等核武器的研制成功、由核反应堆组建的核电站利用，等等，质能方程蕴含的质能互换是其理论基石。

第二，无中生有。喜欢斯诺克这项绅士运动的人都清楚，母球击打红球或彩球，它们碰撞在一起，几乎是弹性碰撞，其结果还是两个原来的球。但微观世界的图景可不是这样。若以一个光子和一个电子碰撞，低能时，依然还是一个光子和一个电子。假如用足够高的能量使一个光子和一个电子碰撞，结果就会得到一个光子、一个电子和一对新的物质-反物质粒子——碰撞后的光子和电子能量有损失，损失的能量则无中生有了一对新的物质-反物质大质量粒子——例如一个像电子或质子或中子一样的物质粒子，另一个则是与之对应的像正电子或反质子或反中子一样的反物质粒子。诸如大型强子对撞机等粒子加速器就是通过从纯能量中制造出新的粒子，来寻找那些理论预言中的不稳定高能粒子。事实上，宇宙中的一切物质就是从大爆炸中的能量创造出来的。质能公式蕴含的无中生有，对探究宇宙的奥妙意义更为深远。

还是回到本文的题目，大家小瑕疵，本不值一提，只因科学最讲"求真"，遂不揣谫陋，小题大做了。

（2008 年 8 月 29 日）

五百年一遇罕见日全食即将呈现

2009年5月中旬,我开始挂职担任宿州市人民政府副市长,分管科技工作。两个月后的7月22日将发生日全食现象。本次日全食具有诸多的特点,且全食带覆盖我国长江流域等广大地区,偏食带则覆盖我国全境。在其位、谋其政、尽其责,我利用这次难得的机遇,在全市范围内组织开展了一次科学普及工作,取得了良好的效果。主要做了三件事:一是约请国家级教学名师、中国科大天文与应用物理系博士生导师程福臻教授和林宣滨博士撰写《日全食概谈》专稿,刊发《拂晓报》专版;二是我本人接受宿州市"一报两台"专访;三是部署和组织全市的防范应对措施。

《拂晓报》记者专访如下:

经过天文学家的精密计算,500年一遇罕见日全食,史上持续时间最长,覆盖人口最多的一次日全食即将在2009年7月22日到来。这一天文奇观吸引了我们宿州市许多市民的目光。

日全食是怎样形成的?日全食的出现对市民生活有哪些利弊?怎样才能安全地观测日全食?针对以上问题,记者专访了从中国科学技术大学来我市挂任科技副市长的朱灿平。

记者 请朱市长简要介绍即将在7月22日发生的日全食形成的原因、特点、发生时间等基本情况。

朱灿平 日全食是一种自然现象,主要指当月球运行到太阳和地球之间时,月球挡住全部太阳光的天象。总的来说,日食可分为日全食、日偏食、日环食和发生概率较小的全环食四种。

此次日全食是1814~2309年之间中国境内可观测到的持续时间最长、覆盖人口最多的一次日食。全食带从印度中部、缅甸一直延伸至我国长江流域的11个省(市、区),带宽达250千米,有4亿多人可观赏到这次日全食。日全食发生当天,从上午8点多的日食初亏到复圆长达两个多小时,其中全食持续时间最长可达6分39秒。在我省合肥、铜陵、巢湖、芜湖、黄山、安庆等 10 个城市均可看到日全食,其中合肥日全食的时间为 2 分 01 秒,铜陵的为 5 分 44 秒。

记者 如何科学、正确地认知这一现象?

朱灿平 日全食是一种自然的天文现象,世界上日全食每年出现只有 2~5 次,在地球上的同一地点观测到日全食的机会大约每 375 年只有一次,由于比较稀少罕见,因此人们对这一现象历来存在着唯物主义和唯心主义两种认识。

受唯心主义影响,人们对这种天象往往存在一定的恐惧心理,认为是"天狗吃日",不是祥兆,采取射箭、敲锣鼓、祭祀等方式以期驱散黑暗,期待太阳重现。早在东汉时期,我国著名唯物主义者王充(27—约 97 年)就认为:"日食者,月掩之也""食有常数,不在政治"。随着科学技术的不断进步,人们充分认识了日全食发生的奥秘。目前,科学家根据太阳、地球和月球的运动规律,能够准确地推算和预报日全食发生的时间和发生的区域。

记者 怎样科学地观测本次日全食?在观测时有哪些注意事项?

朱灿平 日全食共分为初亏、食既、食甚、生光、复圆五个阶段,其中食既、食甚、生光三个阶段是全食阶段,这段时间就是日全食时间。

在观赏日全食过程中,可出现平日里不常见到的五种奇观:色球、日冕、日珥、贝利珠、钻石环。当日全食阶段出现时,天空亮度将会降低 100 万倍,这些平日里用天文望远镜也不易看到的景象在日全食出现时变得清晰可见。

需要特别提醒广大市民的是,在观测时,任何时候都不可用肉眼直接观测,否则眼睛将被灼伤,轻微的会造成短暂失明,严重的会导致永久失明。

观测所有日食(包括日全食、日偏食、日环食和全环食)方法主要有五种:一是采用专用的日食观测镜观测;二是采用小孔成像法观测:取两张白色木板,其一钻孔,通过小孔把太阳的状况成像到另一木板上,就可观测日食全貌;三是采取望远镜成像方式观测(不可直接采用望远镜观测);四是采用电焊护目镜观测;五是采用加装滤光镜的照相机观测。

记者 日全食会给我们人类带来什么?除有利影响外,主要还有哪些不利的影响?

朱灿平 总体来说,日全食对我们的影响一分为二。有利的影响即三种良机:一是科学研究的良机;二是加强科学普及宣传教育的良机;三是促进旅游经济增长的良机。

不利的影响:全食带区域从食既(太阳亮光突然消失)到生光(太阳亮光突然出现),时间短至1分钟、长至6分多钟,其间光亮降低100万倍,地面温度骤然降低15～20摄氏度,且伴随着湿度上升,很可能会对公众视力安全、交通安全、生产作业、通信安全、社会治安、医疗卫生等方面产生不利影响。

记者 市政府对做好这次日全食的应对工作有哪些要求?

朱灿平 在接到有关通知后,市政府高度重视,坚决贯彻落实国务院办公厅、省政府办公厅下达的通知要求。具体部署安排了三个方面的工作,一是要求各地各部门要广泛开展科普宣传教育工作,充分发挥我市"一报两台"等主流媒体作用,消除部分群众的迷信猜测和心理恐慌;二是倡导科学观测和观赏,引导市民一定做好视力保护工作;三是交通、城管、公安、医疗、劳动生产等部门要做好预案,积极应对突发情况,切实降低或消除本次日全食带来的不利影响,确保我市社会生活和生产作业平稳进行。

(原载2009年7月21日《拂晓报》,记者权静,实习生陈佳宝)

一度有多高

一夜之间,难熬的暑热被一阵大风和一场轻雨驱除殆尽,随之而来的是合肥地区立秋前夕少有的凉爽。

早晨,我和女儿在餐桌上很自然地谈到气温问题。我说,昨天室温是 31 摄氏度,今天是 28 摄氏度,虽只相差三度,但给人的感觉却是极大的不同,一个燥热,一个凉爽。

那年(2002 年)刚小学毕业的女儿问道,一度到底有多高?

这确实是一个问题,一个较难回答的问题。我试着以生活常识为基础来回答:在一个大气压下,水结冰的温度是 0 摄氏度,水沸腾的温度则是 100 摄氏度,不过,这两个温度值都是人为定义的,将这中间的温度差平均分成 100 份,每份就是一度。

朱灿平一家三口在黄山
(2006 年 7 月)

我在解释的时候,特别强调了"一个大气压下""摄氏度"和"平均分"三个概念。

也许平时听惯了"大气压""摄氏度"等名词,女儿并没有多加追问,倒是对"平均分"颇有疑惑,立即问我:温度是看不见的东西,如何能做到"平均分"呢?

我为女儿提出这样有价值的问题感到十分高兴,因为这个问题已经涉及科学研究中理论与实验之间关系的深层次问题,虽然女儿自己暂时可能是无意识的。

女儿问完了就忙她自己的事,暂时并没有刨根问底地缠着我。而我,理工男出身,则不能淡定了,必须深思下去。

何谓理论问题?何谓实验问题?还是举例说明来得直观:将1000克的物品(例如大米)分成三等份,理论的回答是,每等份333.333……克,是无限循环小数;实验的做法是,先分成大致相当的甲、乙、丙三份,然后甲、乙两份放在天平上比较,从较重的那一份取出一些加给较轻的那一份,直到天平平衡为止,留下甲份(一直留下),再与丙份比较,重复前面的步骤,使甲、丙两份达到新的平衡,再将甲、乙比较,达到更新的平衡,如此不断重复,最终必能达到三等分的目的。

理论与实验的不同之处是:理论是精确的,实验是有误差的。

还以上述分大米为例,假如不再将米粒分开,则三等份之间误差的最大值是一个米粒的重量,这是来自实验对象最小单元的限制,当然因天平自身精确度的限制,也会产生实验仪器的误差。

通常理论上认为是合理的结论或者推论(即理论的真实),实验未必能够证实,或者受到各种条件约束,暂时无法证实。

例如,基本粒子物理学中,美国物理学家默里·盖尔曼和乔治·茨威格各自独立提出强子的"夸克模型"是在1963至1964年间,而斯坦福直线加速器中心(SLAC)实验上发现全部6味"夸克"存在却是在1968至1995年的二三十年间。

还可以举出"弱相互作用中宇称不守恒定律"的例子。该定律最早由美籍华人物理学家杨振宁、李政道于1956年提出,属于"理论的真实"。后来,同为著名的美籍华人实验物理学家吴健雄通过精巧的钴60实验证实了"弱相互作用中宇称不守恒"成立,推翻了物理学上屹立不移30年之久的"宇称守恒定律",杨、李两位科学家因此而获得了1957年度的"诺贝尔物理学奖"。

相反地,有时实验中(或日常生活中)发现的现象,理论上未必就能够解释得清楚,或者暂时无法解释得清楚。

例如,古代中国"小儿辩日",即使被奉为"圣人"的孔夫子也不知所以,成为"难题",科学发展到了 20 世纪初叶,物理学关于光的波动说和粒子说建立了一整套理论体系之后,人们才认识到那只不过是太阳的光经过地球大气层时受到其中尘埃散射的结果。

再如,伟大的爱国诗人屈原在他著名的《天问》中就一口气提出了 170 多个问题,其中有一部分是自然现象,而这些自然现象使得远在春秋战国的屈原以及同时代的士大夫(知识分子)们都无法说得清楚,因此,导致了屈原面对浩瀚的苍天,发出沉重的疑问,也许"天知道"这句现在经常挂在老百姓嘴上的口头禅,就是对不能解释的现象的一种最无奈的解释。

再看 2003 年春夏之际出现的 SARS(非典型性肺炎),对于医学科学家们来说,已经发现了它的病原体,但是,预防疫苗和救治特效药却不是一时半会就能攻克。17 年后的新冠肺炎,研究进展明显加快,但是疫苗和特效药尚在实验和筛选之中。

不知道如今已经成为 Dr. Zhu 的女儿是否还记得当初的发问?我也不知道自己回答"一度有多高"是否清楚?

(2020 年 2 月)

后　　记

　　光阴似箭,日月如梭,这种感觉在年近花甲之时越来越明显。

　　回看自己所走过的路,相伴始终的,就一个关键词——学校,两个身份——学生,老师。

　　有人以"人生七十古来稀"为时间节点,劝导后人惜时奋进:"前十年太小,后十年太老,中间五十年,还有一半要睡觉。"想想还真是有道理,因为自己差不多就是踏着这样的节奏。

　　近年来,萌生了一个小想法,把自己长久以来"东一榔头、西一棒子"的文字收集整理起来,编为一集,给即将荣休的自己划一个标点符号。但一直在埋头拉车,难以心无旁骛,所以这事一直处于搁置状态。

　　一年多前,承蒙母校中国科学技术大学出版社伍传平社长美意,主动向我约稿,他的方式很特别,态度很真诚,令人无法躲闪,只能恭敬不如从命了。

　　自2019年春天选题申报通过后,就开始新一轮的备稿,进展远没有预想的顺利。好在备稿过程中,受到了许许多多新老同事、新老朋友的帮助,他们在检索下载、资料提供和文本转录等方面伸出无私援手,在此一并致谢！尤其要向一路往来的工作同仁和文章合作者致谢！

　　十分感谢本书责任编辑对书稿提出了许多悉心修改意见,既有宏观的,又有微观的。在来来往往的交流沟通中,我深切地感受到了他作为新生代出版人的敬业精神和专业水准,真正体现了"为人做嫁衣"的情怀。

　　特别感激我由衷敬重的师长郭传杰老书记赐序。我有幸在科大做了郭书记五年多的部下,其中有一年半在郭书记身边工作,更加体悟到了什么叫做"其身正,不令而从"的人格魅力和领导威望,并一直暗暗地以郭书记为做人做事做学问的楷模。这次我斗胆拜请郭书记赐序,郭书记乐呵呵地答应了,两周之后就发过来了,并附言:"因手头原来的事情比预期的结束早一些,你交的任务也提前交卷了。感谢你让我在疫情压抑的环境中,兴奋了两天,读到了好的文字,真的很享受！"师长奖掖提携后学晚辈的关怀之情溢于言表,除了感动感激,我只能将这份厚爱深藏心间。

几十年来的学习、生活和工作,家人亲人总是给予了最体贴入微的关心和支持,怎一个"谢"字了得!一路相携走过几十载春秋的发妻齐桂琴为我吃的辛苦最多,为女儿朱濯缨抚育教育操心最多。在整个备稿过程中,她承担了几乎所有的家务,并一如既往地为我每周在巢湖学院的单身汉生活精心备足给养。女儿去年夏天顺利完成学业,获得 UCSD 博士学位,给了我极大的精神鼓舞和欣慰。

"活到老,学到老,还有三桩没学到。"对我来说,这里的"三",就是"三生万物"的"三",就是学无止境,就是学思践悟永远在路上!

真诚欢迎读者诸君不吝赐教。

朱灿平

2020 年 3 月 22 日于科大花园